도서출판 대장간은
쇠를 달구어 연장을 만들듯이
생각을 다듬어 기독교 가치관을
바르게 세우는 곳입니다.

대장간이란 이름에는
사라져가는 복음의 능력을 되살리고,
낡은 것을 새롭게 풀무질하며, 잘못된 것을
바로 세우겠다는 의지가 담겨져 있습니다.

www.daejanggan.org

내 교회를 세우리라

– 선경해석의 오류와 신앙의 일탈 –

강만원

내 교회를 세우리라 – 성경해석의 오류와 신앙의 일탈

지은이 강만원
초판발행 2017년 2월 13일

펴낸이 배용하
본문디자인 윤순하
등록 제364-2008-000013호
펴낸곳 도서출판 대장간
www.daejanggan.org
등록한곳 대전광역시 동구 우암로 75-21
편집부 전화 (042) 673-7424
영업부 전화 (042) 673-7424 전송 (042) 623-1424

분류 교회 | 신앙
ISBN 978-89-7071-401-1 03230
CIP제어번호 2017002526

값 17,000원

차례 contents

제3부 목사 권력을 타파하라!

추천사 1

2016년은 무너져가는 대한민국을 바로 세우기 위해 시민들이 촛불을 들고 광장으로 나온 해로 기억될 것입니다. 수백만의 외침은 분노에 찬 비판이 아니라 그릇된 세상을 바로 잡기 위한 애정과 관심의 표현입니다.

안타깝게도 이런 '농단'은 이미 오래 전부터 한국교회 안에서 익숙한 모습입니다. 각종 성추문과 금품비리, 절차를 무시한 의사결정, 몇몇 측근들에 의해 저질러지는 전횡은 이제 특별한 일상이 되고 말았습니다.

조로조 아감벤이 말한 것처럼 예외 상태가 규칙화 되어버린 이 모순 앞에서 혹자는 '은혜'라는 말로, 혹자는 '교회를 지키기 위해서'라는 교언영색巧言令色으로 모든 불의를 덮었던 곳이 바로 한국 교회입니다.

강만원 대표는 그리스도의 교회가 어떤 모습을 가져야 하는지를 고민하면서 그릇된 교언과 위선적인 영색을 참아내지 못하는 말과 글로 우리 모두의 마음속에 촛불을 들게 했습니다.

지난번 저서인 『그것은 교회가 아니다』가 오류를 지적하는 책이었다면 이번의 책은 오류를 넘어 교회를 바로 세우기 위한 신학적 기초를 담고 있습니다. 정치를 비판하면서 스스로가 주권자가 되기를 포기하는 순간 나쁜 정치가 만들어지듯이 교회의 문제점을 직시하면서도 성도 스스로 해결할 주체로 나서지 않는다면 한국 교회는 영원히 바로 설 기회를 찾을 수 없습니다.

더군다나 교회에서 저질러지는 거개의 전횡은 성서의 왜곡에서 나온 것을 안다면 우리의 침묵은 단순한 외면이 아니라 적극적 협조라는 사실을 피해갈 수 없습니다. 그런 점에서 강 대표의 이번 책은 우리가 외면했던 거짓들의 덮개를 하나씩 벗겨내는 역할을 하리라고 믿습니다.

교회라는 이름으로 행해졌던 모든 결정들이 얼마나 비성서적이었는지, 주의 종이라는 말로 포장된 목사라는 직책이 과연 무엇을 말하는지를 성서적으로 접근하는 강 대표의 글을 읽다 보면 내 자신도 얼굴이 달아오를 때가 한두 번이 아닙니다.

우리는 대한민국이라는 민주공화국 시민이듯이 기독교인 모두는 교회의 주체입니다. 교회의 머리는 그리스도이시지만, 그분의 위임은 목사를 비롯한 특정 직책에 주어진 것이 아니라 우리 모두에게 주어졌습니다. 성서는 바로 그러한 사실을 말하고 있음을 강 대표는 일깨워 주고 있습니다.

'내 교회를 세우라!' 이는 우리를 향한 그리스도의 거룩한 명령입니다. 성도가 속한 공동체를 바로 세울 때 대한민국의 민주주의도 바로 서게 될 것을 확신하면서 많은 분에게 이 책의 필독을 권합니다.

최병인

목사, 미주뉴스앤조이, M뉴스 발행인

추천사 2

질병을 치료하려면 먼저 몸의 상태를 정확히 진단한 후에 투약이나 수술을 할 수 있다. 물론 병인을 찾을 때까지 대증요법을 통해 일시적으로 처방할 수 있겠지만, 순간적인 대응요법은 자칫 병을 악화시킬 수 있다. 무엇보다 질병의 원인을 정확히 규명하고 적절한 처방을 해야 비로소 건강을 회복할 수 있다.

육신만이 아니라 영적인 건강도 마찬가지이다. 타락과 부패로 심한 영적 중병에 걸린 오늘날 한국교회가 도저히 회생할 수 없는 지경에 이르렀다는 탄식이 곳곳에서 들린다. 100년 남짓의 단기간에 세계 기독교 선교사에 뚜렷한 족적을 남긴 소중한 역사를 생각하면, 오늘날 한국교회의 '일그러진 얼굴'을 보면서 실로 안타까운 마음을 금할 수 없다.

목회자들의 교만과 탐욕으로 신약시대 구원의 방주인 예수교회가 구원이 없는 '사이비 목사교회'로 처참하게 왜곡·변질되고 말았다. 타락의 원인은 다양할 수 있지만, 허튼 권위의식에 사로잡힌 목사들이 교회의 제반 권력을 독점하고는 온갖 불의와 횡포를 끊임없이 자행하고 있기 때문이다.

저자가 책에서 분명히 밝히고 있듯이, 성경적인 관점에서 목사는 교회의 주인도, 머리도 아니다. 목사는 하나님의 양을 소유하고 다스리는 목자가 아니라 '선한 목자'이신 그리스도의 종이 돼야 한다. 따라서 목사는 양이 상징하는 하나님의 백성을 다스리고 지배하는 통치자가 아니라 주인의 양을 지키기 위해서 생명을 바쳐 섬기는 종이다.

그럼에도 종의 자리에서 벗어나 주인의 자리에서 성도 위에 왕처럼 군림하면서 마침내 그리스도 신앙의 치명적인 일탈이 생긴 것이다. 그리스도인으로서 바른 믿음을 가진 성도라면 가만히 침묵하고 있을 수 없는 절박한 시점에 마침내 진리의 영이신 성령의 감동과 인도로 『내 교회를 세우리라』는 소중한 책이 나오게 되었다.

진리의 말씀을 붙잡고 광야에서 힘겹게 외치는 저자의 외침에 귀를 기울여, "기독교 역사상 가장 타락했다"는 오늘날 한국교회의 참상을 직시하고 회개의 물결이 일어나기를 간절히 바란다.

이 책을 통해서, 모름지기 '말씀하시는 하나님'이 화자로서 우리에게 전하시는 심층적인 메시지를 올곧게 이해하여, 성경해석의 오류와 신앙의 일탈에서 비롯된 한국교회의 제반 문제점들을 바로 깨우치고 건강한 교회, 그리고 무엇보다 주께서 말씀하신 '내 교회'로서 사랑의 공동체이며 섬김의 공동체인 성경적인 원형교회, 이른바 '아르케처치'를 세울 수 있는 길잡이가 되기를 바라마지 않는다.

어려움 가운데서도 흔들리지 않고 교회개혁을 위해 소중한 대안을 제시한 저자에게 진실한 마음으로 감사를 전하며, 타락한 한국교회의 일탈에 가슴 아파하며 교회개혁과 그리스도 신앙의 회복을 소망하는 성도에게 『내 교회를 세우리라』의 정독을 권한다.

김영철

진단 방사선과 전문의
피닉스 아르케처치 장로
미주한인교회정화운동협의회 대표

제1부

그것은 '성경'이 아니다

프롤로그

연일 언론 매체를 주홍빛으로 붉게 물들이는 한국교회의 참담한 모습에 마침내 "기독교 역사상 가장 타락했다"는 치욕적인 말까지 듣는 지경에 이르렀다. 좀처럼 나아질 기미가 보이지 않는 한국교회에 "일말의 희망도 남지 않았다"는 날선 주장에 동의하는 사람들이 있는가 하면, 당연히 반론이 있을 수 있다. 심판자이신 하나님 외에 어떤 누구도 감히 최종적으로 '정죄'할 수 없기 때문에, "희망이 없다"며 섣불리 단정하는 것은 영적 교만으로, 그 또한 무시할 수 없는 죄일 수 있다.

그러나 오늘날 한국교회가 심각한 중병에 걸려있다는 주장에 이의를 제기하는 사람은 많지 않다. 치명적인 질병에 걸린 한국교회에 희망을 말하기 위해서는 다양한 진단을 넘어 올바른 치유책을 제시해야 한다. 지엽적인 문제와 겉으로 드러난 '현상'에 연연한 대증요법으로는 결코 절대 절명의 위기에 처한 한국교회의 구조적인 문제를 해결할 수 없기 때문이다.

교회개혁을 주창하는 대부분의 사람들이 타락의 원인으로 무엇보다 목회자들의 비윤리적인 행태를 지적하고 있다. 세습, 재정 남용, 목회전횡, 성범죄 등의 세도적인 문제점들을 지적하며 목회자들의 윤리의식 제고를 통해 교회가 개혁될 수 있다며 가녀린 희망을 말한다. 과연 그럴까? 물론 목회자들의 윤리적인 타락이 더 이상 침묵할 수 없을 만큼 심각한 지경에 이르렀다는 사실을 어떤 사람도 부인하지 않는다. 그러나 문제의 핵심은 단순히 목사의 윤리적인 타락이 아니라 한국교회 전반에 걸친 근본적인 일탈이다.

윤리적인 문제가 한국교회와 목회자들을 타락시킨 것이 아니라, '왜곡된 신앙'에서 온갖 문제가 비롯되었다는 것이며, 본말이 뒤집어지고 인과관계가 정확하지 않다는 말이다. 성경해석과 적용의 오류에 의한 신앙의 왜곡과 일탈이 교회와 목사들을 타락시키면서 당연히 윤리적인 문제로 이어졌을 뿐이다. 개인의 윤리적인 문제는 타락의 뿌리가 아니라 곁가지이며, 변질된 신앙의 썩은 열매다. 뿌리가 온통 썩었는데 열심히 가지치기를 한들, 그리고 썩은 열매를 바라보며 한탄한들 무슨 소용이 있는가? 심한 질병을 앓고 있는 사람의 몸에서 열이 나는 것은 당연한 이치다. 몸에 고열이 있다고 해서 질병의 근본 원인은 뒤로 한 채 해열제만 열심히 복용하는 '대증요법'은 결코 진정한 치료가 될 수 없다.

교회가 타락한 원인과 배경에 대해서 다양한 주장과 이론들이 있지만, 무엇보다 교회의 본질을 훼손한 '성경 해석의 오류와 신앙의 일탈'이라는 근본적인 문제에서 원인을 찾아야 한다. 이를테면 성경해석과 적용의 오류가 신앙의 일탈로 이어지며, 신앙의 일탈은 하릴없이 교회와 목회자의 부패와 타락으로 이어지기 때문이다. '탐욕의 복음'에 찌든 현대 기독교인들의 왜곡된 신앙을 바로잡기 위해서 '탐욕을 버리라'고 아무리 외친들 과연 누가 철지난 '도덕경'에 귀를 기울이겠는가.

소리 높여 윤리를 강조하며 "탐욕을 버리라"고 도덕적인 규범을 말하기 전에 그리스도인으로서 먼저 지적해야 할 일이 있다. '탐욕의 복음'이 결코 성경적인 복음이 아닌 이단적 주술에 지나지 않는다는 사실을 뚜렷이 밝히는 것이다. 목사들에게 겸손하고 낮아지라고 아무리 외친들 도무지 반향이 없다. 실체가 없는 소명의식을 구실 삼아 '목사 성직주의'에 사로잡힌 한국교회 목사들에게 '겸손'을 외치는 건 우이독경에 지나지 않기 때문이다. 목사에게 온유와 겸손을 애써 강조하려 들지 말고, 성경에 기록된 예수의 가르침에 따라 온유하고 겸손하지 않는 자는 결코 '주의 종'으로서 사역자일 수 없다는 준엄한 계명을 먼저 가르쳐야 한다. 이를테면 개인의 인격적인 문제 이전에 목사라는 직분과 소명의식에 대한 그릇된 인식이 치명적인 타락을 부추겼다는 점에 주목해야 한다.

본문에서 자세히 밝히겠지만, 성경에 목사라는 직분은 존재하지 않는다. 가타부타 말이 많지만 목사라는 직분이 과연 '성경적인 직분'인지 분명히 알기 위해서는 성경을 통해서 진위를 밝히는 것이 가장 확실한 방법이다. 만약에 목사가 성경의 원형적인 직분이 아니라면 개신교 목사는 구약시대의 메시아인 양 '기름부름 받은 주의 종'이라는 거짓 명분을 내세울 수 없으며, 이를 빌미로 섣불리 목사 성직주의를 주장할 수도 없다. 신구약 성경을 통틀어 '목사'라는 말은 에베소서 4장 11절이 유일하다. 그러나 이마저도 명백한 오역이라는 사실을 알면, 목사라는 직분의 정당성 자체에 의구심을 갖게 된다.

사실상 목사는 성경의 원형적인 직분이 아니라 종교개혁 이후에 개신교에서 의도적으로 변개한 '종교적인 직분'에 지나지 않는다. 그렇다고 '가르치는' 역할로서 목사라는 직분 자체를 부정하려는 의도가 아니지만, 목사가 마치 '태초부터 예정된' 하나님의 기름부음 받은 종인 양 섣불리 호도하는 것은 분명히 성경 해석의 오류라는 점을 지적해야 한다. 목사를 과장하는 성경 해석과 적용의 오류로 인한 목사 우월주의가 자연스럽게 목사 성직주의를 태동시켰다. 그로부터 목사가 개신교의 새로운 성직자인 양 교회의 전권을 부여하면서 마침내 개신교가 중세 가톨릭 이상으로 타락했다는 오명을 쓰게 되었다.

"성경을 바르게 전한다"는 것이 결코 간단한 일은 아니다. 바른 성경 해석을 위해서 이미 수많은 책들이 있고, 뛰어난 이론들이 있다는 것도 분명한 사실이다. 그럼에도, 비록 성경 연구에 많은 진전이 있었을망정 성경을

'있는 그대로' 올곧게 해석하기 위해서 매우 중요한 원칙이 배제되었다. 성경이 전하는 메시지를 제대로 파악하기 위해서는 하나의 분명한 원칙이 있다. 서로 다른 독자의 입장에서 '다양하고, 주관적으로' 성경을 해석하는 것이 아니라, 메시지를 구성하고 '의미'를 전하는 저자화자의 입장에서 성경의 본래 의미를 파악해야 한다는 것이다.

독자의 입장이 아니라 저자의 입장에서 메시지를 파악한다는 말에 당연히 오해가 있을 수 있다. 성경을 읽는 사람이 독자인데 어떻게 독자가 저자의 입장에서 메시지를 파악할 수 있느냐는 반론이다. 정당한 반론처럼 들리지만, 이는 "저자의 의도를 파악한다"는 말의 의미를 오해한 것이다. 저자의 의도란 독자가 알 수 없는 '어떤 사람'의 내면적인 생각을 가리키는 말이 아니다. 여기서 말하는 저자는 책을 쓴 구체적인 언어행위자를 가리키는 말로, 저자의 의도란 다시 말해 글에 담겨있는 메시지로서 어떤 저자의 내적인 사유가 아니라 '글을 쓴 저자'의 구체적인 메시지를 파악하는 것이다.

'저자의 메시지'를 파악하기 위해서 이 책에서는 문체론적 방법을 이용해서 성경 해석의 오류를 지적하고자 한다. 문체론stylistique에서 즐겨 사용하는 문장들 가운데 "문체style는 저자이며 메시지다", "언어는 문맥 없이 의미가 없다"는 말이 있다. 저자의 메시지는 저자의 '선택'에 따라 구성된 언어적인 문맥 안에서 의미가 결정된다. 간단한 예를 들어 설명하면, '사랑'이라는 단어의 사전적인 의미는 '다른 사람에 대한 좋은 감정'이다. 단순한 의미이지만, 이 단어가 언제나 같은 뜻으로 사용되는 것이 아니며, 문맥적인 관점에서 의미를 살펴보면 전혀 다른 내용들과 만날 수 있다. 예컨대 예수가 생명을 바쳐 밝히 드러내신 십자가의 사랑은 신적인 사랑인 아가페로서 희생과 더불어 구원을 의미하지만, 다윗과 밧세바의 사랑은 에로스로 인간의 육체적인 사랑을 가리킨다. 반면에 자식을 사랑하기 때문에

'개'라는 모욕을 고스란히 감당했던 가나안 여인의 사랑은 관계적 사랑을 나타낸다.

이 책은 신학과 종교의 일방적인 관점에서 성경을 해석하던 기존의 방법과 달리, 바른 해석의 전제로서 문맥context를 특별히 강조하는 문체론적 관점에서 의미를 분석하면서 지금까지 우리가 타성적으로 받아들였던 성경 해석과 적용의 오류를 지적할 것이다. 문맥은 의미의 구조, 또는 틀을 가리키는 말이다. 크게 나눠 언어적인linguistic 문맥과 상황적인situational 문맥이 있으며, 문맥에 의해 형성되는 의미구조에는 표층구조와 심층구조가 있다. 세부적인 구분으로 역사적·문학적·시대적 배경들을 들 수 있겠지만, 상황적인 문맥에 속하는 하위 개념으로 이해할 수 있다. 중요한 것은, "문맥 없이 의미 없다"는 문체론의 절대명제처럼 문맥을 떠나서 메시지를 바르게 파악할 수 없다는 것이다.

물론 문체론적 해석만이 성경을 바르게 파악할 수 있다고 섣불리 주장하려는 것이 아니다. 다만 문체론은 성경해석의 다양한 방법론들 가운데 문맥과 저자화자 중심의 해석론으로, 저자가 사용하는 단어의 특성, 문장구성의 특징과 더불어 문맥을 정확히 살펴 저자의 메시지를 파악하는 방법론이다. 한국교회를 타락시킨 성경 해석의 오류와 신앙의 일탈을 문체론적 방법으로 분석하면서, 이전과 다른 관점에서 원인을 파악한다는 점에서 나름의 의미를 찾을 수 있기 바란다.

1장·성경의 불일치?

하나님은 유일하신 한 분이시며 예수 그리스도도 한 분이시다. 성령 또한 한 분으로 당연히 세 분의 하나님이지만 우리는 성부, 성자, 성령이 서로 다른 존재가 아니라 하나의 본체로서 '삼위일체 하나님'이라고 말한다. 3=1이라는, 도무지 인간의 이성으로는 이해할 수 없는 셈법이지만, 만약에 삼위일체 하나님을 믿지 않는다면 유일신을 믿는 기독교 신자일 수 없다. 기독교는 삼위일체 하나님을 온전히 믿는 종교이기 때문이다. 기독교에 대해서 흔히 '인격적인' 종교라고 말하지만, 삼위일체를 말하는 순간 기독교도 인간의 이성과 감성을 뛰어넘는 '신비한' 종교일 수밖에 없다.

기독교의 비이성적인 신비를 말할 때 다만 삼위일체 하나님의 특별한 존재성에 머물지 않는다. 기독교 신앙에는 이성적인 판단을 뛰어넘는 초월적 요소들이 다양하기 때문이다. 여기서 우리는 신비와 신비주의를 구별해야 한다. 기독교가 구원의 종교로서 초월적인 하나님, 그리고 하나님의 아들이시면서 인간의 몸으로 성육신하신 예수를 믿는다면, 기독교 신앙은 그 자체로 이미 '초월적 신비'이기 때문이다. 다만, 기독교는 신비 자체를 신앙의 목적으로 추종하는 '신비주의 종교'가 아니라, 사실인 동시에 계시의 수단이라는 관점에서 신비를 인정하는 종교라는 사실에 주목한다.

기독교가 모름지기 '성경'에 기반을 둔 고등종교라고 주장하지만, 무턱대고 이런 주장을 받아들이기 전에 기독교의 근본인 성경의 일관성에 대해서도 의문을 제기해야 한다. '의심'이 철학의 시작이라면 '깨달음'이 신앙의 시작이다. 이해를 통한 분명한 깨달음이 없는 신앙은 어리석은 맹신이 아닐 수 없다. 유일하신 하나님의 말씀과 계시를 기록한 성경이 일관성을 지니지 못한다면 성경은 하나님의 온전한 계시가 될 수 없기 때문이다.

기독교를 흔히 성경의 종교라고 말하며, 그리스도인을 일컬어 성경의 사람man of the Book이라고 부른다. 성경 없는 기독교, 성경 없는 그리스도인은 존재하지 않는다는 말이다. 이처럼 기독교는 '성경'에 기반을 둔 종교이다. 성경은 하나님의 뜻과 말씀을 기록한 동시에, 하나님을 온전히 계시하는 경전이기 때문이다. 그러나 신·구약을 합쳐 66권으로 구성된 성경은 대략 3000년에 걸쳐 여러 저자가, 여러 지역에서 개별적으로 기록한 책이다. 따라서 성경의 주제나 내용을 간단히 정리하는 것은 불가능한 일이다. 그럼에도 성경이 하나님의 '말씀'을 기록한 책이라면 응당 일관된 메시지를 지녀야 한다. 만약 일관성을 잃는다면 성경은 완전하신 하나님의 말씀을 기록한 '신성한 책'일 수 없다.

신약과 구약으로 구성된 성경은 모세의 율법과 예수의 복음으로 크게 구별되지만, 모두 하나님의 말씀과 계시로서 하나의 성경이며, 서로 분리된 이질적인 메시지를 담은 것이 아니다. 구약은 신약의 '그림자'로서 신약시대의 그리스도 예수를 예언하고 있으며, 신약은 구약에서 나타난 예언의 성취로서 예수 그리스도의 복음을 담고 있기 때문이다. 즉, 삼위일체 하나님이 하나의 본체이듯이 성경도 '하나'의 예수 그리스도 안에서 일관성을 지닌 하나의 복음을 담고 있다. 성경이 일관성을 잃고 모순이 있다면, 성경을 온전한 계시로 주장하며 기독교 신앙의 핵심으로 제시하는 그리스도 신앙은 온전한 신앙일 수 없다.

그러나 성경의 문자적인 기록들을 살펴보면 서로 내용이 배치되는 메시지를 전하는 구절들이 있는가 하면 같은 사건을 기록한 구절에서도 저자와 문맥에 따라 종종 불일치가 드러난다. 이는 성경을 전문적으로 공부하지 않은 평신도들이 자의적으로 성경을 해석하기 때문이 아니다.

수천 년에 걸쳐 체계적으로 연구된 신학서적들을 살펴봐도 성경 해석에 간단하지 않은 불일치와 대립을 볼 수 있다. '성경의 불일치'라는 말에 짐짓 놀라는 사람들이 있겠지만, 성경을 주의 깊게 읽다보면 실제로 숱한 불일치를 발견할 수 있다. 사복음서에서도 예외가 아니다. 예를 들면, 공관복음에서 예수는 공생애 동안에 한 번 예루살렘에 올라가는 것으로 기록되었지만 요한복음에서는 세 번으로 기록되었다. 이는 예수가 사역하신 '공생애'가 최소한 3년 이상이었음을 밝히는 유일한 지표다. 만약에 요한복음의 기록이 없었다면 우리는 예수의 공생애가 3년이라는 성경적인 근거를 제시할 수 없었을 것이다.

같은 관점으로 사건을 기록한 '공관복음' 안에서도 사정은 다르지 않다. 마태복음에서는 부활하신 예수의 무덤에서 마리아가 '주의 천사'를 만나는 반면에, 마가복음에서는 '흰 옷을 입은 청년'과 만난다. 누가복음에서는 '찬란한 옷을 입은 두 사람'을 만나며, 요한복음에서는 마치 공관복음의 불일치를 하나로 통합하려는 것처럼 '흰 옷 입은 두 천사'가 등장한다. 세부적인 기록의 차이만이 아니라 주제에서도 '저자에 따라' 뚜렷한 차이가 있다. 마태는 예수를 구약에 예언된 메시아로서 '이스라엘의 왕'이라는 역사적 사실에 초점을 맞추는가 하면 마가는 예수의 고난을 특히 강조하며, 누가는 유일하게 누가복음에만 기록된 '탕자의 비유'에서 보듯이 예수 그리스도의 '긍휼'을 중요한 주제로 다룬다.

예수가 '십자가 수난'으로 영광을 받으시기 위해서 예루살렘에 입성할 때 그의 몸에 향유를 붓는 장면에서도 인물과 장소, 시점에서 중대한 불일치가 드러난다. 마태복음에서는 나병환자 시몬의 집에 마을의 '죄 지은 여인'이 나타나서 예수의 머리에 향유를 붓는 것으로 기록되었지만, 요한복음에서는 베다니 나사로의 집에서 그의 동생 마리아가 '다시' 발에 향유를 붓는 것으로 나타난다.

더욱 놀라운 것은 '같은 사람'the same one이라는 단어의 등장이다. 공관복음서를 통해서 우리는 베다니 마리아가 예수의 발에 향유를 붓기 전에 다른 여인, 이를테면 갈릴리에서 '마을의 죄 지은 여인'이 예수의 머리에 향유를 부었던 것으로 기억한다. 그러나 요한복음은 이 마리아는 이전에 예수의 머리에 향유를 부었던 그 마리아로 동일인물이라고 기록한다.

"이 마리아는 향유를 주께 붓고 머리털로 주의 발을 닦던 자요 병든 나사로는 그의 오라버니더라" 요11:2

이 '마리아'는 과거에 향유를 예수께 부었고, 그의 발을 닦았던 여자와 같은 사람the same one이라는 분명한 지표에 주목해야 한다. 대과거 시제가 없는 영어와 달리 프랑스어 성경에서는 마리아가 '향유를 붓고, 예수의 발을 닦던'의 시점을 '이전의 과거'를 나타내는 대과거형으로 명기했다. 이렇게 동사의 시제를 '대과거형'으로, 그리고 '같은 사람'이라고 기록하면서 요한복음은 마침내 복음서 최초로 두 여인이 동일인으로, 베다니 마리아가 갈릴리의 '죄지은 여인'과 같은 인물이라는 사실을 암시한다.이 구절은 프랑스의 일부 신학자들에 의해 베다니 마라아가 사실은 막달라 마리아이며, 예수께 용서받은 '간음한 여인'과 '마을의 죄 지은 여인'까지 세 명의 등장인물이 모두 동일한 인물이라는 주장까지 이어진다

이렇듯 동일한 사건들에서조차 불일치가 드러난다면 성경은 불완전한 책, 다시 말해 신성한 책이라는 의미에서 '성경'이라는 말을 붙일 수 없이 오히려 '인간의 불완전한 책'이라고 인정해야 하지 않을까? 이에 대한 나의 생각은 분명하다. 성경은 '신성한' 책인 동시에 '완전한' 경전이다. 신성은 전능하신 하나님의 본성이다. 성경이 신성한 책이라면 당연히 성경이 완전할 수밖에 없다는 말이다.

그렇다면 성경의 불일치를 어떻게 설명해야 하는가? 성경은 완전하신 하나님의 말씀을 불완전한 인간이, 불완전한 인간의 언어로 기록한 책이다. 따라서 불완전한 인간, 불완전한 언어와 다른 완전하신 하나님, 그리고 완전하신 말씀을 혼동하지 말아야 한다. 요컨대 성경은 표현수단인 인간의 언어가 완전한 것이 아니라 내용인 '하나님의 메시지', 즉 '말씀'이 완전한 것이다. 성경에 불일치가 있다는 것은 결코 성경의 화자이신 하나님, 그리고 예수 그리스도의 말씀에 오류나 모순이 있다는 말이 아니라, 성경을 기록한 인간의 불완전한 기억과 언어적인 기술에 한계가 있다는 말이다.

사복음서의 기록이 서로 일치하지 않는다는 것에 대해서 나는 '성경 저자들의 담합이나 의도적인 조작'이 없이 그대로 기록을 남겼다는 점에서 오히려 '사실성'을 나타내는 구체적인 증거라고 생각한다. 서로 다른 공동체에서, 그리고 예수가 세상을 떠난 뒤 수십 년이 지난 다음에 인간의 불완전한 기억에 의존한 기록이 토씨 하나 다르지 않게 완전히 일치한다는 것이 차라리 사후조작에 의해 '사실성'을 훼손한 것으로 보기 때문이다.

하나님의 말씀으로서 성경의 심층적인 메시지와 인간에 의한 성경의 문자적 기록을 조심스럽게 구별해야 한다. 이를테면, 예수께서 죄인을 구원하시기 위해서 인간의 몸으로 세상에 오셔서 '말씀을 가르치시고, 복음을 전하시며, 병을 고치신' 사역, 십자가에서 죽으시고 부활하신 역사, '그리스도의 성령'보혜사으로 교회에 오신 예수 그리스도의 복음이 제시하는 본질, 이른바 구원의 복음이라는 그리스도 신앙의 본질에는 한 치의 오류가 있을 수 없다.

다만 그에 관한 세부적인 기록에 차이가 있을 뿐이며, 그 차이가 '복음의 완전성'을 훼손하지 않는다. 복음을 말하면서 많은 사람들이 문자적인 기록에 연연하며 구원의 온전한 복음을 자의적으로 훼손하고 있다. 그러나 시공간적 제한된 범주에서 기록한 성경에는 시공을 뛰어넘는 불변의 진리를 담고 있는가 하면, 시대적 배경에 종속되는 가변적 메시지가 있다.

천지만물과 인간의 창조, 태초부터 시작된 하나님의 구속 사역, 예수 그리스도를 통한 인류의 구원 계획은 영원히 변하지 않는 불변의 진리이지만, 유대 율법에 따른 정결의식이나 절기, 음식에 관한 규범, 희생제사에 관한 내용들은 시대에 따라 당연히 달라질 수 있는 '변수'이다. 예컨대 성경에 기록된 유대 율법에서 돼지고기를 음식으로 사용하지 못하도록 금지했다고 오늘날에도 반드시 지켜야 하는 절대규범은 아니며, 짐승을 제물로 바치는 희생제사는 성령과 진리로 예배드리는 신약시대에서는 더 이상 불변의 계명이 아니다.

이처럼 비교적 쉽게 받아들일 수 있는 내용들과 달리, '기독교 교리'에 관한 민감한 내용들이 있다. 이를테면 '예정론'을 강조하는 사람들은 자신들의 주장을 뒷받침하는 구절들을 발췌해서 일방적인 주장을 교리로 내세우는가 하면, '행위론'을 강조하는 사람들은 그들 나름대로 자신들의 주장을 뒷받침하는 구절들을 전거proof-texting으로 인용해서 나름대로 자신들의 이론을 정립한다. 문제는, 서로 모순되는 예정론은혜론과 행위론의지론을 상호배타적인 교리로 강요하는 순간, 복음은 자의적인 해석에 따른 갈등과 모순, 대립과 반목으로 본래의 메시지, 즉 하나님의 온전한 계시가 왜곡된다는 사실이다.

만약에 믿음에 관한 모든 것이 태초부터 결정된 하나님의 '운명론적' 예정에 달려 있다면, 그리고 구원뿐만 아니라 저주까지 '이중선택'으로 미리 정해진 것이라면 도대체 우리에게 신앙이 무슨 가치가 있으며 순종이 무슨 의미가 있는가. 마찬가지로, 행위론에서 주장하듯이 인간의 자발적인 의지로 구원을 얻을 수 있다면, 그것은 결국 자신의 의지로 자신이 구원받는 이른바 '자력구원'의 다른 표현에 지나지 않는다. 자기가 자기를 구원할 수 있다면 하나님을 믿어야 하는 이유가 무엇인가? 그런 궤변 안에서 믿음은 단지 허울 좋은 장식일 뿐 구원의 절대조건이 되지 않는다.

성경이 예정과 행위를 동시에 말했다면, 하나의 성경에 담겨있는 예정과 행위는 처음부터 배타적인 의미로 분리시킬 수 없다. 예정과 행위가 서로 모순되는 개념이 아니라, 성경을 통해 하나님이 계시하신 복음을 전하기 위한 일관된 메시지라는 말이다. 구원의 조건으로 '자발적인 의지'를 강조하는 아르미니우스 주의자들은 요한계시록 3장 20절을 금과옥조로 여긴다.

> "볼지어다. 내가 문밖에 서서 두드리노니 누구든지 내 음성을 듣고 문을 열면 내가 그에게로 들어가 그와 더불어 먹고 그는 나와 더불어 먹으리라" 계 3:20

성경에서 '잔치'는 그림언어로 '하나님 나라의 초대'를 가리키며, 예수를 믿음으로 말미암는 구원을 상징한다. 따라서 이 구절에 대한 아르미니우스 주의자의 해석은, 예수를 믿는 자라 해도 '자발적인 의지'로 문을 열어야 비로소 예수를 영접할 수 있다는 것이다. 문을 여는 의지가 없이 예수를 영접할 수 없으며, 예수를 영접하지 못하는 자는 구원에 이를 수 없다는 주장이기 때문이다. 이와 같은 주장에 대해 예정론을 주장하는 칼뱅주의자들은 자신 있게 반박하지 못한다. 본문은 누가 봐도 자발적인 의지를 전제하는 구절처럼 보이기 때문이다.

그러나 좀 더 깊이 문맥을 살펴보면 이 구절에서 우리는 '새로운 메시지'를 파악할 수 있다. 문을 연 것은 분명히 개인적인 의지이지만 문까지 찾아온 것은 우리의 자발적인 의지가 아니라 문까지 오신 예수의 '선택'이다. 따라서 인간의 의지와 상관없는 '일방적인 은혜'라는 메시지이다. 이를테면 이 구절은 지금까지 타성적으로 받아들였던 것처럼 '은혜론'을 전적으로 부정할 수 있는 근거가 되지 못한다. 나아가, 문밖까지 찾아온 것은 하나님의 '예정'이고 문을 연 행동은 자신의 '의지'라는 이분법적 구분도 사실 정확한 해석이 아니다. 문을 연 행동은 엄밀히 말해서 순전히 자발적인 의지가 아니라, 예수의 음성을 들었기 때문에 그로 말미암아 문을 연 것이기 때문이다. 구원하기 위해서 나를 영접하라며 예수께서 자신의 '음성'을 들려주신 것이 결국 구원에 이르게 하는 은혜가 아닌가.

예정과 의지의 경계는 칼로 무 자르듯이 간단히 구별되지 않는다. 믿음으로 말미암아 구원을 얻는 신자의 행위, 이른바 '순종'은 은혜를 벗어나서 자신의 독자적인 판단이나 의지에 따른 것이 아니라, 은혜예정와 어우러져 마침내 행동에 이르는 것이기 때문이다. 행함이 없는 믿음은 성경에서 지적하듯이 믿음의 '결실'이 없기 때문에 분명히 '죽은 믿음'이다. 그러나 행함의 의미가 아무리 중요한들, 믿음으로 구원을 얻는 기독교 신앙에서 행함 자체가 '믿음'의 절대가치를 훼손할 수 없다.

나아가 성경적인 관점에서 '성화'의 본래 의미는 흔히 말하듯이 믿음과 분리된 행동으로서 '선행'이 아니라 '하나님 나라에 속함'이다. 따라서 하나님 나라에 속함으로 의롭다고 인정받은 자, 이른바 '칭의된 자'는 하나님 나라에 속했기 때문에 이미 '성화된 자'이다. 완성된 성화가 아니라 점진적인 성화일망정, 성화가 없는 칭의는 엄밀한 의미에서 온전한 칭의가 아니며 구원에 이르는 칭의일 수 없다. 지나친 이분법적 해석이 복음의 본질을 훼손할 수 있다는 말이다.

기독교 신앙은 분명히 부활 신앙이다. 그러나 복음의 정점인 부활이 어떤 경우에도 '십자가의 능력'을 축소할 수 없다. 십자가 구속救贖은 '완전한 제사'로서, 구약시대의 희생 제사처럼 더 이상 대속 제사가 필요하지 않기 때문이다. 다만 십자가 구속이 완전한 구원으로서 이른바 종말론적 구원을 의미하지 않는다. 이는 예수 그리스도의 대속으로 말미암은 보편적인 구속이 구체적이며 개인적인 구원과 일치하지 않는다는 말이다. 구약에서 예언된 예수 그리스도의 구원의 복음은 예수의 탄생부터 시작해서, 예수의 삶과 계명, 그리고 십자가의 대속과 부활의 전 과정을 통해서 완성된다.

"나는 율법을 완성하기 위해서 왔다"고 예수께서 말씀하신 것은 공생애 사역의 마지막인 부활이 '복음의 완성'이라는 말씀이 아니라, 예수 자신이 율법에 예언된 복음의 완성이라는 선언이다. 믿음으로 말미암아 복음을 온전히 받아들이는 우리를 '하늘과 땅의 모든 권세를 받으신' 예수께서 구원하신다. 십자가 없는 부활이 무슨 의미가 있으며, 탄생 없는 죽음, 계명 없는 그리스도의 사역이 도대체 무슨 의미가 있는가? 우리는 섣불리 '성경의 불일치'를 말할 수 없다. 다만 언어적인 한계에 따른 기록의 불일치에 대해서 말할 수 있을 뿐이며, 믿음과 행함, 은혜와 의지, 칭의와 성화, 십자가의 대속과 부활을 망라하는 성경은 인간의 이성으로 감히 훼손할 수 없는 하나의 완전한 복음이다.

2장·해석과 적용의 오류

'선한 사마리아인'은 없다

신약성경에서 '가장 감동적인 일화'로 꼽히는 3대 사건이 있다. 영화나 연극, 문학작품이나 오페라를 통해서 기독교인들뿐만 아니라 일반 대중들에게도 널리 알려진 '간음한 여인', '사마리아인의 비유', 그리고 '탕자의 비유'가 그것이다. 신약성경의 대표적인 세 일화에 대한 전통적인 해석은 차례대로 '용서', '선행', 그리고 '하나님의 신실하신 사랑견인'에 초점을 맞춘다. 섣불리 그런 해석이 틀렸다고 말할 수는 없지만, 저자의 의도와 문맥에 초점을 맞춰 본문을 '문체론적 관점'으로 해석하면 지금까지 타성적으로 이해하던 것과 전혀 다른 메시지를 만난다. 독자가 읽는 표층적인 메시지와 저자가 의도하는 심층적인 메시지가 다르기 때문이다.

세 일화 가운데 우선 사마리아인의 비유에 대한 '전통적인 오류'를 먼저 지적한다. 아마 성경을 통틀어 '선한 사마리아인의 비유'만큼 다양한 예술매체를 통해 세상에 널리 소개된 구절도 없을 것이다. 널리 알려졌다는 사실에 덧붙여 '선행'이라는 쉽고 감동적인 주제로 많은 사람들의 주목을 끌었다. '쉽다'고 말하는 이유는, 선한 사마리아인의 비유는 실제로 작품과 만나보지 않은 사람들조차 제목만 봐도 '선한'이라는 수식어를 통해서 주제를 어렵지 않게 파악하기 때문이다.

그러나 사마리아인의 비유가 선행을 강조하는 내용이라는 일방적인 주장은 저자의 의도와 정확히 일치하는 것은 아니다. 저자가 말하려는 메시지와 상관없이 독자는 선한 사마리아인이라는 이름 때문에 응당 '선행'이 본문의 주제라며, 이 비유가 도덕적인 교훈을 담고 있다고 선불리 판단한다. 성경이 제시하는 영적, 종교적 메시지는 뒤로 한 채 독자들이 듣고 읽기에 '좋은' 도덕적 메시지, 나아가 은혜의 메시지에 치우치기 때문이다.

하지만, 본문 어디에도 '선한 사마리아인'이라는 등장인물은 존재하지 않는다. 예수는 단순히 '사마리아인'의 비유를 들었을 뿐 '선한 사마리아인'이라고 말하지 않았기 때문이다. 그렇다면 후대에 성경 독자들이 등장인물인 사마리아인으로부터 자신들이 받은 감동에 따라 '선한'이라는 수식어를 덧붙여 '선한 사마리아인'으로 명명했다는 결론이다.

저자가 전혀 사용하지 않았던 '선한' 이라는 수식어가 마치 성경에 처음부터 있었던 낱말처럼 자연스럽게 인용되는 이유가 무엇인가? 이유는 간단하다. 죽어가는 자를 살린 사마리아인의 선행이 성경을 읽는 독자들의 인상에 강렬하게 각인되었기 때문이다. 즉, 화자의 의도와 상관없이 독자가 느낀 주관적인 감동으로 본문의 메시지를 '사마리아인의 선행'으로 단정했다는 것이며, 이는 해석의 오류를 일으킬 수 있는 '자의적인 해석'에 기인한다.

문체론적 분석은 독자의 주관적인 판단 이전에 메시지를 구성하는 저자의 의도에 주목한다. 저자가 글을 쓰면서 특정한 단어나 문장, 문법, 나아가 특정한 인물과 장소, 배경 등을 선택하는 것은 단순한 '우연'이나 '장식'이 아니라 자신의 메시지를 구성하려는 '개인적인 의도'가 있다고 보기 때문이다.

예수께서 '사마리아인의 비유'를 들었던 이유는, "무엇을 하여야 영생을 얻을 수 있습니까?"하며 영생의 구원에 대해 물었던 한 율법사의 의도적인 질문, 이를테면 '시험'에 답하기 위해서였다. 율법사가 자기가 모르는 것을 알고 싶어서 겸손히 물었던 것이 아니라 예수를 '시험하기' 위해서 의도적으로 질문했다는 사실에 주목해야 한다. 당시 유대 사회에서 율법사는 율법을 연구하고 가르치는 학자이며 선생으로 율법에 정통한 전문가이다. 그런 자가 율법을 몰라서 예수에게 물었던 것이 아니라 예수를 함정에 빠뜨리기 위한 의도적인 시험이었다.

"어떤 율법 교사가 일어나 예수를 시험하여 이르되 선생님 내가 무엇을 하여야 영생을 얻으리이까? 예수께서 이르시되 율법에 무엇이라 기록되었으며 네가 어떻게 읽느냐?"

예수는 이미 율법사가 익히 알고 있는 내용을 '반문법'으로 다시 물었고, 이에 율법사는 '셰마 이스라엘'로 널리 알려진 신명기 6장 4절부터 9절에서 4-5절, 그리고 레위기 19장 18절을 인용하며 자신 있게 대답한다. 본문은 율법을 신성시하는 유대인이라면 너나없이 암송하는 구절로서 "하나님을 사랑하고, 이웃을 사랑하라"는 '사랑의 이중계명'에 관한 내용이다. 예수께서 이 계명을 실천하면 영생의 구원을 얻는다고 가르치자 율법사는 그렇다면 "누가 이웃이냐?"고 다시 묻는다.

"그 사람이 자기를 옳게 보이려고 예수께 여짜오되, 그러면 내 이웃이 누구니이까?"

다시 강조하지만 '이웃'의 의미가 무엇인지 몰라서 이웃의 사전적인 정의를 묻고자 했던 것이 아니다. "이웃을 네 자신같이 사랑하라"는 율법의 명령에 따라 유대인이 사랑을 실천할 대상이 '선민' 유대인 외에 과연 다른 누가 있을 수 있느냐는 반문이다. 다시 말해 율법이 제시하는 이웃이 누구인지 몰랐던 것이 아니라, 유대인에게 이웃은 오직 유대인뿐이라는 율법주의적인 선민의식을 강조하기 위한 의도적인 질문이다. 하나님을 믿지 않는 이방인을 유대인은 가까운 '이웃'이 아니라 경멸의 의미로 '개'나 '돼지'로 불렀다는 것을 기억해야 한다. 예수께서 말씀하신 이방 '사마리아인'은 여기서 제시된 비유로, 율법사가 알고 있는 이웃에 대한 율법주의적인 해석을 완전히 뒤집는 대반전이다.

'자기를 옳게 보이려고' 질문했다는 기록은, 누가 '이웃'인지 율법사가 이미 알고 있었다는 것을 암시한다. 율법에 따르면 하나님을 믿지 않으며, 하나님의 자녀로 선택받지 못한 이방인은 '개'나 '돼지'이기 때문에 유대인의 '이웃'이 될 수 없다. 따라서 이웃의 정의에 대해 율법사가 알고 있는 지식은, 유대인이 율법에 따라 사랑을 실천할 대상은 오직 선택받은 유대인이라는 배타적인 '선민의식'이다. 그와 동시에 율법사는 이방인이나 세리, 죄인과 가까이 지내는 예수의 태도를 율법에 반하는 불순종으로 은연중에 비난하고 있다.

율법을 안다고 하면서 정작 하나님의 뜻을 깨닫지 못하는 율법사의 무지와 외식을 지적하기 위해서 예수는 진정한 이웃의 개념에 대해 다시 설명한다. 예수는, '하나님의 뜻대로 행하는 자'가 진정한 하나님의 자녀로서 이웃이라고 말하면서 사마리아인을 비유로 제시한 것이다. 메시지를 바르게 파악하기 위해서 화자의 의도적인 선택, 이를테면 사마리아인의 비유에 등장하는 '제사장'과 '레위인' 그리고 '사마리아인'의 등장에 주목해야 하는 이유이다.

> "예수께서 대답하여 이르시되 어떤 사람이 예루살렘에서 여리고로 내려가다가 강도를 만나매 강도들이 그 옷을 벗기고 때려 거의 죽은 것을 버리

고 갔더라. 마침 한 제사장이 그 길로 내려가다가 그를 보고 피하여 지나가고 또 이와 같이 한 레위인도 그곳에 이르러 그를 보고 피하여 지나가되"눅10:30-32

강도를 만나 거의 죽어가는 사람을 보고 단순히 불특정한 어떤 사람이 '피하여' 지나간 것이 아니다. 유대 율법주의의 최고봉인 제사장과 레위인이 '피하여' 지나갔다는 분명한 서술, 즉 다른 사람이 아닌 제사장과 레위인을 특별히 등장인물로 선택한 화자의 의도가 '사마리아인의 비유'가 전하는 메시지를 바르게 파악하는 키워드가 된다.

'셰마 이스라엘'을 매일 암송하며, 사랑의 이중계명을 율법의 최고 강령으로 존중하는 제사장과 레위 인이었지만 정작 그들은 죽음의 위기에 처한 사람을 보고 그냥 지나쳤다. 죽어가는 사람을 보며 하나님의 절대 계명인 사랑을 실천하기에 앞서 그들은 손에 피를 묻힐 수 없고, 부정한 시체를 만질 수 없는 율법의 조문, 이른바 유대 '정결법'을 먼저 떠올린 것이다. 시체를 만지는 자는 부정한 자라는 율법 조문의 족쇄가 그들로 하여금 사랑의 절대 계명을 지키지 못하게 가로막았기 때문이다. 반면에 유대인들이 개나 돼지로 취급하며 이방인들 가운데서도 가장 더럽다고 경멸했던 사마리아인은 '피하여 멀리' 지나간 것이 아니라 '가까이 가서' 돌보아 주었다.

"어떤 사마리아 사람은 여행하는 중 거기 이르러 그를 보고 불쌍히 여겨 가까이 가서 포도주를 그 상처에 붓고 싸매고 자기 짐승에 태워 주막으로 데리고 가서 돌보아 주니라"눅10:33-34

예수는 구원의 조건으로 단순히 '도덕적인 선행'을 강조한 것이 아니다. 만약에 그랬다면, 예수는 자신을 시험하기 위해서 의도적으로 질문했던 율법사에게 대답하면서, 유대인의 대표상징인 제사장과 레위인에게 굳이 악역을 맡기며 갈등을 부추길 이유가 없다. 또한, 유대인들이 개나 돼지로 여겼던 사마리아인을 선행의 주인공으로 등장시킬 이유도 없다. 더욱 심각한 문제는, 만약 선행으로 말미암아 구원을 얻을 수 있다고 예수께서 말씀하셨다면 기독교 신앙을 결국 '행위구원론'으로 단정해야 하지 않는가. 제사장과 레위인의 대척점에 사마리아인을 배치시킨 것은 '우연'이 아니라 화자의 의도적인 선택이며, 여기에는 화자의 특별한 메시지가 있기 때문이다.

예수는 '혈통적 유대인'이 하나님의 백성으로서 이웃이며 형제가 아니라, 하나님의 뜻을 따르는 자, 이른바 '영적 이스라엘'이 진정한 하나님의 자녀이며 백성이라는 신약시대의 새로운 규범을 제시한 것이다. 예수의 어머니와 형제들이 예수를 찾았던 장면에서 예수는 하나님의 자녀로서 형제의 정체성에 대해 분명한 정의를 내린다.

> "누가 내 어머니며 형제이냐? 하나님의 뜻대로 행하는 자라야 나의 어머니이며 형제이니라."

입으로는 하나님의 말씀인 율법을 말하면서 사실은 하나님의 말씀을 따르지 않는 유대인들의 외식을 예수께서 꾸짖는 동시에, 예수와 함께 시작하는 새 언약 시대에 하나님의 백성으로 부름 받은 자를 말하기 위해서 '이웃'에 대해 새로운 정의를 내리고 있다. 이를테면 사마리아인의 비유를 읽은 대부분의 독자들이 오해하듯이 이웃은 선한 사람을 가리키는 낱말이 아니라 하나님의 백성으로 선택받은 '자녀'로서 형제를 가리키고 있다. 따라서 사마리아인의 비유는 지금까지 생각했던 것처럼 사마리아인의 선행을 강조하는 '도덕적 메시지'가 아니라, 사랑의 계명을 지키는 자가 하나님의 자녀라는 '영적 메시지'를 전하는 것이다.

신약시대는 도덕적 행위가 아니라 믿음으로 구원받는 '새로운 언약'의 시대이다. 신약성경의 '사마리아인의 비유'가 전하는 메시지는 '도덕적 선행'이 아니라, '믿음의 순종'을 강조하는 구원의 메시지이다. 유대인들은 자신들의 특별한 혈통으로 구원을 얻을 수 있다고 믿었지만, 예수는 "돌들로도 능히 아브라함의 자녀를 만들 수 있다"며 선민의식의 오류와 율법주의의 외식을 엄히 꾸짖는다.

요컨대 사마리아인의 비유를 통해서 예수 시대는 구원에 대해서 율법시대와 다른 메시지를 전하고 있다. 혈통적 유대인이 아닌 하나님의 뜻에 순종하는 그리스도인에게 '영생'의 구원이 있다고 율법사에게, 그리고 우리 모두에게 가르치고 있는 것이다. 결국 사마리아인의 비유에서 예수는 '선한 사마리아인'을 말한 것이 아니라, 사랑의 계명을 지키며 온전히 순종하는 자를 말하고 있다. 선택받은 자라며 스스로 '이웃'으로 자처하며 자기의에 사로잡힌 유대인들에게 예수는 가차 없이 말한다.

"화있을진저, 너희 외식하는 자여!"

탕자의 비유에서 – '견인'의 메시지인가?

성경 해석과 적용에서 오류가 발생하는 주된 원인은 무엇일까? 자기중심적인 신앙에 따라 자기에게 유리하게 성경을 해석하고 적용하려는 교인들의 숨은 욕망 때문이 아닐까? 지금은 조금 열기가 식은 것 같지만 한동안 Q.T.에 열광하던 때가 있었다. 비슷비슷한 내용에 다양한 제목들로 발행된 수십 종의 Q.T. 서적들이 서점을 장식했었다. 깊이 있는 묵상을 하기 위해서라면 Q.T.하는 것을 탓할 이유가 없다. 문제는, Q.T.에서 강조하는

'개인적인 적용'의 오류가 매우 심각하다는 점이다. 깊이 묵상한다면서 혼자 성경을 읽고 나름대로 깨달은(?) 내용을 자신의 입장과 처지에 맞춰 함부로 적용하는 순간, 성경은 보편적인 하나님의 말씀이 아니라 자기 계발서나 심리서적으로 변질 될 우려가 없지 않다.

사람은 본성상 자기중심적이기 때문에 자기 의와 자기애에서 쉽게 벗어나지 못한다. 심지어 성경을 읽고 자신의 삶에 적용하면서도 은연중에 자기에게 유리한 해석과 적용을 도모한다. 수많은 교인들이 성경을 읽으면서 '하나님의 말씀'으로 위로 받으려고 애쓰지만, 종종 그것이 성경을 통해 하나님이 주시는 진정한 자유와 평안이 아니라 자기가 나름대로 성경을 해석하고 자신의 상황에 자의적으로 적용시키면서 스스로 만족하는 '자기 위로'에 지나지 않는다. 말씀을 통한 하나님의 위로가 아니라, 말씀을 해석하고 적용하는 스스로의 판단에 따라 "자기가 자기를 위로한다"는 말이다.

예를 들면, 탕자의 비유를 읽으며 Q.T.를 하는 교인들은 거의 예외 없이 죄를 묻지 않는 하나님의 '신실하신 사랑'과 '무조건적인 은혜'를 본문의 핵심 메시지로 생각한다. 탕자가 아버지를 버리고 허랑방탕하게 살았지만, 아들의 죄에 상관없이 '끝까지 자녀를 사랑하시는' 아버지는 타락한 아들의 지난 죄를 모두 용서하시고 기꺼이 받아들였다고 해석하는 것이다. 심지어 살찐 송아지까지 잡아서 아들에게 잔치를 베풀어 주신 아버지의 지극한 사랑과 은혜에 적이 감동한다. 이를테면 하나님의 '무조건 용서'에 초점을 맞추며, '신실하신 사랑'이 탕자의 비유가 전하는 메시지라고 단정하면서 마침내 이 비유는 예정론에서 말하는 '견인'의 빌미가 되기도 한다.

그러나 그것이 과연 '탕자의 비유'가 제시하는 저자의 진정한 메시지일까? 인간이 아무리 죄를 지어도 하나님의 은혜는 모든 죄를 덮을 만큼 크고 위대하기 때문에 무조건 용서하시는 걸까? 그래서 우리는 하나님의 은혜를 죄와 상관없이 '거저 주시는' 은혜라고 자신 있게 말하는 걸까? 이런

식의 '내가복음'적인 해석이 그리스도 신앙을 왜곡한다. 물론 하나님의 은혜는 모든 죄를 덮을 만큼 크고 위대하며 하나님의 사랑은 변함없이 영원하다.

그러나 하나님의 사랑은 결코 정의에 배치되지 않으며, 하나님은 어떤 경우에도 정의를 포기하시지 않는다. 사랑의 하나님이 곧 정의의 하나님이시기 때문이다. 사랑하기 위해서 정의를 포기하지 않으며, 정의를 지키기 위해서 사랑을 버리지 않는 것이 하나님의 본성이다. 죄를 무턱대고 용인하시지 않으며, 회개하지 않는 죄를 무턱대고 용서하시지 않는다는 말이다. 요컨대 탕자는 '무조건' 용서 받았던 것이 아니라 회개했기 때문에 용서받은 것이다.

"그가 돼지 먹는 쥐엄 열매로 배를 채우고자 하되 주는 자가 없더라."눅15:16 만약에 아버지의 무조건적인 용서와 사랑이 탕자의 비유가 전하는 진정한 메시지였다면, 아버지는 아들이 돼지가 먹는 '쥐엄 열매'마저 먹을 수 없는 극단의 고통을 겪기 전에 어떤 식으로든 아들을 구했을 것이다. 그러나 성경 어디를 뒤져봐도 아버지는 아들이 스스로 돌아오기 전까지 전혀 아들을 찾지 않았다. 아버지를 버리고 쾌락을 쫓았던 탕자가 마침내 회개하고 아버지의 품으로 돌아왔을 때 비로소 아버지는 더 이상 아들의 지난 죄를 묻지 않고 사랑하는 아들로 받아들였다.

> "이에 스스로 돌이켜 이르되 내 아버지에게는 양식이 풍부한 일꾼이 얼마나 많은가. 나는 여기서 주려 죽는구나. 내가 일어나 아버지께 가서 이르기를 아버지, 내가 하늘과 아버지께 죄를 지었사오니 지금부터는 아버지의 아들이라 일컬음을 감당하지 못하겠나이다. 나를 품꾼의 하나로 보소서 하리라 하고 이에 일어나서 아버지께로 돌아가니라"눅15:17-20

성경은 탕자의 비유를 기록하면서 결코 아버지의 '일방적인 은혜'를 말하지 않았다. 아버지를 떠난 탕자가 처절한 고난을 겪으면서 자신의 죄 값을 치러야 했고, 자신의 죄를 깨닫고 마침내 죄에서 돌이켜 아버지께로 돌아왔을 때 비로소 탕자를 용서했다고 기록했다. 탕자의 비유에서 제시된 회개의 과정을 간단히 요약하면,

1) 아버지를 떠난 탕자는 잠깐 동안 자유를 만끽하며 창녀와 함께 허랑방탕하게 살았다.
2) 상속받은 재산을 모두 탕진한 탕자는 처절한 궁핍을 겪었으며
3) 고난의 정점에서 자신의 죄를 뉘우쳤고
4) 죄 값을 치르기 위해서 '종의 신분'으로 돌아가겠다고 결단했으며
5) 마침내 행동으로 옮겨, '자리에서 일어나' 아버지에게 돌아갔다.

이처럼, 아버지의 용서를 받기 전에 온전한 회개가 전제되었으며 성경이 제시하는 회개의 전 과정이 고스란히 실현됐다. "일곱 번씩 일흔 번이라도 용서하라"는 주님의 말씀을 '거저 주시는 은혜'로 말미암아 무조건 용서하신 것이라는 해석은 '내가복음'에나 있을 뿐 성경의 사복음서 어디에도 존재하지 않는다. 성경해석에서 오류가 발생하는 중대한 요인은 성경을 문맥으로 해석하지 않고 일부를 발췌해서 자의적으로 해석하는 것이다. 분명히 성경에는 '용서하라' 이전에 '회개하라'가 있었지만, 자기만족과 위로를 위해서 독자는 말씀을 자의적으로 해석하며 은연중에 '용서하라'는 구절만 발췌하는 것이다.

"너희는 스스로 조심하라. 만일 네 형제가 죄를 범하거든 경고하고, 회개하거든 용서하라. 만일 하루에 일곱 번이라도 네게 죄를 짓고 일곱 번 네게 돌

아와 내가 회개하노라 하거든 너는 용서하라 하시더라."눅17:3-4

'무조건 용서'를 즐겨 입에 담고, "한번 구원은 영원한 구원이다"라고 거침없이 부르짖는 구원파적 신앙은 결코 예수 그리스도의 신앙이 아니다. 그것은 성경의 가르침에 대한 전적인 무지이며 정경에서 벗어난 이단 신앙일 뿐이다. 성경에서 벗어난 신앙은 하나님의 뜻에서 하릴없이 일탈할 수밖에 없다. 목사와 교인에 이르기까지 한국교회를 타락으로 이끈 근본적인 원인은 다른 무엇보다 성경해석과 적용의 오류에 기인한다. 덧붙여 한 마디 하면, 한국교회를 위기로 내몬 불의한 목사들의 치명적인 죄는 회개하지 않는 죄이며. 회개하지 않은 상태에서 강단에서 망령되이 '말씀'을 전하며 하나님을 속이는 동시에 자신과 교인들을 속이는 가증스런 외식이다.

'간음한 여인'과 무조건 용서?

1) "너희들 가운데 죄 없는 자가 먼저 돌로 치라" 요8:7

과연 예수께서 간음을 무조건 용서하시기 위해서 "너희들 가운데 죄 없는 자가 먼저 저 여인을 돌로 치라"고 말씀하셨을까? "일곱 번씩 일흔 번이라도 용서하라"며 무한 용서를 강조하신 예수께서 같은 맥락에서 '간음한 여인'의 죄에 대해서도 무조건 용서하신 것일까? 어쨌든, '죄 없는 자가 먼저 돌로 치라'는 말씀에 가책과 부담을 느낀 유대인들이 손에 쥐고 있던 돌을 내려놓고 모두 떠났고, 현장에서 간음하다 붙잡힌 여자는 생명을 구했다. 줄거리만 살피면 얼마든지 예수의 '무한한 용서'가 핵심적인 주제라고 해석할 만하다. 그러나 텍스트 분석은 단지 줄거리 파악만으로 간단히 이뤄지지 않는다. 저자의 의도와 문맥적인 의미를 해석해야 한다는 말이다.

'간음한 여인'은 신약 성서의 주요 일화들 가운데서도 가장 감동적인 사례로 손꼽히는 핵심적인 사건이다. 기독교 교인이든 아니든, 사람들이 내심 자유로울 수 없는 간음이라는 음음한 주제가 우선 사람들의 관심을 끌었고, 지혜로운 '심판'을 통해 여인의 생명을 구한 예수의 감동적인 사랑이 돋보였기 때문이다. 그러나 나는 간음한 여인의 주제에 대해서 '무조건 용서'라고 섣불리 단정하지 않으며, '비판하지 말라'는 구절과 어설피 연결 짓는 전통적인 해석에도 무턱대고 동의하지 않는다.

물론 예수의 깊은 사랑과, 그가 사랑을 드러내는 구체적인 표현으로서 용서의 의미와 가치를 결코 부정하지 않는다. 다만, 예수께서 죄인을 용서하신 것은 너나없이 죄를 지을 수 있다는 이유로 죄를 가벼이 보셨기 때문이 아니며, 인정에 끌려 죄인을 불쌍히 여겼기 때문만도 아니다. "바리새인보다 너희 의가 더 하지 않으면 결코 구원을 받을 수 없다"고 선언하신 예수께서 간음이라는 '용서받을 수 없는' 중죄를 무조건 용서하셨다는 주장이 가당할까?

만약에 예수께서 간음을 용서하셨기 때문에 "죄 없는 자가 돌로 치라"고 하셨다면 옛 유대인뿐만 아니라 죄에서 자유로울 수 없는 오늘날 우리도 마땅히 타인의 죄를 무조건 용서해야 한다. 그렇다면 용서를 강조하는 본문의 전통적인 해석에 반론의 여지가 있을 수 없으며, "너희들 가운데 죄 없는 자가 먼저 돌로 치라"는 말씀은 죄가 있든 없든 상관없이 "무조건 용서하라"는 해석과 사실상 동의어로 인정돼야 한다. 물론 용서는 사랑을 강조하는 기독교 신앙의 핵심적인 덕목이다. 그러나 여기서 반드시 주목해야 하는 사실이 있다. 예수께서 죄인을 용서하실 때는 반드시 '회개'라는 전제가 있다는 것이다. 용서의 범주에 대해 묻는 베드로의 질문에 예수께서 끝없이 용서하라고 하셨지만, 용서에 앞서 '회개하거든…'이라는 핵심적인 전제가 있었다.

"만일 네 형제가 죄를 범하거든 경고하고, 회개하거든 용서하라."

본문을 간단히 정리하면 '하루에 일곱 번이라도' 죄를 용서하되 '회개하거든' 용서하라는 것이다. 반면에 '간음한 여인'의 경우에는 어디서도 회개했다는 증거를 찾지 못한다. 간음하다가 현장에서 발각된 여인이 유대인들의 손에 붙잡혀 예수께로 끌려왔다. 예수는 간음한 여인으로부터 죄의 고백도 듣지 못했고 뉘우침도 보지 못한 상태에서 "죄 없는 자가 먼저 돌로 치라"고 말씀하신 것이 사건의 전말이다. 그렇다면 죄를 회개하지 않는 죄인까지도 죄와 상관없이 무조건 용서하시는 것이 예수의 진정한 뜻일까? 이에 대한 성경의 메시지는 분명하다. 회개와 용서는 불가분의 관계다. 회개와 용서의 전후관계가 언제나 일치하는 것은 아니지만, "회개 없이 용서 없다"는 것이다.

"회개하라, 하나님 나라가 가까이 왔다". 예수께서 공생애를 시작하시면서 처음 세상에 전한 일성이 바로 '회개'였다. "하나님 나라에 들어가려기든 회개하라"는 말씀을 어떻게 해석해야 하는가? 하나님 나라에 들어가기 위해서 구원을 얻으려면 그에 앞서 회개하라는 말씀이 아닌가. '회개'는 예수께서 공생애를 시작하시면서 '가장 먼저' 세상에 전하신 말씀이다. 가장 먼저라는 '위치'position는 문체론적 관점에서 살펴볼 때 매우 중요한 의미를 지닌다.

달리 말해 회개는 용서에 앞서며, 신약 성경의 핵심적인 메시지가 된다. 성경을 바르게 해석하기 위해서는, 신학의 다양한 이론이나 종교적인 전통들에 섣불리 의존하기 전에 성경에 대한 깊고 바른 이해가 우선이다. 즉, 성경을 정독하면서 '명시적으로' 기록된 글을 중심으로 심층의 의미를 파악해야 한다.

극단적인 근본주의자들의 주장처럼 돌로 치라면 돌로 치고, 손을 자르라면 손을 자르는 식으로 문자적인 해석에 천착하라는 말이 아니며, 이단에서 즐기는 것처럼 문자적인 의미를 완전히 무시한 채 비유적인알고리즘 해석에 초점을 맞추라는 말도 아니다. 문자를 읽으면서 문자가 함축하는 의미에 주목하라는 것이며, 때로는 문자가 지니는 표면적인 의미뿐만 아니라 심층적인 의미까지 파악하라는 말이다. 성서를 바르게 해석하기 위해서는 성서에 기록된 글들이 문맥 안에서 나타내는 '살아있는' 의미에 관한 연구가 전제되어야 한다. 문체론의 대표적인 명제로 "문맥 없이 의미 없다"는 말이 있다. 언어의 사전적 정의는 '박제된 언어'이며, 모든 언어langue는 문맥 안에서 기능을 발휘할 때 비로소 '살아있는' 의미를 지닌다.

그렇다면 "너희들 가운데 죄 없는 자가 먼저 돌로 치라"는 말씀을 어떻게 해석해야 하는가? 죄보다 크신 하나님의 무한한 사랑을 강조하는 문장으로서, '무조건 용서'가 독자에게 전하는 핵심적인 메시지일까? 따라서 화자인 예수의 의도는 간음한 여인까지 '차별 없이' 용서하라는 자비의 메시지로 봐야 하는가? 신구약을 통틀어 성경적인 관점에서 살펴볼 때 간음은 '무조건' 용서받을 수 있는 죄가 아니다. 율법에서 간음한 자는 돌로 쳐서 죽이라고 명령했고, 신약 시대에도 간음은 우상숭배, 살인과 더불어 '회개해도 용서받을 수 없는 3대 중죄'였을 뿐만 아니라, 신약 어디를 살펴도 예수께서 간음을 '무조건' 용서하시지 않았다.

2) '간음한 여인'에서 읽는 심층 메시지

모세의 율법에 따라 이혼 증서를 써주고 남자들에게 이혼을 허용하는 유내의 오랜 전통을 예수께서는 가차 없이 비판하시면서, 이혼은 결코 하나님의 뜻이 아니기 때문에 '이혼하지 말라'고 엄히 명령하셨다. 그러나 '이혼하지 말라'고 명령하신 예수께서 유일하게 하나의 예외 조항을 두었다는 사실에 주목해야 한다. 즉, '간음한 연고 외에는'이라고 말씀하시면서 간음한 여자의 경우에는 남자에게 이혼을 허용했다. 물론 여기서 말하는 이혼의 허용은 여자를 내쫓는 악행을 선불리 용인한다는 것이 아니다.

이는, '이혼하지 말라'는 하나님의 말씀을 '그대로' 따르라고 명령하면서도 간음은 용서받을 수 없는 죄이기 때문에 예수께서 간음에 대해서 예외로 정한 것이다. 그랬던 예수께서 간음하다가 현장에서 붙잡힌 여자를 '무조건' 용서했다는 주장은 도무지 앞뒤가 맞지 않는 해석이 아닌가. 어떤 여자의 간음은 용서하고, 어떤 여자의 간음은 용서하지 않는다면 예수께서 사람을 '차별해서' 대하고, 같은 죄악에 대해 달리 적용하신다는 말인가? 이는 간단한 문제가 아니다. 예수의 사랑이 이처럼 차별적이라면 우리는 "오직 믿음으로 말미암아 구원을 얻을 수 있다"고 선불리 말할 수 없다.

여기서 예정론을 들먹이려는가? 예정론적인 해석, 이를테면 하나님의 절대주권에 따라 모든 운명이 '사전에' 결정됐다면 우리는 애써 신앙을 지킬 이유가 없다. 간음에 대해서 예수께서 말씀하신 두 문장 사이의 '언어적 간격'gap du language을 메우기 위해서 '담론 분석'이 중요하다. 문맥적인 분석을 통해 메시지를 정확히 살펴보면, 예수는 간음한 여인을 무조건 용서하신 것이 아니라는 사실을 즉각 알 수 있다.

예수는 간음한 여인에게 "나도 너를 용서한다"라고 말씀하시지 않았다. 그와 달리 "나도 너를 정죄하지 않는다"라고 하셨다. 다시 말해, "너희들 가운 죄 없는 자가 먼지 돌로 치라"고 하시며 여인을 율법에 따라 돌로 쳐서 죽이지 못하게 하신 예수께서 "나도 너를 율법의 조문에 따라 돌로 쳐서 죽이지 않겠다"라고 말씀하신 것이다.

요컨대 예수는 간음한 여인의 죄를 용서하신 것이 아니라, 율법에 따라 돌로 쳐서 죽이는 율법주의적인 '정죄'를 금지하신 것이다. 양심의 가책을 느끼며 그 자리에서 떠났던 유대인들에게도 예수는 “간음한 여인의 죄를 묻지 말고 무조건 용서하라”고 말씀하신 것이 아니라, 율법 조문에 연연해서 ‘돌로 치지 말라’고 명령하신 것이다. 너나없이 모든 사람이 죄인이기 때문에 죄인이 죄인을 비판할 수 없다는 의미에서 예수께서 간음한 여자를 용서하라고 말씀하신 것이 아니다. 다만 율법의 정죄에 따라 “돌로 쳐서 죽이지 말라”고 말씀하신 것이다. 예수께서 그녀를 돌려보낸 것은 죄를 묻지 않고 무턱대고 용서하신 것이 아니라, ‘다시는 죄를 범하지 않을 수 있도록’ 회개할 기회를 주신 것이다. 다음 문장을 주의 깊게 살필 필요가 있다.

> “나도 너를 정죄하지 아니하노니 가서 다시는 죄를 짓지 말라”

결론적으로, 예수께서 정죄하지 않겠다고 하신 말씀을 대부분의 독자들이 ‘무조건 용서’로 해석했지만 이는 명백한 오류다. 만약에 “세상에 죄 없는 자가 없으니 죄인인 너희는 다른 사람의 죄를 비판하지 말아야 하며, 따라서 간음한 여자일망정 무조건 용서하라”는 것이 예수의 진정한 메시지라면, “간음한 연고 외에는 이혼하지 말라”는 명령, 다시 말해 간음한 여인은 용서하지 말고 이혼하라는 명령과 배치되는 말씀이 아닌가.

간음하다가 현장에서 붙잡힌 여자, 더욱이 회개조차 하지 않은 죄인을 ‘무조건’ 용서하신 예수라면 “간음한 연고 외에는”이라며 예외조항을 말할 수 없다. 이혼은 간음한 아내를 내쫓으라는 명령으로, ‘용서’가 아니라 준엄한 ‘심판’이기 때문이다. ‘간음한 여인’이 함축하는 민감한 내용은, 용서의 기본적인 메시지 외에 다른 메시지를 담고 있다.

3) “너희 가운데 죄 없는 자가 먼저 돌로 치라” – 생명존중의 메시지

율법 시대에 있었던 이혼의 함의를 이해하기 위해서는 당시 유대 사회에서 이혼이 여자에게 치명적인 수치인 동시에 생존권의 박탈이라는 사실을 간과하지 말아야 한다. 고대 이스라엘에서 이혼은 지금과 달리 이혼당한 여자에게 재산을 비롯한 일정한 법적 권리가 주어지는 것이 아니다. 당시에 이혼이란 여자를 집에서 내쫓는 것으로, 남편에게 버림받고 사회에서 배척당하는 것을 의미했다.

농경, 목축을 경제기반으로 하는 남성 중심의 가부장 사회에서 남편에게 버림받은 여자는 경제력을 상실할 수밖에 없었다. 육체노동이 경제활동의 중심인 고대 사회에서 노동력이 없는 여자는 이혼당한 순간부터 살 길이 막막했다. 이혼으로 남편에게 버림받았다는 것은 세상에서 버림받은 것이며, 이는 신정국가인 유대 율법 사회에서 하나님께 버림받는 '무서운 저주'와 다르지 않다.

예수께서 이혼을 허용하는 모세의 율법에 맞서 '이혼하지 말라'고 말씀하신 것은 단순히 도덕적인 문제 때문이 아니다. 이혼으로 말미암아 인간의 생명과 인권에 치명적인 문제가 대두되기 때문이다. 간음한 자를 가차없이 죽이는 율법 시대에서도 매춘이 있었다는 사실이 의아하지만, 젊어서 남편을 잃은 과부나 이혼 당한 여인들 가운데 상당수가 몸을 팔아 끼니를 때우는 창녀로 전락할 수밖에 없었던 역사적인 사실을 기억할 필요가 있다. 물론 현대 사회에서도 이혼은 가정문제를 넘어서 심각한 사회문제로 등장했지만, 고대 이스라엘에서 이혼은 개인의 생존과 인권에 관한 문제와 동시에 율법적인 문제로 이어졌다.

따라서 이혼하지 말라는 하나님의 말씀은 개인을 위한 도덕적인 명령을 넘어서 사회윤리와 율법의 전반적인 관점에서 이해해야 한다. 예수께서 이혼을 허용했던 유대 전통에 반대하며 '이혼하지 말라'고 강조하신 이유도 여기에 있다. 예수께서 간음한 여자에 대해서만큼은 이혼을 허용했다는 것은 결국 간음을 무턱대고 용서하시지 않았다는 것을 의미한다. 그렇다면,

"너희들 가운데 죄 없는 자가 먼저 돌로 치라"고 예수께서 말씀하신 것에 대해서 마치 "세상에 죄 없는 자가 없다. 따라서 간음한 여자의 경우에도 죄를 따지지 말고 무조건 용서하라"는 의미로 해석하는 순간 우리는 예수께서 자가당착의 모순을 범했다는 사실을 인정하는 것이 되고 만다.

본문의 의미를 분명히 파악하기 위해서 다음과 같이 의문문으로 문장의 형식을 바꿔서 질문을 해보면 어떨까? 이를테면 유대인들이 예수께 와서, "간음한 여자가 있는데 이혼 증서를 써주고 그 여자를 내쫓아야 합니까?" 라고 물었다고 가정하자. 예수께서 과연 이 질문에 대해서도 "너희들도 모두 죄인이니 다른 사람의 죄를 탓하지 말고, 간음한 여인일망정 무조건 용서하고 그녀에게 자유를 주라"고 하셨을까? 예수는 모세의 율법에 따라 이혼을 허용하는 유대인들에게 여자의 기본적인 인권을 보호하기 위해서 '이혼하지 말라'고 하시면서도, 간음한 여인은 예외라고 단호하게 말씀하셨다.

따라서 예수께서 간음한 여인과는 '이혼하라'고 하시며 간음을 엄히 다루셨던 것처럼, 간음한 자를 무턱대고 용서하시지 않고 죄를 묻는 것이 오히려 말씀의 일관성에 부합한다. '거저 주시는' 은혜라는 말은 죄를 범한 자가 죄에서 돌이켜 주께 나아올 때, 다시 말해 '회개할 때' 더 이상 이전의 죄를 묻지 않는다는 것일 뿐 무조건 용서를 의미하지 않는다. 죄인이기 때문에 죄를 비판할 수 없다면, 죄인 아닌 사람이 없는 이 세상은 결국 불의가 창궐하는 무법천지로 변할 것이며 죄의 아비인 사탄의 세상이 될 것이다.

613가지 율법을 제정한 이유는 불의를 비판하며 하나님의 정의를 바로 세우라는 준엄한 명령이다. 정의는 불의에 맞선 신랄한 비판에서 비롯된다. 정당한 비판을 통해서 옳고 그름을 올곧게 분별하지 못한다면 당연히 하나님의 정의를 따르지도 못한다. 비판은 '옳고 그름을 분별하는 능력'으로서, 정의와 불의를 구별하는 소중한 도구이기 때문이다. 예수께서 율법의 조문에 따라 정죄하지 않은 것은 간음한 여인의 죄를 '비판하지 말라'고 부당한 명령을 내린 것이 아니다.

그렇다면, 간음한 여인과는 이혼하라고 하신 예수께서 성경에 등장한 '간음한 여인'을 정죄하시지 않은 이유는 무엇일까? 간음은 중한 죄이지만 어떤 경우에도 생명보다 소중한 것이 없기 때문에 예수는 '생명을 죽이지 말라'고 말씀하신 것이다. 그리고 돌로 쳐서 정죄하며 생명을 빼앗는 것은 죄에서 돌이켜 하나님께 돌아올 기회까지 완전히 빼앗는 것이기 때문에 예수는 간음한 여인을 '정죄'하지 않고 회개할 기회를 주신 것이다. 그래서 예수는 간음한 여인에게 "네 죄가 용서받았다"고 하시지 않고 "가서 다시는 죄를 짓지 마라"고 말씀하신 것이다.

"생명보다 소중한 것이 없다"고 예수께서 말씀하셨듯이, 율법의 조문條文보다 생명이 소중하다는 '생명 존중 사상'이 간음한 여인의 사례에서 여실히 드러난다. 결국 "죄 없는 자가 돌로 치라"는 말씀은 간음이라는 죄악을 '비판하지 말라'며 죄를 묵인한 것이 아니라 말 그대로 '죽이지 말라'는 생명 존중의 선언이다. 그리고 "나도 너를 정죄하지 않겠다. 가서 다시는 죄를 짓지 말라"는 말씀은 "죄를 씻고 온전히 죄에서 돌이키라"시며 간음한 여인에게 회개의 기회를 주신 것이다.

4) 한국교회의 잘못된 적용

'간음한 여인'에 대해서 이렇게 장황하게 설명하는 이유는, '간음한 여인'에 나오는 "너희 가운데 죄 없는 자가 먼저 돌로 치라"는 구절에 대한 해석이 단순히 '용서'라는 주제에 멈추지 않고 불의를 은폐하기 위한 빌미로 종종 왜곡되기 때문이다. 한국교회에서 '죄 없는 자가 먼저 돌로 치라'는 구절은 '비판하지 말라'는 것과 함께 죄인에 대한 '무조건 용서'를 용인하는 동시에 정당하든 부당하든 상관없이 비판 자체를 의도적으로 가로막는 '전거'로 악용되고 있다. 이처럼 의도적인 방어벽으로 자주 사용할망정 막상 이 구절을 일반 교인들 사이에서 서로 죄와 허물을 용서하라고 일반적으로 적용하는 경우는 극히 드물다.

"죄 없는 자가 먼저 돌로 치라"는 말은 성직자를 자처하는 목사들, 또는 교회의 유력한 중직들의 부정과 불의를 섣불리 비판하지 말라는 구실로 널리 오용되고 있다. "목사가 비리를 저질렀을망정 세상에 죄 없는 사람이 없으니 똑같이 죄인인 주제에 감히 주의 종인 목사를 비판하지 말라"며 교인들을 억압하는 전형적인 구절이기 때문이다.

주의 종은 특별한 존재이기 때문에 예수께서 목사들을 지키기 위해서 '무조건 용서하라'고 명령하실까? 비록 불의를 저질렀지만, 주의 종은 특별히 세우신 사역자이기 때문에 비리를 저질러도 감히 비난할 수 없는 것일까? 다른 논리들을 애써 들이댈 것도 없이 성경을 제대로 이해하면 이에 대한 답은 자명하다. 불의한 하나님의 종들에 대해 예수는 한 치의 용서가 없었다.

예수 시대에 대표적인 사역자로서 하나님의 종은 유대 종교지도자들인 제사장들과 율법사, 그리고 바리새인이었다. 그들은 하나님의 말씀인 율법을 생명처럼 소중히 여겼을 뿐만 아니라, 하나님의 이름을 '망령되이 일컫는' 자들을 즉각 사형에 처할 만큼 하나님을 지극히 사랑했다. 만약 "어떤 경우에도 하나님의 종을 비판하지 말아야 한다"면, 응당 예수께서도 하나님의 특별한 부르심을 받았다는 제사장들이나 율법을 엄수한 바리새인들을 비판하거나 저주하지 말았어야 한다.

그러나 예수는 공생애를 지내는 동안 유대 종교지도자들, 이른바 '하나님의 종들'이 저지르는 부정과 불의에 결코 침묵하시지 않았다. 침묵은커녕 "화있을진저"라시며 저주를 마다하지 않으셨을 뿐만 아니라 '생명을 바쳐' 불의한 종들과 싸우셨다. 불의를 저질러도 그들이 하나님의 종이기 때문에 하나님이 심판하시도록 무턱대고 침묵하며 기다리는 것이 올곧은 순종이 아니다. 하나님의 직접적인 심판은 종말론적인 심판으로 무서운 '정죄'이다. 하나님의 최종 심판에 앞서 하나님의 이름을 욕되게 하는 자들에게 맞서 불의를 고발하며 하나님의 올바른 가르침을 전하는 것이 '하나님의 뜻'이며, 그런 하나님의 뜻에 따르는 것이 온전한 순종이다.

한국교회에서 자주 인용하는 "너희들 가운데 죄 없는 자가 먼저 돌로 치라"는 말씀은 본래의 메시지가 철저히 왜곡된 대표적인 구절이다. "죄 없는 자가 먼저 돌로 치라"는 말씀은 비리 목사들의 가증스런 불의를 용서하라는 의미로 결코 오용될 수 없다. 간음한 여인에 빗대서 비리 목사들에게 적용하면, 예수께 데려와서 이렇게 질문할 수 있을 것이다. "추악한 비리를 저질러서 주님과 교회의 이름을 더럽힌 사악한 목사들입니다. 하나님의 이름을 망령되이 일컬으며, 교회를 사악한 맘몬에게 넘겨준 이런 자들을 율법에 따라 죽여야 합니까?"

물론 이런 경우에도 예수께서는 생명을 지키기 위해서 분명히 "너희들 가운데 죄 없는 자가 먼저 저 자를 죽이라"고 하셨을 것이다. 천하보다 한 생명을 소중히 여기시는 예수께서는 간음한 여인을 살렸던 것처럼 하나님의 이름을 더럽힌 종들조차 죽이라고 명령하시지 않을 것이기 때문이다.

반면에, 앞에서 예시했던 것처럼 구체적인 질문을 통해서 주님의 뜻을 묻는다면 어떻게 말씀하실까? 예컨대, "주님과 거룩한 교회의 이름을 더럽히며 가증스런 불의를 행한 비리 목사를 교회에서 내쫓아야 합니까?"라고 묻는다면 예수께서 과연 뭐라 말씀하실까? 결코 예수께서는 비리를 저지르고도 끝내 회개하지 않는 종을 무턱대고 용서하라고 하시지 않을 것이다. 타락한 유대 종교지도자들을 가차 없이 심판하셨던 예수께서 비리 목사들을 '무조건 용서하라'고 하신다는 것은 자가당착이기 때문이다.

예수께서 세상에 오신 이유들 가운데 중요한 이유는, 우리에게 '본을 보이시기' 위함이 아니던가? 그토록 가혹한 이혼을 허용하면서까지 간음한 여자를 쫓아내라는 예수께서 거룩한 교회를 '강도의 소굴'로 만든 비리 목사들을 즉각 교회에서 쫓아내라고 하시리라는 것은 불문가지이다.

"내가 예수라면 어떻게 할 것인가?"라는 유명한 문장이 있다. 그에 준해서 간단히 답할 수 있을 것 같다. "저 자를 쫓아내라. '자기 배를 채우기 위해서' 하나님을 거역하는 자는 멀리 쫓겨나서 이를 갈며 슬피 울리라". 비리 목사들과 그에 기생하며 교회를 더럽히는 어리석은 교인들은 감히 성경을 '자기변명'의 비루한 도구로 왜곡하지 말라. 예수는 타락한 목사들이 생각하는 것처럼 어리석지 않다. 구원의 공동체인 '교회'를 세우시기 위해 생명을 바치신 예수 그리스도는 새 언약의 백성을 위해서 새 성전을 세우셨으며, 그렇게 세워진 새 성전이 바로 교회다. 교회를 더럽히고도 끝내 회개하지 않는 비리 목사들을 결코 용서하시지 않는다는 말이다.

"너희들 가운데 죄 없는 자가 먼저 돌로 치라"는 말씀은 율법의 조문에 따른 극단적인 정죄를 금지하신 것일 뿐, 무턱대고 용서하라고 명령하신 것이 아니다. 예수는 간음한 여인에게 "가서 다시는 죄를 짓지 말라"며, 죄에서 돌이키는 회개의 기회를 주신 것이다. "죄 없는 자가 먼저 돌로 치라"는 말씀을 제멋대로 곡해해서 자신의 죄악을 슬그머니 덮으려는 목사가 있다면, 그는 회개할 기회조차 스스로 저버리는 어리석은 자이며, 구원의 은혜에서 멀어진 자다.

"시험에 들지 말게 하시며…"

"그때에 예수께서 성령에게 이끌리어 마귀에게 시험을 받으러 광야로 가사

사십 일을 밤낮으로 금식하신 후에 주리신 지라" 마4:1–2

성령은 능력의 하나님이다. 전지전능하신 능력으로 우리를 보호하시는 성령 하나님은 우리를 시험에 들지 않게 고이 지키시고, 시련과 고난에서 건지시는 좋으신 하나님이다. 그런데 본문의 메시지는 우리의 기대와 전혀 다르다. 우리의 당연한 기대와 달리 시험에 들지 않게 지키시기는커녕 오히려 사단에게 데려가서 고통스러운 시험을 받게 한다. 사탄에게서 우리를 구하시는 것이 아니라 악한 사탄에게 시험받도록 데려가는 성령은 정말 좋은 하나님일까? 주님은 "시험에 들지 말고 다만 악에서 구하옵소서!"라고 기도하라며 제자들에게 '주기도문'을 통해 분명히 "하나님이 우리를 시험에서 벗어나게 하신다"고 가르치지 않았는가?

우리는 그리스도인으로서 하나님을 따른다고 열심히 신앙생활을 하면서 사실은 자기를 신앙의 중심에 두고 자기가 바라는 바를 목적으로 삼는 심각한 오류를 범한다. 그러나 그리스도 신앙의 중심은 하나님이며, 신앙의 목적은 내가 바라는 바를 이루는 것이 아니라 나를 통해 하나님의 뜻을 온전히 이루는 것이다. 나를 위해서, 즉 내가 원하는 것을 이루기 위해서 하나님을 믿는 것이 아니라 내가 도구가 되고 나를 통해 하나님의 뜻을 이루기 위해서 믿는 것이다.

성령이 예수를 사탄에게 데려가서 시험받게 한 이유는 하나님의 뜻을 이루기 위한 성령의 소중한 역사이다. 예수께서 사탄의 시험을 이기고 거룩한 공생애를 시작하기 위해서 성령은 예수를 사탄에게 데려가고 시험을 받게 하셨다. 그리고 사탄의 시험을 이기신 예수는 그리스도 예수로서 거룩한 길을 걸을 수 있었다.

오늘날 우리가 타락한 목사들에게서 흔히 보듯이 만약에 예수가 공생애 사역을 앞두고 육적인 욕망에 사로잡혀 세상의 재물과 권력, 명예를 주겠다는 사탄의 유혹에 무너졌다면, 시험에 무너진 예수는 결코 우리의 구원자이신 그리스도가 될 수 없었다. 예수가 맞닥뜨린 시험은 공생애를 시작하기 이전인 광야의 시험에서 끝나지 않는다. 겟세마네의 기도를 기억하라. 십자가의 처절한 죽음, 도저히 감당할 수 없는 모욕 앞에서 예수는 가장 인간적인 모습으로 하나님께 간절히 기도했다.

"이 잔을 내게서 지나가게 하옵소서"라며 밤이 새도록 부르짖는 예수의 기도는 생명을 구해달라는 간절한 기도인 동시에 십자가의 수욕에서 벗어나게 해달라는 처절한 기도였다.

> "이르시되 아버지여 만일 아버지의 뜻이거든 이 잔을 내게서 옮기시옵소서. 그러나 내 원대로 마시옵고 아버지의 원대로 되기를 원하나이다 하시니 천사가 하늘로부터 예수께 나타나 힘을 더하더라 예수께서 힘쓰고 애써 더욱 간절히 기도하시니 땀이 땅에 떨어지는 핏방울 같이 되더라" 눅22:42-44

예수께서 기도하시는 그 자리에, 절망의 처절한 고통에 몸부림치는 그 자리에 성령이 함께 계시면서 예수의 힘을 북돋았다. 성령이 함께 계셨고 힘을 북돋았다면 응당 예수께서 간구하신 대로 죽음의 잔이 지나가야 했지만, 예수는 십자가의 수욕을 피할 수 없었다. 성경에 기록된 대로 성령이 힘을 주셔서 예수가 더욱 '간절히' 기도했지만, 예수는 끝내 죽음의 잔을 피할 수 없었다는 사실에 주목해야 한다.

예수께서 시험을 피할 수 없었던 것이 아니라 피하지 않았다. 흔히 생각하는 것처럼 성령의 도움으로 고난에서 벗어나신 것이 아니라 예수는 오히려 십자가의 고난을 기꺼이 감당하셨다. 성령은 죽음의 잔을 치워 예수가 고난에서 벗어나게 하신 것이 아니라, 하나님의 뜻을 이루시기 위해서 예수께서 죽기까지 복종하실 수 있는 특별한 힘을 주신 것이다. 다시 말해 성령의 역사로 예수는 시험을 오롯이 이기실 수 있었다.

그리스도인으로서 우리는 하나님의 뜻을 이루는 도구이며 결코 우리 자신이 목적이 될 수 없다. 도구로서 하나님의 뜻을 이루는 것이 우리에게 주어진 사명이며, 사명을 이루는 순간 우리는 하나님과 연합하며 마침내 우리의 소중한 목적을 이룰 수 있다. 우리들 자신을 도구삼아 하나님의 뜻을 이루는 것이 신앙의 진정한 목적이며, 그것이 바로 하나님의 깊은 은혜라는 말이다. 지금 고통스러운 시험을 당하고 있는가? 하나님이 '나'를 통해 당신의 뜻을 온전히 이룰 수 있도록 기꺼이 순종하라. 거기에 그리스도인에게 주시는 진정한 은혜가 있다.

형통의 성경적 의미

그리스도인들에게 신앙의 목적이 무엇인지 묻는다면 응당 구원이라는 응답이 대부분이겠지만, 보다 구체적인 대답을 요구한다면 아마 '형통'이라는 말을 비껴가지 못할 것이다. "모든 일이 뜻대로 잘 이루어진다"는 의미에서 형통은 죽어서 얻는 영생의 구원 이전에 살아서 세상의 행복까지 두루 누리는 특별한 은혜를 가리킨다. 전지전능의 하나님을 믿는 신자라면 마땅히 추구하는 신앙의 가치이기도 하다.

그러나 성경적인 관점에서 형통이 과연 '도랑 치고 가재 잡는' 식의 그런 의미일까? 형통에 관한 이 글은 전작 '그것은 교회가 아니다'에서 인용했던 칼럼이지만, 본 장의 주제가 성경 해석과 적용의 오류를 지적하는 것인 데다가 그런 관점에서 형통의 주제가 특히 중요하기 때문에 다시 인용한다.

> "요셉은 무성한 가지, 곧 샘 곁의 무성한 가지라. 그 가시가 담을 넘었노다."
> 창49:22

샘 곁에 심은 나무는 무성하게 자랄 수밖에 없다. 그래서 성경은 샘 곁에 심은 나무가 무성하게 자란 모습을 설명하며, "그 가지가 담을 넘었다"라고 기록한다. 샘 곁에 심은 나무는 처음부터 '형통의 복'을 받은 나무이다. 스스로 물을 찾을 필요도 없고, 누군가 때에 맞춰 물을 공급해주기를 애타게 기다릴 필요도 없다. 저절로 잘 자랄 수 있는 나무, 철따라 풍요로운 열매를 맺을 수 있는 나무는 분명히 복이 많은 나무이다. 우리 인생이 샘 곁에 심은 나무 같다면 얼마나 행복할까?

여기서 말하는 '샘 곁에 심은 나무'는 물론 요셉의 상징이다. 실제로 요셉은 형통의 은혜를 입은 성경의 뛰어난 인물들 가운데서도 가장 대표적인 인물이다. 요셉은 '이방의 종'이라는 비천한 신분의 굴레를 깨뜨리고 애굽의 총리가 될 수 있었고, 하나님이 예정하신 선민 히브리 민족이 역사적인 대국 애굽의 고센 땅에서 무리지어 살 수 있는 여건을 만들 수 있었다. 요셉은 이처럼 세상에서 크게 성공했고, 하나님의 뜻을 이루기 위해서도 매우 소중한 도구로 선택받았다. 흔히 말하듯이 그는 영육 간에 형통의 복을 두루 누렸다. 따라서 성경은 요셉을 주저 없이 형통의 인물로 묘사하며 무수한 기독교인들이 요셉의 형통을 동경한다. 성경 인물을 본 딴 수많은 이름들 가운데 남자 이름으로 '요셉', 또는 '요섭'이 가장 많다는 사실이 이를 증명한다.

그러나 요셉의 형통은 '샘 곁에 심은 나무'처럼 저절로 얻어지는 행운이 아니었고, 좋은 여건을 배경으로 열심히 노력해서 획득한 의지의 산물도 아니다. 요셉의 형통은 세상의 형통 즉, '만사형통'의 주술적인 복을 의미하지 않는다. 그의 형통은 하나님과 동행하는 삶을 통해 얻은 아름다운 결실이다. 그러나 하나님과 동행하는 형통의 삶은 흔히 생각하는 것처럼 굽은 길이 곧아지고, 메마른 땅이 촉촉이 적셔지는 좋은 여건을 말하지 않는다. 요셉의 형통은 처절한 고난의 길을 걸으면서도 오직 하나님을 의지하는 자에게 주시는 '특별한 형통'이다.

요셉의 형통에 대해서 성경이 반복해서 기록했던 '시점'time에 주목하라. 그때가 어떤 때인지 아는 순간 그리스도인의 형통에 대한 섣부른 판단이 근본부터 달라진다. 그 시점은 애굽의 총리가 된 때도 아니고, 귀족 여인과 결혼해서 자녀를 낳았던 때도 아니며, 애굽의 실권자로서 부귀영화를 누렸던 '화려한 때'가 아니다. 가장 초라하고, 가장 비참하고, 세상에서 가장 외로이 버림받았던 고난의 때였다.

> "요셉이 이끌려 애굽에 내려가매 바로의 신하 친위대장 애굽 사람 보디발이 그를 그리로 데려간 이스마엘 사람의 손에서 요셉을 사니라. 여호와께서 요셉과 함께 하시므로 그가 형통한 자가 되어 그의 주인 애굽 사람의 집에 있으니 그의 주인이 여호와께서 그와 함께 하심을 보며 또 여호와께서 그의 범사에 형통하게 하심을 보았더라"창 39:2–3

> "그의 주인이 자기 아내가 자기에게 이르기를 당신의 종이 내게 이같이 행하였다 하는 말을 듣고 심히 노한지라. 이에 요셉의 주인이 그를 잡아 옥에 가두니 그 옥은 왕의 죄수를 가두는 곳이었더라. 요셉이 옥에 갇혔으나 여호와께서 요셉과 함께 하시고 그에게 인자를 더 하사 간수장에게 은혜를 받게 하시매 간수장이 옥중 죄수를 다 요셉의 손에 맡기므로 그 제반 사무를 요셉이 처리하고 간수장은 그의 손에 맡긴 것을 무엇이든지 살펴보지 아니하였으니 이는 여호와께서 요셉과 함께 하심이라 여호와께서 그를 범사에 형통하게 하셨더라"창39:21–23

위의 두 상황이 어떤 때인지 아는가? 처음 구절은, 요셉이 형들의 시기로 도단의 마른 물구덩이에 버려졌다가 이스마엘 상인들의 손을 거쳐서, 바로 파라오의 친위대장인 보디발의 집에 종으로 팔렸던 시점이고, 다음 구절은 보디발의 아내가 넌지시 던진 성적 유혹을 뿌리친 죄로 옥에 갇힌 때이다. 이삭의 총애를 받던 귀공자 요셉이 이방의 비천한 종이 되고, 마침내 죄수가 되어 옥에 갇힌 고난의 시점을 성경은 이처럼 '형통'이라고 말하고 있다.

도대체 무슨 뜻인가? 하나님의 백성이 누리는 거룩한 형통은 세상의 고난에서 벗어날 수 없다는 뜻일까? 그럴 수 없다. 고난이 축복과 형통을 위한 통로가 될 수 있지만 엄연히 형통은 형통이고 고난은 고난이다. 고난 자체가 가치 있고 아름다운 것이 아니라 고난을 이겨낸 승리가, 그리고 승리의 결실이 비로소 가치 있고 아름다운 것이다. 그럼에도 요셉이 겪었던 가장 고통스러운 순간에 성경이 그를 두고 형통하다고 말했던 이유가 있다. 그토록 처절한 순간에도 하나님이 그와 함께 계시기 때문에 성경은 요셉이 '형통하다!'라고 거침없이 말했던 것이다. 의미를 되새기기 위해서 앞 구절의 일부를 발췌한다.

> "여호와께서 요셉과 함께 하시므로 그가 형통한 자가 되어…", "이는 여호와께서 요셉과 함께 하심이라 여호와께서 그를 범사에 형통하게 하셨더라".

그리스도인의 형통은 "영혼이 잘 되고, 범사가 잘 되고, 강건하고…"처럼 세상의 온갖 복을 얻는 '만사형통'이 아니라 하나님과 동행하면서 자신을 통해서 하나님의 뜻을 이루는 것이다. 요셉이 형들의 시기를 받지 않았다면, 애굽에 종으로 팔려가지 않았더라면, 누명을 쓰고 옥에 갇히지 않았더라면 그는 일찍이 고난을 겪지 않았을망정 애굽 왕 바로와 만날 기회가 없었을 것이다. 따라서 애굽의 총리가 돼서 고센 땅에 히브리 민족을 세우고, 마침내 선민 이스라엘을 세우는 위대한 역사를 이루지 못했을 것이다.

처절한 고난의 때가 육신의 눈으로 볼 때는 인생의 칠흑 같은 암흑기이지만, 영의 눈으로 볼 때는 찬란한 승리를 위한 태동의 시기일 수 있다.

요컨대, 성경에서 말하는 형통은 성공을 신앙의 목적인 양 허투루 왜곡하는 '번영 신학'에서 흔히 주장하듯이 세상의 성공과 번영을 의미하는 것이 아니라 자신을 도구 삼아 하나님의 위대한 뜻을 이루는 것이다. 따라서 믿는 자에게 고난은 그 자체로서 저주의 심판이 아니라 진정한 형통을 위한 시험의 때이며, 연단의 때이며, 준비의 때이다. 지금 견디기 힘든 고난의 시간을 보내고 있는가? 주의 손을 꼭 붙잡아라. 주와 반드시 동행하라. 주와 동행하는 그때, 지금 겪고 있는 고난은 자신을 통해서 하나님의 위대한 뜻을 이루시는 형통의 아름다운 전주前奏일 수 있다.

'한 데나리온'의 숨은 메시지

'포도원의 품꾼들'은 구체적인 사건이 아니라 화자가 의도적으로 구성한 비유로, 번역의 오류로 인해 화자의 메시지가 왜곡된 전형적인 경우이다. 대부분의 독자는 이 비유를 읽고서 인간의 상식적인 판단과 너무 다른 하나님의 주권을 떠올린다. 하루 종일 열심히 일한 사람과 빈둥거리다가 나중에 날랑 한 시간 일한 사람의 품삯을 동일하게 한 데나리온씩 시급하는 주인의 부당한(?) 결정을 인간이 섣불리 판단할 수 없는 하나님의 주권이라고 보기 때문이다.

> "천국은 마치 품꾼을 얻어 포도원에 들여보내려고 이른 아침에 나간 집 주인과 같으니 그가 하루 한 데나리온씩 품꾼들과 약속하여 포도원에 들여보내고 또 제삼시에 나가 보니 장터에 놀고 서 있는 사람들이 또 있는지라" 마 20:1-3

'포도원의 품꾼들'은 독자들이 익히 알고 있지만 대부분 잘못 이해하고 있는 구절이기도 하다. 성경에서 '비유'라고 분명히 명시한 본문은 실제 있었던 사실이 아니라 하나님 나라의 상징적인 비유이다. 그러나 여기에 등장하는 포도원이 장소적인 관점에서 천국을 상징하는 것이 아니라, 포도원과 주인, 그리고 품꾼들과 부당한(?) 품삯을 포함해서 비유 전체가 장소가 아닌 '통치'의 개념에서 천국하나님 나라를 나타낸다. 이를테면 본문이 말하는 하나님 나라는 '장소'의 개념이 아니라 '하나님 나라 신학'에서 힘주어 말하는 '하나님 나라의 통치'를 가리킨다. 따라서 상징으로 제시된 포도원은 세상과 구별되는 하나님 나라의 특별한 속성을 제시하고 있다.

> "천국은 마치 품꾼을 얻어 포도원에 들여보내려고 이른 아침에 나간 집 주인과 같으니 그가 하루 한 데나리온씩 품꾼들과 약속하여 포도원에 들여보내고, 또 제삼시에 나가보니 장터에 놀고 서 있는 사람들이 또 있는지라" 마 20:1-3

만약에 천국의 전통적인 해석에 따라서 장소의 개념으로 주장한다면, "천국은… 집 주인과 같다"라는 문장을 논리적으로 설명할 수 있는 방법이 없다. 종말 이후의 '새 하늘과 새 땅'의 개념에 대해서는 신학적인 논란이 거세지만, 집 주인은 사람이지 장소가 아니기 때문에 "천국은… 집 주인과 같다"로부터 시작하는 본문에서 포도원은 천국을 가리키는 장소적 의미가 아닌 것은 분명하다. 그러나 이 비유가 하나님 나라의 특별한 속성이라는 주장을 인정한다 해도 어떤 면에서 포도원의 비유가 천국의 속성을 가리키는지 뚜렷이 드러나지 않는다.

1절부터 16절까지 이어지는 장문을 통해서 언뜻 떠올릴 수 있는 속성으로, '모든 사람에게 일자리가 보장되는 이상적인 사회'를 상상할 수 있다.

아침 일찍부터 일을 시작한 품꾼들이 있는가 하면, 뒤늦게 일을 시작하는 사람들까지 모두 포도원에 들어가서 '상당한' 품삯을 받고 일할 수 있기 때문이다. 너나없이 일자리가 보장되는 사회는 분명히 '이상적인 사회'라는 관점에서 천국의 일면을 보여주고 있다고 생각할 수 있다.

> "제삼시에 나가 보니 장터에 놀고 있는 사람들이 또 있는지라. 그들에게 이르되 너희도 포도원에 들어가라. 내가 너희에게 상당하게 주리라…"

여기에서 '상당한'으로 번역된 단어는 '많은'이라는 뜻으로 오해할 수 있지만 문맥상 의미는 '일한 만큼'이기 때문에, '상당한'보다는 '해당하는'으로 옮기는 것이 바른 번역이다. 어쨌든 성경은 제삼시부터 일한 사람만이 아니라 제육시와 제구시, 심지어 제십일시부터 일한 사람들까지 모두 '상당한' 품삯을 받고 일한다는 설명에 주목한다.

성경에 제시된 시간의 개념 자체가 오늘날과 다르기 때문에 당시 유대인의 시간제에 대해서 간단하게 언급하지 않을 수 없다. '이른 아침'은 해가 뜨는 시점으로 하루 일과가 시작되는 때를 말한다. 당시 유대인들은 12시간제로 시간을 표시하며, 일출을 기점으로 0시에서 시작해서 일몰까지 12시간을 '하루'day로 정한다. 그리고 해가 지고 다음날 새벽에 다시 해가 뜨기까지는 밤night으로, 12시간제가 아니라 4경으로 구분한다. 그리고 지금의 24시간에 해당하는 하루는 전날 일몰부터 다음날 일몰까지를 말한다.

따라서 주인이 포도원에서 일을 시키기 위해서 품꾼을 데리러 장터에 가장 먼저 나간 시각은 지금의 새벽 6시에 해당되고, 다시 장터에 나간 '제삼시'는 오전 9시에 해당된다. 뿐만 아니다. 제육시, 제구시가 돼서 다시 장터에 나갔을 때에도 여전히 '놀고' 있는 사람들이 있었고, 해가 지기까지 불과 한 시간을 남겨둔 제십일시오후 5시에도 변함없이 '놀고' 있는 사람들이 있었다. 제십일시는 오후 5시로, 일을 마치는 일몰까지 불과 한 시간 밖에 남지 않은 시간인데 그때까지 '놀고 있던' 사람들까지 주인은 모두 품꾼으로 부른다.

> "제십일시에도 나가보니 서 있는 사람들이 또 있는지라. 이르되 너희는 어찌하여 종일토록 놀고 여기 서 있느냐. 이르되 우리를 품꾼으로 쓰는 이가 없음이니이다. 이르되 너희도 포도원에 들어가라 하니라"마20:6-8

장터에서 '놀고 있던' 사람들이 빠짐없이 품꾼으로 일을 할 수 있었을 뿐만 아니라, 불과 한 시간 밖에 일을 하지 않았던 사람도 '상당한' 품삯을 받을 수 있었다. 이처럼 천국의 상징인 포도원에서는 모든 사람이 일을 할 수 있는데다, 상당한 품삯까지 받을 수 있었기 때문에 우리가 살고 있는 세상의 모습과 분명히 다른 모습을 드러낸다. 그러나 모든 사람이 차별 없이 일을 할 수 있다는 사실만으로 하나님 나라의 속성을 지녔다고 섣불리 단정할 수 없다.

예를 들면, 공산주의 국가에서는 최소한 이념적으로나마 모든 사람이 일을 할 수 있으며, 식량 배급을 통해서 최소한의 기본적인 생계를 유지할 수 있다. 그러나 공산주의 국가를 지상의 낙원인양 착각하며 환상적인 이데올로기를 꿈꾸던 시대는 이미 지났다. 어떤 사람도 더 이상 공산주의 국가를 지상의 낙원으로 생각하지 않으며, 공산주의 이념을 하나님 나라가 세상에서 실현되는 가치체계로 인정하지도 않는다.

그렇다면, 포도원의 품꾼들이라는 비유를 통해 독자들에게 제시하는 '하나님 나라'는 도대체 어떤 모습일까? 본질적인 질문에 답하기 위해서 많은 사람들이 오해하는 단어나 구절들의 본래 의미를 다시 해석하고, 본문이 전하는 정확한 메시지를 파악해야 한다. 한글 성경을 보면 일하지 않고 장터에 있던 사람들을 '놀고… 있는지라'라고 번역했기 때문에 마치 게으른 사람들까지 포도원에서 '상당한' 품삯을 받는다고 생각하게 되면서 독자들의 상식적인 판단에 적잖이 혼란을 일으킨다.

즉, 일하지 않고 하루 종일 빈둥거리며 '놀고 있던' 사람들이 이른 아침부터 열심히 일한 사람들과 동일한 품삯을 받는다는 부당한 처사에 일단 반발한다. 그러나 본문의 포도원이 세상이 아니라 천국의 비유라는 사실을 떠올리며 다시 고개를 끄덕인다. 주인의 부당한 결정에 대해 인간의 이성으로 이해할 수 없는 '하나님의 절대주권'이라는 비장의 카드를 꺼내들면서 새로운 해석을 시도하기 때문이다. 이를테면, 하나님 나라는 하나님이 절대주권을 가지고 통치하는 나라이기 때문에 감히 인간이 판단할 수 없다는, 이른바 '믿음이 좋은 사람들'의 전형적인 해석이다.

과연 그럴까? 하나님은 인간과 달리 심오한 판단과 절대주권이 있기 때문에 인간의 상식적인 판단을 뛰어넘어 매우 부당하고 불공평한 결정을 내릴 수 있는가? 아니다. 하나님의 뜻이 때로는 인간의 생각과 다를망정 하나님의 정의는 세상에서 실현되는 정의이기 때문에 본질상 부당하거나 불공평할 수 없다. 이는 하나님의 불의나 독선 때문이 아니라 사실은 성경의 오역 때문에 생기는 해석의 오류에 지나지 않는다.

성경의 '완전성'에 천착하는 독자들로서는 한글 성경의 번역에 오류가 적지 않다는 지적에 반론이 거센 것이 당연한 반응이겠지만, 성경 해석과 적용에 오류가 있다는 것은 부인할 수 없는 사실이다. 그러나 성경 해석의 오류라는 것은 하나님의 말씀인 성경에 본질적인 오류가 있다는 것이 아니라, 인간의 언어를 사용한 '성경의 기록'이나 번역, 그리고 해석과 적용에 불일치나 오류가 있다는 것이다.

성경은 하나님의 말씀을 기록한 신령한 '성서'이지만 인간의 '불완전한'

언어를 사용한 인간 저자의 책이다. 따라서 아무리 뛰어난 저자가 특별한 문체로 메시지를 전한다 해도 인간이 사용하는 언어의 한계를 뛰어넘을 수 없다. 특히 본문의 경우는 여러 의미소를 지닌 단어를 번역하면서 흔히 있을 수 있는 선택의 다양성이라는 지엽적인 문제가 아니라, 단어의 의미 자체를 제대로 파악하지 못한 상태에서 섣불리 한글로 옮긴 번역의 중대한 오류라는 점에서 가볍게 넘길 수 없다.

> "천국은 마치 품꾼을 얻어 포도원에 들여보내려고 이른 아침에 나간 주인과 같으니 그가 하루 한 데나리온씩 품꾼들과 약속하여 포도원에 들여보내고, 또 제삼시에 나가 보니 장터에 놀고 서 있는 사람들이 또 있는지라." 마 20:1-3

일을 하지 않고 장터에 있던 사람들에 대해서 한글 성경은 '놀고 서 있는 사람들이 또 있는지라'라고 번역했다. 포도원 주인은 이른 아침부터 시작해서 제삼시, 제육시, 제구시, 심지어 제십일시까지 계속 시장에 나가 보았지만, 장터에는 여전히 '놀고 서 있는' 사람들이 있었다. 그런데 주인은 '종일토록 놀고' 있던 품꾼들을 불러서 '품삯을 상당히 주겠다'며 포도원으로 들여보냈다. 마침내 날이 저물어 일을 마치고 품삯을 받을 때 도무지 이해가 되지 않는 상황이 벌어졌다. 이른 아침에 포도원에 들어가서 하루 종일 일했던 사람들과 뒤늦게 제십일시오후 5시에 들어가서 겨우 한 시간 밖에 일하지 않은 품꾼들에게 모두 한 데나리온씩 품삯을 똑같이 지급한 것이다.

> "저물매 포도원 주인이 청지기에게 이르되 품꾼들을 불러 나중 온 자로부터 시작하여 먼저 온 자까지 삯을 주라 하니, 제십일시에 온 자들이 와서 한

> 데나리온씩을 받거늘 먼저 온 자들이 와서 더 받을 줄 알았더니 그들도 한 데나리온씩 받은지라."

'하루 종일' 놀다가 뒤늦게 일한 사람들과 이른 아침부터 비지땀을 흘리며 하루 종일 일했던 품꾼들의 품삯이 같은데다, 심지어 뒤늦게 일한 사람들이 먼저 품삯을 받았다는 사실을 도대체 어떻게 설명해야 하는가? 온 종일 땀 흘리며 수고했던 품꾼들의 기대는 물거품이 되었고, 그들로서는 당연히 주인을 원망할 수밖에 없다. "나중에 온 이 사람들은 한 시간 밖에 일하지 아니하였거늘, 그들을 종일 수고하여 더위를 견딘 우리와 같게 하였나이다"

이처럼 더위를 견디며 아침부터 저녁까지 쉬지 않고 일한 사람과 종일토록 '놀다가' 고작 한 시간 밖에 일하지 않은 사람이 같은 품삯을 받았다면 많은 시간을 일한 사람이 주인을 원망하는 것은 당연한 반응이며, 주인의 행동은 결코 공평한 처사가 아니다. 그러나 주인은 자신의 행동에 대해서 당당할 뿐 한 발짝도 물러서지 않는다.

> "주인이 그 중의 한 사람에게 대답하여 이르되, '친구여, 내가 네게 잘못한 일이 없노라. 네가 나와 한 데나리온의 약속을 하지 않았느냐? 네 것이나 가지고 가라. 나중 온 이 사람에게 너와 같이 주는 것이 내 뜻이니라.'"

아마 본문을 읽었던 대부분의 독자들도 주인의 생각을 순순히 받아들이기가 쉽지 않았을 것이다. 천국의 비유로서 포도원의 주인이 하나님을 상징하는 것이라면, 비록 절대주권을 지니신 하나님의 뜻일망정 일한 분량이 크게 다른데 빈둥거리며 놀다가 뒤늦게 잠깐 일한 사람들과 아침부터 쉬지 않고 일한 사람에게 동일한 품삯을 준다는 것이 암만 생각해도 '공평하신 하나님'을 생각하는 신자들로서는 고개를 갸우뚱하지 않을 수 없다. 자신이 일한 분량에 따라서 정당한 보수를 요구하는 품꾼에게 주인은 오히려 '내 뜻대로 하겠다'라며, 열심히 일한 품꾼들을 엄히 꾸짖는다.

> "내 것을 가지고 내 뜻대로 할 것이 아니냐? 내가 선하므로 네가 악하게 보느냐?"

이 구절도 잘못된 번역으로 한글성경을 읽는 독자는 무슨 뜻인지 쉽게 이해가 되지 않는다. "내가 선하므로 네가 악하게 보느냐?"라는 말은 내가 선하므로, 즉 "내가 선하기 때문에…"라는 원인절이 아니라 "내가 선한 데도 불구하고"라는 의미의 양보절로 번역해야 한다. 따라서 "내가 약속한 대로 '정당하게' 주었음에도 불구하고 네가 감히 나를 악하다고 원망하느냐?"라는 의미로 본문을 해석해야 한다.

그렇다면, 하루 종일 빈둥거리며 '놀다가' 뒤늦게 잠깐 일한 사람과, 종일토록 땀 흘려가며 성실하게 일한 사람을 동등하게 대하는 '불공평'이 과연 하나님의 뜻일까? 하나님은 인간이 범접할 수 없는 절대주권을 지니신 분이기 때문에 인간이 보기에 아무리 부당하게 보여도 감히 저항할 수 없다는 것인가? 다시 말해 세상의 불의에 대해서도 하나님의 판단을 기다리며 그저 침묵하고, 다소곳이 순응하는 것이 그리스도인의 바른 자세일까? 의문이 꼬리에 꼬리를 물지만 대부분의 독자들은 "하나님의 생각은 사람의 생각과 다르기 때문이며", "토기장이이신 하나님의 결정에 대해 그릇에 지나지 않는 인간이 감히 반대할 수 없다"라며 이미 익숙해진 대로 '하나님의 뜻'이라고 간단히 얼버무린다.

결국, 이성적으로 볼 때 부당한 하나님의 뜻일망정 영적인 관점에서 볼 때 여전히 정의의 하나님이라고 자의적으로 판단하는 것이다. 과연 하나님은 자신의 절대주권을 앞세워 세상의 정의에 반하는 결정을 내리시는가? 그러면서 사람에게는 가차 없이 '정의'와 '선'을 요구하시는가? 인간은 이런 모순에 대해서 아무 말도 할 수 없는 '열등한 피조물'에 지나지 않는가? 아니다. 하나님은 결코 불의의 하나님이 아니며 부당한 결정을 서슴지 않으시는 폭력의 하나님이 아니다. 인간의 생각으로 간단히 이해할 수 없는 하나님의 뜻이 있다면 그것은 우리가 미처 깨닫지 못한 하나님의 깊은 뜻이 있기 때문이다.

뒤늦게 포도원에 들어간 일꾼들은 사실은 일이 하기 싫어서 빈둥거리며 하루 종일 장터에서 놀고 서 있던 '게으른' 사람들이 아니다. 그들은 일을 하지 않으려는 게으른 사람들이 아니라 일을 시켜주는 사람이 없어서 일을 하고 싶어도 일을 할 수 없었던, 세상에서 소외되고 버림받은 '힘없는' 약자들이다. 일하기 위해서 하루 종일 장터에서 "아무 것도 하지 못하고" 저녁이 다 되도록 일을 기다렸던 것이다.

> "제십일시에도 나가 보니 서 있는 사람들이 또 있는지라. 이르되 너희는 어찌하여 종일토록 놀고 여기 서 있느냐? 이르되 우리를 품꾼으로 쓰는 이가 없음이니이다."

한글 성경에서 잘못 번역한 것처럼 그들은 '놀고' 있었던 것이 아니라, 일을 하라고 불러주는 사람이 없어서 일을 하지 못한 채 장터에 서서 마냥 일을 기다리고 있었을 뿐이다. 여기에서도 우리는 여지없이 번역의 오류와 만난다. 본 절은 '놀고 있다'가 아니라, 헬라어 '아르구스'argus를 영어성경에서 번역한 대로, 'doing nothing'아무 것도 하지 않음과 'standing around'둘러 서 있음 으로 옮겼어야 한다. 물론 'doing nothing'아무 것도 하지 않았다라는 문장을 게을러서 일하지 않았던 것처럼 오해할 수 있지만 '문맥'을 고려할 때 본래 의미는 명백하다. 게을러서 일을 하지 않았던 것이 아니라, 일을 해야 하는데 불러주는 사람이 없어서 아무 일도 할 수 없었던 것이다.

만약에 '장터에 놀고 서 있었다'가 아니라 원문에 충실하게 '장터둘레에서 있었다'와 '아무 일도 하지 않고 있었다'로 제대로 번역해서 "그들은 아무 일도 하지 못한 채 장터에 서 있었다"라는 의미로 원문을 옮겼다면 독자들은 한글성경을 읽으면서 '하나님의 부당한 판단'이라는 해석의 치명적인 오류를 겪지 않을 수 있었고, 하나님의 뜻을 제멋대로 판단하는 자의적인 오류도 피할 수 있었을 것이다. 텍스트를 해석할 때 문맥콘텍스트는 해석의 절대적인 기준이 된다. 이를테면 문체론에서 주장하듯이 "문맥 없이 의미 없다"는 해석의 원칙이 반드시 지켜져야 한다.

당시의 원시적인 경제체제를 생각하면, 일하라고 불러주는 사람이 없어서 일을 하지 못했다면 그들은 남달리 몸이 허약한 사람들이거나 노인, 장애인, 여자, 고아처럼 일할 능력이 없는 사회적인 약자임에 틀림없다. 다시 말해 건강한 사람들이 모두 일자리를 차지한 다음에 다행히 남는 일자리가 있으면 그때서야 가까스로 일자리를 얻을 수 있는 사람들이다.

그런데, 그들에게 하루 종일 일한 사람들과 똑같은 품삯을 준 이유는 무엇일까? 언뜻 이해하기 어렵지만, '한 데나리온'이라는 금액 속에 가려진 심층적인 의미에 주목해야 한다. 하루 종일 일한 사람이 한 데나리온을 받는 것은 정해진 일당이기 때문에 딱히 불평할 이유가 없다. 반면에 한 시간밖에 일하지 않은 사람들에게 굳이 한 데나리온을 준 이유에 대해서는 분명히 논란의 여지가 있을 수 있다. 차라리 일한 시간에 맞춰서 품삯을 주었다면 어쨌든 공평한 분배이기 때문에 품꾼들의 불평이 없었을 테고, 주인에게도 이익이 아닌가?

바로 여기에서 우리는 인간의 이성적인 생각과 포도원의 주인이 상징하는 '하나님의 뜻'이 뚜렷이 구별되는 분기점에 서게 된다. 한 데나리온은 당시 노동자들의 일당으로, 가족이 하루 생활할 수 있는 '1일 최저생계비'에 해당하는 금액이다. 다시 말해 한 데나리온이 없으면 자신과 가족이 굶거나 헐벗을 수밖에 없다. 포도원 주인이 제대로 일을 하지 못한 사람들에게도 한 데나리온씩 지급한 것은 흔히 생각하듯이 '하나님의 절대주권'이라는 이름으로 불의와 불공정을 용인하기 때문이 아니다. 그것은 약자들의 기본적인 생활권, 즉 인간의 가장 기본적인 권리를 보호하기 위한 최소한의 배려이며 정의이다.

결국 주인이 "품삯을 상당하게 주겠다"라고 했던 것은, 비록 힘이 없고 능력이 없어서 제대로 일할 수 없는 사람이라도 기본적인 생계비에 '해당하는' 품삯을 주겠다는 말이며, 이는 인간의 생존권에 대한 하나님의 인식, 즉 하나님의 사랑과 정의를 나타낸다. '포도원의 품꾼'은 마지막으로 '하나님 나라'의 속성을 설명하면서 이렇게 끝마친다.

"이와 같이 나중 된 자로서 먼저 되고 먼저 된 자로서 나중 되리라"

무슨 뜻인가? 하나님 나라에서 '먼저'와 '나중'의 시간 차이는 중요하지 않다. 어떤 이유에서 나중에 믿었더라도 그것은 핵심적인 문제가 아니다. 처음과 나중의 시간차이는 이성적인 잣대로 판단하면 중요할 수 있지만, 신앙의 본질은 시간의 전후가 아니라 바른 믿음이며 계명의 실천이다. 먼저 그리고 열심히 믿었지만 잘못 믿어 버림받는 바리새인보다 나중에 믿었지만 바르게 믿은 세리나 창녀가 구원을 받는다는 말씀에 주목해야 한다.

나중에 일한 자가 '온전히' 하루 품삯을 받았다는 말의 의미를 되새겨야 한다. 뒤늦게 하나님을 믿었을망정 하나님을 믿는 자에게는 처음부터 믿었던 자들과 차별 없이 '온전한' 구원이 있다는 말씀이다. 결국 '포도원의 품꾼들'에서 밝히 드러나는 하나님 나라의 속성은 세상에서 힘이 없고 가진 것이 없어서 버림받은 사람일지라도 하나님의 자녀는 너나없이 생명과 인권의 존엄성을 지닌 소중한 존재라는 것이다. 이성적 가치관에 따른 세상의 정의는 인간의 개별적인 능력을 존중하는 동시에 부득불 인간의 차별적인 가치를 부추기지만 하나님의 정의는 모든 인간이 마땅히 누려야 하는 기본적인 권리, 즉 생명과 인권의 가치를 존중한다. 생명과 인권의 존중, 이것이 바로 하나님 나라의 진정한 가치인 동시에 하나님의 올곧은 정의이다.

Q.T.Quiet Time 유감

하나님의 말씀을 조용히quiet, 그리고 깊이 묵상한다는 의미로 Q.T.를 정의하면 Q.T.는 매우 유용한 영성훈련이 되겠지만, '말씀의 개인적인 적용'이라고 섣불리 주장할 때는 종종 위험한 방식이 될 수 있다. 하나님의 말씀은 듣는 사람의 개인적인 처지와 형편, 지식과 의도에 따라서 시시각각 달라지는 가변적 요소가 아니라, 나와 너의 차별 없이 언제나 변함없는 불변의 진리이기 때문이다.

물론 개인적이며 구체적인 적용이 없다면 신앙의 올바른 실천도 없을 것이다. 그러나 하나님의 말씀을 바르게 적용하기 위해서는 어떤 경우에도 변할 수 없는 절대원칙이 있다. 자신의 특별한 처지와 기대에 맞춰 성경구절을 기분 좋게(?) 해석하면서 제멋대로 적용하려 들지 말고, 자신의 모든 상황을 하나님의 뜻에 복종시킬 때 비로소 말씀의 올바른 적용이 가능하다. 무슨 뜻인가? 말씀을 자신에게 맞추려 들지 말고, 자신을 말씀에 맞추라는 말이다.

해석과 적용의 오류를 지적하기 위해서, 기독교인이라면 누구든지 알고 있는 간단한 성경구절을 예로 들어 설명한다.

> "그런즉 너희는 먼저 그의 나라와 의를 구하라. 그리하면 이 모든 것을 더하시리라. 그러므로 내일 일을 위하여 염려하지 말라. 내일 일은 내일이 염려할 것이요 한 날의 괴로움은 그 날로 족하니라." 마6:33-34

Q.T.를 할 때, '그 날 주시는 말씀'이라며 이 구절을 읽는 대부분의 독사들은 '일용할 양식을 주시는 하나님의 은혜'를 말하는 것으로 간단히 이해한다. '모든 것을 더하시리라'는 문장과 더불어, 앞의 문맥에서도 '공중의 새'와 '들의 백합화'를 인용했고, '심지도 아니하고 거두지도 않고 창고에 모아들이지도 아니하되' 하나님이 새에게 먹을 것을 주시고, '수고도 아니하고 길쌈도 아니' 하였지만 백합화에게 입을 것을 주신다고 말씀하시기 때문에 별다른 생각 없이 물질의 축복을 먼저 떠올리기 마련이다.

그러나 본문의 핵심은 '이 모든 것'을 주시겠다는 종속절이 아니라 "너희는 먼저 그의 나라와 의를 구하라"고 명령하신 앞 문장이다. 다시 말해 순종하는 자녀에게 뒤따르는 은혜, 그리고 믿음의 우선순위를 강조하는 말씀이며, 하나님이 인간의 물질적인 욕망을 충족시킨다는 메시지가 아니다. 따라서 본문은 어떤 경우에도 기복 신앙을 지지하는 빌미가 될 수 없다.

앞뒤의 두 문장 가운데 어떤 문장에 중심을 두는가에 따라서 화자의 메시지는 의미상 본질적인 차이를 드러낸다. 먼저 그의 나라와 의를 구하라는 말씀은 결국 신앙의 우선순위가 세상의 물질적인 복이 아니라 온전한 믿음이라는 것이다. 따라서 하나님의 나라를 구하며 하나님의 뜻에 오롯이 순종하는 자녀는 먹을 것, 입을 것 때문에 걱정하고 염려하지 말며, 일용할 양식을 주시는 하나님의 은혜에 감사하라는 말씀이기 때문이다.

요컨대 본문의 주제가 흔히 생각하듯이 육적인 욕망이나 필요에 대한 충족이 아니라 영적인 메시지라는 것이다. 이를테면, "너희는 먼저 그의 나라와 의를 구하라"는 말씀에 오롯이 순종하는 순간, 우리는 세상에 속한 자로서 먹을 것과 입을 것을 탐하는 '옛 사람'이 아니라 '그의 나라', 즉 하나님 나라에 속한 자로서 '새 사람'으로 다시 태어난다는 핵심적인 메시지에 주목해야 한다. 따라서 육신의 욕망에 사로잡혀 먹을 것과 입을 것 때문에 하나님 나라와 그 뜻을 뒤로 한 채 '내일 일'을 걱정하고 염려하지 않는다는 것이다.

이른바 '기복신앙'의 출발은 '구하면 주신다'는 말씀에 대한 해석과 적용의 치명적인 왜곡에서 비롯된다. 성경에 기록된 예수의 말씀을 잘못 인용하며 세상을 위한 기복을 마치 그리스도 신앙의 '소망'인 양 곡해한 것이다. 성경은 분명히 "탐심과 정욕을 십자가에 못 박으라"고 기록했을 뿐 아니라 예수께서는 오히려 세상에서 '부유한 자', '배부른 자'에게 화가 있다 눅6:24-25고 말씀하셨다. 이는 세상의 재물을 무턱대고 부정하는 것이 아닐망정, 물질적인 욕망을 부추기는 기복신앙이 결코 그리스도 신앙의 본질이 아니라는 점을 분명히 밝힌 것이다.

의미를 강조하기 위해서 기독교인들이 즐겨 애독하는 또 다른 구절을 인용하며 해석의 오류를 지적한다.

> "구하라 그리하면 너희에게 주실 것이요 찾으라 그리하면 찾아낼 것이요 문을 두드리라 그리하면 너희에게 열릴 것이니 구하는 이마다 받을 것이요 찾는 이는 찾아낼 것이요 두드리는 이에게는 열릴 것이니라. 너희 중에 누가 아들이 떡을 달라 하는데 돌을 주며 생선을 달라 하는데 뱀을 줄 사람이 있겠느냐 너희가 악한 자라도 좋은 것으로 자식에게 줄 줄 알거든 하물며 하늘에 계신 너희 아버지께서 좋은 것으로 주시지 않겠느냐" 마7:7-11

자식에게 좋은 것을 주신다고 하셨고, 여기서도 이전의 예문과 마찬가지로 물질적인 가치로서 '떡'과 '생선'을 예로 들었기 때문에 본문을 부분적으로 '발췌해서' Q.T.를 하는 독자들은 응당 아버지가 자식에게 좋은 물질을 주듯이 하나님은 그의 자녀가 원하는 '복'을 주신다고 지레 짐작한다. 이는 Q.T.에서 주로 발견되는 발췌 인용과 해석의 전형적인 오류이다. 그러나 이 구절은 다른 복음서에도 중복 기록되었지만, 마태복음과 달리 마가복음에서는 전혀 다른 메시지와 만난다.

> "내가 또 너희에게 이르노니 구하라 그러면 너희에게 주실 것이요 찾으라 그러면 찾아낼 것이요 두드리는 이에게는 열릴 것이니라 […] 너희가 악할지라도 좋은 것을 자식에게 줄 줄 알거든 하물며 너희 하늘 아버지께서 구하는 자에게 성령을 주시지 않겠느냐 하시니라" 눅11:9–10, 13

마태복음에서는 간단히 '좋은 것'을 주신다고 기록했지만, 누가복음에서는 여기서 한 걸음 더 나아가 좋은 것의 실체가 무엇인지 분명히 밝히고 있다. 즉, 기복신앙의 추종자들이 흔히 자의적으로 해석하는 것처럼 재물이나 건강 같은 세상의 물질적인 복이 아니라 '성령'을 말씀하신 것이다.

그렇다면 '성경의 일관성'에서 벗어나서 마치 서로 다른 메시지처럼 받아들일 수 있는 두 본문을 어떻게 해석해야 되는가? 성경의 바른 해석의 전제 조건은 무엇보다 화자의 의도와 더불어 대소 문맥에 근거해야 한다는 것이다. 본문을 바르게 이해하기 위해서는 앞에 인용했던 문장과 연결하면 의미가 보다 분명해진다. 이를테면, 먼저 그의 나라와 의를 구하는 것이 그리스도 신앙의 본질인 것처럼, 세상의 복을 구하는 것이 아니라 성령을 간절히 구하는 것이 그리스도 신앙의 우선순위인 동시에 하나님이 자녀에게 주시는 '좋은 것'의 실체이다.

Q.T.의 중대한 문제가 바로 문맥적인 해석이 배제된 채, '발췌된 인용문'에 갇혀 메시지를 피상적으로 파악하게 되는 한계이다. 화자의 메시지를 바르게 해석하기 위해서는 다른 무엇보다 화자의 의도를 먼저 살펴야 한다. 앞에 인용한 본문에서 화자는 예수 그리스도이다. 그렇다면 본문의 메시지를 정확히 파악하기 위해서 독자는 화자이신 예수 그리스도의 '일관된 메시지'에 주목해야 한다.

예수는 세상의 떡이 아니라 영원히 죽지 않는 영생의 떡을 주신다고 하셨으며, 영원히 목마르지 않는 생수를 주신다고 하셨다. 이는, 예수께서 하나님의 자녀들에게 영생의 구원을 주시기 위해서 세상에 오셨으며, 예수께서 우리에게 주시는 메시지는 세상의 일시적인 복을 넘어 영원한 생명의 구원이라는 분명한 메시지이다.

따라서 성경을 올곧게 해석하기 위해서는 단어나 구절, 문장의 문자적인 의미를 넘어서 성경 전체와 소통하는 대 문맥macro-context의 관점에서 메시지를 파악해야 한다. 다시 말해 Q.T.가 말씀의 올바른 적용이 되기 위해서는 섣부른 적용에 앞서 성경 전반을 통해 말씀하시는 '화자'의 말씀에 대한 정확한 해석과 바른 해석에 기초한 적용이 전제가 되어야 한다.

Q.T.를 통해서 우리는 자기가 원하는 메시지가 아니라 말씀하시는 하나님의 음성에 '조용히'Quiet 귀를 기울이는 시간Time을 가져야 한다. 성경의 한두 구절을 발췌·인용하며 자의적인 해석에 머무는 순간, Q.T.는 하나님의 말씀을 '있는 그대로' 묵상하는 영성훈련이 아니라 자기가 신앙의 중심이자 목적이 되고 만다. 그 순간 성경은 하나님의 말씀을 기록한 진정한 복음서가 아니라 자기가 중심이 되는 '내가복음'으로 전락할 수밖에 없을 것이다.

요컨대 효과적이며 유용한 Q.T.가 되려면 단문, 또는 짧은 문단으로 제시된 예문을 '좁게' 해석하고 적용하는 단편적인 방식에서 벗어나서 성경을 통전적인 관점에서, 그리고 화자의 메시지에 주목하며 담론dialogue적인 관점에서 읽고 해석하는 태도가 무엇보다 중요하다.

3장·비판의 오류

비판은 그리스도인의 '금기'인가?

> "비판하지 말라 그리하면 너희가 비판을 받지 않을 것이요 정죄하지 말라 그리하면 너희가 정죄를 받지 않을 것이요 용서하라 그리하면 너희가 용서를 받을 것이요 주라 그리하면 너희에게 줄 것이니 곧 후히 되어 누르고 흔들어 넘치도록 하여 너희에게 안겨주리라 너희가 헤아리는 그 헤아림으로 너희도 헤아림을 도로 받을 것이니라"눅6:37-38

"비판하지 말라." 한국교회 교인들이라면 너나없이 귀에 못이 박히도록 들었고, 지금도 자주 듣고 있는 성경구절이다. 분명히 성경에 기록된 말씀이기 때문에 교인들은 별다른 생각 없이 그저, '반드시 지켜야 하는 계명' 쯤으로 받아들인다. 어떤 교인들은 고개를 갸우뚱하면서도, 그리스도인의 참된 신앙은 세상의 가치관과 다르기 때문일 것이라고 지레 짐작하고 '비판하지 말라'는 준엄한 명령에 다소곳이 머리를 숙인다. 그러나 본문은 결코 그런 의미가 아니다. 그럼에도 대부분의 교인들이 본문을 허투루 해석하면서, 설령 비판할 일이 있더라도 전능하신 하나님이 모두 알아서 하시니까 교인들은 감히 입을 열지 말라는 뜻인 양 제멋대로 의미를 곡해한다. 마치 악하고 불의한 일에 대해서도 조용히 침묵하는 것이 깊은 영성에서 비롯된 의로운 신앙처럼 여긴다.

성경에 무지한 교인들의 입에 재갈을 물리고 귀를 막기에 이보다 좋은 구절이 없다. 비판의 사전적 정의는 "대상의 옳고 그름을 밝히는 정당한 능력"으로서, 그리스도인이 '바른 신앙'을 알고 지키기 위해서 반드시 필요한 전제조건이다. 그러나 한국교회는 '비판하지 말라!'는 성경구절을 제멋대로 들이대면서, 교회 안에 심각한 불의가 있고 마땅히 척결해야 하는 비리가 있더라도 교인들이 함부로 나서서 갈등을 일으키지 말고 '가만히' 하나님의 판단을 기다리라고 요구한다. 한국교회에서는 조용한 침묵이 아름다운 미덕이다. 그릇된 일을 바로잡는 용기가 세상에서는 의로운 일인지 모르지만, 한국교회에서는 주의 거룩한 성전인 교회를 소란케 만든 불의로 여지없이 정죄될 뿐이다. 무슨 일이든 구체적인 내용과 상관없이 교회에서 목사를 비판하는 것 자체를 마치 하나님을 향한 불순한 대적으로 보기 때문이다.

목회에 관한 중요한 사항뿐 아니라 심지어 교회의 재정이나 일반 행정에 관한 비리조차 교인들이 시시비비를 가리려는 순간, 그런 교인들은 불경不敬이거나 심한 경우 이단으로 매도당한다. 그리스도의 거룩한 몸인 교회를 시끄럽게 만드는 행위는 틀림없이 사탄의 역사役事라는 허튼 선입견 때문이다. 그러나 한글성경에서 "비판하지 말라"고 번역한 구절은 명백한 오역이다. 다시 말해 화자, 즉 '말씀하시는 하나님'의 뜻이 철저하게 왜곡된 대표적인 문장들 가운데 하나이다. 처음부터 성경은 잘잘못을 가리지 말라는 의미에서 '비판하지 말라'라고 했던 것이 아니다. 영역 성경에서 정확히 번역했던 것처럼, 본래 "비판하지 말라"는 의미의 'Do not critisize!'라고 기록하지 않고, '심판정죄하지 말라'는 의미에서 "Do not judge!"로 옮겼다는 사실에 주목해야 한다.

헬라어 원문을 살펴보아도 본문에서 사용한 단어는 '크리노'krino로서,

비판뿐 아니라 심판, 판결, 비방, 정죄의 다양한 의미소들을 지닌 낱말이기 때문에 우리말로 정확히 옮기기 위해서는 이 단어가 사용된 문맥을 주의 깊게 살펴서 실제 의미를 파악해야 한다. 즉, 전후 문맥을 살펴보면 본문은 옳고 그름을 분별하기 위한 정당한 비판을 금지한 구절이 아니라, 자기 기준에 따른 개인적 판단으로 상대방을 함부로 비방·정죄·심판하지 말라는 문장이다.

요컨대 본문은 스스로 재판관Judge이 되어 다른 사람을 함부로 정죄하고 심판하지 말라Do not judge!는 뜻일 뿐, 교회에서 벌어지는 잘못된 불의와 악행을 비판하지 말고 수수방관하라는 뜻이 아니다. 악에 대해 방관하는 것은 스스로 악을 행하지 않았을망정 엄연히 악의 동역자라는 사실을 명심해야 한다. 그렇다. 의인과 악인을 단정 짓는 정죄의 심판은 인간이 섣불리 판단해서 결정할 일이 아니다. 그러나 죄악에 대한 바른 비판, 즉 정당한 판단은 하나님의 의를 알고 따르기 위해서 반드시 지켜야 하는 전제조건이다. 따라서 바른 신앙을 가진 그리스도인은 교회의 부정과 부패에 대해서 "예면 예라고, 아니면 아니라고" 분명히 말하며 옳고 그름을 분별해야 한다.

다만, 죄가 아닌 사람 자체를 섣불리 정죄할 수 없듯이 그리스도의 몸인 교회에 대해서 함부로 정죄하고 심판할 수 없다. 결정적인 심판은 하나님의 절대주권이기 때문이다. 너나없이 모두가 죄의 본성을 지닌 불완전한 존재이면서도 죄와 허물이 있는 사람을 '돌이킬 수 없는 죄인'으로 단정 짓고 심판하는 영적 교만과 달리 죄인의 악한 행위에 대한 정당한 비판을 반드시 구별해야 한다. 이를테면 "죄는 미워하되 원수까지도 사랑하라"고 예수께서 하신 말씀의 의미를 제대로 깨달아야 한다.

예수께서 하나님의 말씀으로서 거룩한 율법에 대해서 결코 비판하신 적이 없지만, 유대인의 율법적 행위, 이른바 '율법주의'의 외식에 대해서 그리고 유대 종교지도자들의 부패와 타락에 대해서는 거침없이 비판하셨다. 선지자 예레미야는 당대의 궁중 선지자들의 교만과 위선에 대해 목숨을 걸고 비판했다. 그것이 하나님의 의를 지키는 바른 행동이며, 선지자의 올곧은 사명이기 때문이다.

오늘날 그리스도인들도 마땅히 주의 뜻을 따라야 한다. 우리에게 '본'을 보이시기 위해서 세상에 오신 예수께서 타락한 종교인들의 위선을 보시고 "화있을진저!"라고 말씀하시며 저주를 마다하지 않으셨나. 하나님의 준엄하신 뜻에 따라 종교지도자들의 악한 행위를 신랄하게 비판하신 것이다. 그렇다면 정당한 비판은 하나님의 뜻을 거스르는 악한 배역이 아니라 바르게 지키는 의로운 순종이다. 비판을 통해서 옳고 그름을 제대로 판단하지 못한다면 하나님의 의와 율법주의의 종교적인 의, 그리고 세상의 의를 올곧게 분별할 수 없잖은가.

"비판하지 말라Do not judge"는 말씀은 불의에 대해서 입을 닫으라는 뜻이 아니라, 입을 바르게 사용하라는 뜻이다. 비판을 위한 비판이나 맹목적 비판, 그리고 거짓된 비방과 다른 사람을 헛되이 헐뜯는 험담은 분명히 죄악이다. 말로는 정당하게 비판한다면서 은연중에 자기 의를 드러내려는 행동은 바른 비판을 가장한 더러운 비방이다. 반면에, 사실과 정의에 바탕을 둔 정당한 비판은 하나님의 의를 이루기 위해 반드시 지켜야 하는 영직 규범이다.

그리스도인은 거짓과 불의에 맞서 날선 비판을 마다하지 말라. 교회지도자들은 '비판하지 말라'는 성경 구절을 허투루 들먹이며 교인들의 입에 재갈을 물리려 애쓰지 말고 비판을 겸손히 수용하라. 정당한 비판을 어쭙잖게 비난하려 들지 말고, 바른 비판을 기꺼이 수용하면서 주의 뜻에 합당한 교회가 되도록 노력하라. 교회는 교권을 장악한 일부 종교지도자들의 전유물이 아니며, 교회를 사랑하는 것 또한 그들만의 특권이 아니다. 외형적으로 교회는 '만민의 기도하는 집'이며, 원형적인 의미로 정의하면 '성도' 에클레시아: Ekklesia이다.

심각한 영적 퇴락에 빠져든 한국 교회의 새로운 성장과 진정한 부흥을 위해서 그리스도인들은 영적인 무지에서 벗어나 예수의 가르침을 올곧게 깨달아야 한다. 그리스도인으로서 우리는 예수께서 맡기신 거룩한 사명을 지키기 위해서 교회의 타락과 불의에 대해서 당당히 비판하고, 건강한 교회를 만들기 위해서 주저 없이 앞장서야 한다.

교회를 비판하면 교회가 분열된다!?

한국교회의 참담한 현실에 대해 비판적 시각을 지닌 교인들의 행동을 마치 분열을 책동하는 악한 선동으로, 심지어 교회 질서를 허무는 파괴주의자나 '이단'으로 몰아가는 분위기다. 교회개혁을 주장하는 교인들치고 '신천지 추수꾼'이라는 소리를 듣지 않은 사람이 없을 정도로 요즘 '신천지'라는 이름은 사악한 이단의 낙인인 동시에 개혁을 외치는 성도의 훈장이기도 하다. 그야말로 웃픈 아이러니가 아닐 수 없다.

분명히 말하면 비판하는 것이 잘못이 아니라 그릇된 비판이 잘못이다. 불의에 맞서 마땅히 비판해야 할 때 오히려 입을 다물고 침묵하는 것이야말로 은연중에 불의에 동조하는 것일 뿐 아니라 결국은 불의를 부추기는 엄연한 죄악이다. 비판은 결코 불의와 동의어일 수 없다. 정의에 반해 사사로이 비방하면 불의가 되고, 불의에 맞서 당당히 비판하는 것은 정의를 지키는 의로운 행동일 뿐이다.

악에 대한 날카로운 비판의식이 없는 자는 선악을 올곧게 분별할 수 없으며, 불의에 맞선 정당한 비판 없이 바른 정의를 주장할 수 없다. 우리는 하나님이 선하시기 때문에 '정의의 하나님'이라고 간단히 말한다. 여기에 반론의 여지가 없지만, 하나님이 선하시며 정의의 하나님이라고 판단할 수 있는 근거는 무엇인가? 하나님의 이름을 '망령되이' 일컫는 거짓 선지자도 자신들이 의롭고, 하나님의 선과 정의를 따른다고 주장한다. 심지어 사탄의 종도 '광명의 천사'를 가장하며 '자기 의'를 내세운다. 그러나 의를 주장한다고 해서 거짓 선지자나 사탄의 종이 결코 의로운 자일 수 없다.

그렇다면 광명의 천사를 가장한 어두운 악의 무리와 달리 하나님의 의로운 백성을 구별하는 기준이 무엇인가? 정당한 비판에서 비롯되는 올곧은 분별력이다. 선악을 구별하며 정의를 분별하기 위해서는 무엇보다 '옳고 그름'을 판단하는 능력이 필요하기 때문에 올바른 비판은 그리스도인에게 반드시 필요한 덕목이 아닐 수 없다. 요컨대 영적 분별력은 바른 신앙을 지키기 위해서 그리스도인이 반드시 갖춰야 하는 핵심적인 자질이다. 그런 의미에서 그리스도인의 정당한 비판은 하나님의 뜻을 바로 세우는 영적인 도구이며, 타락한 자들의 거친 비난을 기꺼이 감수하는 희생이며, 올바른 그리스도 신앙을 추구하는 순종이다.

아마 '비판하지 말라'는 구절을 모르는 기독교인은 없을 것이다. 그러나 '비판하지 말라'는 번역은 한글 성경의 치명적인 오역이다. 문맥적인 해석을 통해 본문의 의미를 바르게 살펴보면 비판하지 말라가 아니라 '심판하지 말라', 또는 '정죄하지 말라'가 되어야 한다. '비판하지 말라'의 오역과 달리 심판하지 말라는 그리스도의 분명한 '말씀'이다. 사람은 결코 심판자, 구원자가 아니기 때문에 감히 다른 사람을 심판하거나 정죄할 수 없다.

불완전한 인간의 심판과 정죄는 종종 치명적인 오류를 낳는다. 오늘의 악인이 내일 회개할 수 있고, 오늘의 의인이 내일 죄인이 될 수 있다는 사실을 명심해야 한다. 섣불리 죄인을 정죄하며 저주하지 말라는 말이다. 그리스도인을 한 마디로 정의하면 '예수 그리스도를 따르는 자'이다. 그리스도인의 형상은 종의 모습으로, 제자의 모습으로, 친구의 모습으로 다양할 수 있지만, 어떤 경우도 예외 없이 그리스도를 닮아가는 자라야 비로소 그리스도인이라고 말할 수 있다.

그렇다면, 비판의 의미와 가치에 대해서 가타부타 말하기 전에 예수께서 불의에 맞서 어떻게 행동하셨는지 돌아보는 것이 중요한다. 만약, 온유와 겸손을 강조하신 예수께서 어떤 상황에서도 비판하시지 않았다면 그리스도인은 이성으로 판단할 때 마땅히 비판해야 한다는 생각이 들어도, 예수의 뜻에 따라 '어떤 상황에서도' 비판하면 안 된다. 그리스도인의 바른 의지는 이성적 판단이 아니라 온전한 순종에 기인하기 때문이다.

그러나 예수의 공생애를 탐색하면 신랄한 비판의 역사라는 사실을 알 수 있다. 하나님을 믿되 잘못 믿는 기존의 왜곡된 종교, 이른바 율법주의에 빠진 유대교에 대해 예수는 '온유'를 내세우며 결코 침묵하지 않았다. 예수가 비판했던 유대인들은 하나님을 믿지 않았던 것이 아니다. 오히려 오늘날 기독교인들보다 열심히 하나님을 믿었다는 사실에 주목해야 한다. 예수는 유대인들이 하나님을 믿지 않았다고 그들의 잘못을 지적했던 것이 아니라, 열심히 믿되 잘못 믿은 것에 대해서, 이를테면 왜곡된 신앙, 외식하는 신앙에 대해서 거세게 비판하신 것이다.

'화있을진저, 너희 외식하는 자여!'라는 예수의 선언은 단순한 비판을 넘어서 무서운 심판을 의미한다. 유대 종교지도자들의 타락과 율법주의의 외식에 대해 예수는 거침없이 비판하셨다. 심지어 안식일을 준수하는 율법과, 정결의식을 강조하는 유대인들의 전통적인 관습에 대해서도 '외식'이라며 비판의 칼날을 멈추지 않았다. 단순히 비판한 정도에 그친 것이 아니라, 어떤 때는 "독사의 새끼들아!"라며 거친 욕설도 마다하지 않았고, 어떤 때는 성전을 더럽힌 장사꾼들을 향해 '폭력'violence을 사용하며 격렬한 분노를 터뜨렸다.

상을 뒤엎는 짓은 아무나, 아무 때나 하는 행동이 아니다. 아무리 화가 나도 불량배나 하는 짓이지 교양 있는 사람들은 감히 저지르지 못하는 거친 행동이다. 그런데 예수는 성전에 들어가서 장사하는 자의 상을 들어 엎었다. 예수가 불량배인가? 온유를 강조하신 예수조차 유대인들의 불의를 도저히 참을 수 없어서 '거룩한 분노'를 터뜨리신 것이다. 더욱이 예수의 '의분'은 예루살렘 성전 안에서 있었던 일이기 때문에 성전주의와 맘몬이즘에 물든 오늘날 한국교회에 전하는 바가 크다.

예수가 정녕 참을 수 없었던 것은 하나님의 선민이라는 유대인들이 입으로는 '거룩한 성전'이라고 말하면서 사실은 잇속에 빠져 장사하는 것을 보고 격분한 것이다. 예수는 장사꾼들이 성전에서 장사하도록 허락하는 대가로 성전 지도자들이 그들에게 뒷돈을 받는다는 사실을 알고 있었다. '만민이 기도하는 집'이 타락한 종교인들에 의해 세속의 장터로 둔갑했던 것이다. 맘몬에 사로잡힌 한국교회의 타락을 보고 있노라면 예수의 '성전정화'가 결코 2000년 전의 아득한 옛 일이 아니라는 생각을 지울 수가 없다. 천박한 맘모니즘에 물든 한국교회는 예수의 거룩한 분노를 '지금, 여기서' 되새겨야 한다.

"교회를 비판하는 행위는 교회를 분열시키는 불의다"라고 말하는 것은 본말이 전도된 궤변이다. 비판해서 불의를 저지른 것이 아니라 불의가 있기 때문에 비판하는 것이 아닌가. 한국교회는 의식 있는 교인들의 '비판'을 섣불리 비난, 비방하기 전에 교회를 타락시키는 불의에 대해서 먼저, 그리고 심각하게 고민해야 한다. "설령 교회가 분열되는 아픔을 겪더라도 불의를 미워하시는 하나님의 뜻을 온전히 따라야 한다"고 주장하는 것이 차라리 올곧은 신앙이 아닌가.

눈에 밝히 보이는 분열이 두려워서 타락하고 부패한 상태를 그대로 내버려두는 것은 가시적인 상처는 당분간 막을 수 있을지 모르지만, 속은 점점 썩어 마침내 생명을 잃는 치명적인 상태에 이르고 만다. 다시 말해, 지금처럼 한국교회가 가증스런 불의와 벗하는 상황이 지속된다면 한국교회는 '한 세대'를 넘기기 전에 멸망의 심판을 받지 않을 수 없다는 말이다.

교회의 분열은 그 자체가 악이라고 단정할 수 없다. 분열을 멈춘 세포는 죽은 세포다. 건강한 세포는 끊임없이 핵분열을 반복해야 살 수 있다. 나아가, 건강한 생명을 유지하기 위해서는 분열만이 중요한 게 아니라 죽은 세포나 암세포처럼 변질된 세포는 가차 없이 제거해야 한다.

유대인들은 열심히 하나님을 믿었다. '마음을 다해서' 하나님을 섬기는 유대인들의 종교적 열심을 보면 당연히 유대교가 세세손손 지속되는 것이 마땅하다고 생각할 수 있다. 분열이 그 자체로 악일진대, 유대교가 정녕 하나님을 믿는 종교라면 분열되지 않는 것이 타당하다. 그럼에도 유대 율법주의는 '돌 위에 돌 하나도 남지 않고 모두 무너뜨려지고' 말았다. 율법주의는 '종교적 열심'은 있었지만, 잘못 믿은 이념적 종교로서 하나님의 뜻에 합당하지 않았기 때문이다.

비판으로 말미암은 분열이 하나님의 뜻에 대적하는 것이라면 기독교는 처음부터 태어나지 말았어야 했다는 결론이다. 분열을 막기 위해서 하나님의 뜻을 왜곡한 유대 율법주의, 이른바 사람의 전통과 계명으로 하나님의 계명을 대체한 인간의 종교가 그대로 존속하는 것이 과연 옳은가? 어떤 종교가 타락하고 변질돼서 더 이상 희망이 보이지 않는다면, 분열의 아픔을 겪더라도 그런 종교는 차라리 사라지고 새로운 종교가 태동해야 한다. '새 술은 새 부대에' 담아야 되기 때문이다. 이미 자정능력을 상실한 한국교회에 도대체 무슨 희망이 있는가?

예수는 "율법은 세례요한의 때까지"라고 말씀하시며 유대 율법주의와 예수 시대의 분명한 단절을 선언하셨다. 모세의 율법 시대가 마감하고 신약 시대, 이를테면 예수 그리스도의 새로운 복음 시대가 열린 것이다. 안타깝게도 종교의 분열은 여기서 끝나지 않았다. 사제 성직주의에 매몰된 중세 가톨릭의 참담한 부패로 말미암아 중세가톨릭은 16C 종교개혁을 통해 새로운 분열을 겪었다. 프로테스탄티즘 시대가 열린 것이다. 이렇듯 분열이 끝나지 않기 때문에 비판에 의한 분열이 사실상 무의미하다고 말할 수 있는가. 분열을 막기 위해 종교혁명은 필요 없었고, 개신교는 쓸데없이 분열을 일으킨 파괴적인 종교라고 말할 수 있는 사람은 아무도 없다.

무턱대고 분열을 선동해서는 안 되겠지만 분열의 긍정적인 의미를 되새길 필요가 있다. 썩고 오염된 상처를 그대로 두면 일단은 본래 모습을 유지한다. 그러나 부패는 결코 지금 상태에서 멈추지 않는다. 마치 암세포가 서서히 증식하다가 마침내 생명을 빼앗듯이, 부패는 결국 '전체'로 퍼진다. 당장은 아파도 썩은 세포는 과감히 도려내고 새 살이 솟아나오게 해야 한다.

한국교회의 참담한 현실을 보면 이제 '때가 왔다'는 생각이다. 방치하면 한국교회는 반드시 죽는다. 그러나 타락한 한국교회의 몰락을 안타까워할 일이 아니라 차라리 죽고 새로운 생명으로 다시 태어나기를 원한다. 타락한 교회가 비판으로 말미암아 분열된다면, 그래서 타락하고 변질된 교회가 없어지고 바른 교회가 세워질 수 있다면 그리스도인은 가차 없이 비판해야 한다. 새 술을 새 부대에 담듯이 살아있는 복음을 위해서는 모름지기 살아있는 교회가 필요하기 때문이다.

'비판하지 말라'의 문맥적 해석

한국교회의 경우에서는 대개 목사들에게 해당하는 말이겠지만, 성경교사들의 어설픈 가르침에 길들여진 교인들은 '비판'이라는 단어에 대해 무턱대고 부정적이다. '교회의 화합을 깨뜨리는 일탈된 행위'로 받아들이거나, 심지어 '하나님과 대적하는 불경'과 동일시하면서 그 자체를 불순한 의도로 받아들이기 때문이다. 그러나 비판의 사전적 정의는 '사물의 옳고 그름을 가리어 판단하거나 밝힘'으로, 이중적 의미를 지니고 있으며 부정否定과는 상관없는 단어이다. 따라서 비판이라는 말을 반성경적, 반교회적 의미로 해석하는 것은 명백한 오류이다.

비판은 '잘못을 지적하다'라는 부정의 의미와 더불어, '옳음을 인정하다'라는 긍정의 의미를 동시에 지니고 있다는 사실에 주목해야 한다. 비난이나 비방이 상대의 잘못에 초점을 맞추는 것이라면, 비판은 상대의 잘못뿐만 아니라 옳음을 곧이 인정하는 것이기 때문에 시비에 대해 균형 있는 의식을 지녀야 한다. '옳고 그름'을 분별하는 날카롭고 정당한 비판이 없었다면 역사의 발전도, 사회의 성장도, 삶의 개선과 그리스도 신앙의 전파도 없었다. 과거와 현재의 장점을 파악해서 더욱 발전시키고, 단점을 지적해서 보완하거나 수정하는 적극적인 태도는 보다 나은 삶의 가치, 나아가 신앙의 성장을 지향하는 선善일 수 있을망정 결코 악이 될 수 없다.

종교적인 시각에서 살펴보아도, 유대 율법주의에 맞선 날선 비판을 거쳐 예수 그리스도의 종교가 태동했고, 가톨릭의 만연한 부패를 비판했던 종교혁명을 통해 개신교가 탄생했다. 오늘날 개신교 안에서 불의가 만연하자 뜻있는 사람들의 비판이 날이 갈수록 거세지고 있으며, '제 2의 종교혁명', 또는 '교회혁명'을 외치는 사람들이 곳곳에 등장하고 있다. 비판은 단순히 외적인 형태의 변화에 그치는 것이 아니라 질적인 개선을 요구한다. 날카로운 비판의식이 없다면 정치가 타락하는 것처럼 종교도 썩고 부패한 상태를 지속하다 마침내 역사의 뒤안길로 사라지고 말 것이다.

교인들이 '비판'에 대해 지나치게 민감한 반응을 보이는 이유는 성경의 그릇된 해석에 근거한다. '비판하지 말라'는 구절을 모르는 교인은 없다. 그리고 '비판하지 말라'는 문장의 의미를 모르는 교인도 없다. 따라서 성경무오설에 따라 성경을 문자적으로 해석하는 순진한 교인들은 비판을 반성경적 행위로 받아들인다. 성경이 '비판'을 분명히 금지했다면 당연히 비판하지 않는 것이 그리스도인의 당연한 의무이기 때문이다.

그러나 성경 원문헬라어 성경에 '비판하지 말라'라고 한글로 기록하지 않았다는 사실을 분명히 알아야 한다. 뜬금없이 무슨 소리냐고 반문할 수 있겠지만, 성경을 제대로 해석하기 위해서 이 말은 매우 중요한 Tip이다. 한국교회의 교인들은 대부분 '한글 성경'을 읽기 때문에, 별다른 생각 없이 한글 문장을 성경의 원문처럼 받아들인다. 그러나 한글 성경은 히브리어와 헬라어 원문을 우리 글로 옮긴 번역본이다. 무슨 뜻인가? 한글 성경은 원본이 아니라 역본으로, 성경의 본래 의미를 그대로 지니려면 무엇보다 번역에 오류가 없거나 의미의 훼손이 없을 만큼 번역에서 드러나는 차이가 미미해야 한다. 그러나 사실은 한글성경을 읽다보면 심각한 수준의 오류가 나타난다.

> "유대인들이 놀랍게 여겨 이르되 이 사람은 배우지 아니하였거늘 어떻게 글을 아느냐 하니…"요 7:15

이 구절을 읽고 예수가 글을 읽을 줄도 쓸 줄도 모르는, 완전히 일자무식이라고 생각했고, 또 교회에서 오랫동안 그렇게 배웠던 교인들이 적지 않다.

여기에서 '배우다'로 번역한 헬라어 '만다노'의 어원을 들먹일 필요도 없이, 영어성경과 성경의 전체 문맥을 살펴보면 이 단어가 본래 '글을 배우다익히다'라는 의미가 아니라는 것쯤은 대번에 알 수 있다. 즉, study연구, 공부하다에 해당하는 단어를 learn배우다, 익히다의 의미로 잘못 번역·해석했기 때문에 성경을 읽는 독자들은 마치 예수가 글을 모르는 일자무식처럼 오해할 수밖에 없다. 본문은 예수가 글을 몰랐던 게 아니라 율법을 체계적으로 공부하지 않았다는 뜻이며, 의역하면 "율법을 공부하지 않은 자가 어떻게 우리에게 하나님 말씀을 전할 수 있느냐!"라는 뜻이다.

예수는 회당에서 성서를 읽고 가르쳤다. 그리고 간음한 여인을 용서하시는 장면에서는 "땅바닥에 글을 쓰셨다write"라고 기록되었다. 글을 모르는 예수가 어떻게 율법을 낭독할 수 있으며 글을 쓸 수 있는가? 적지 않은 교인들이 교회에서 잘못 배웠던 것과 달리 예수는 글을 쓰고 읽을 줄 알았다!

> "내가 네 자손이 땅의 티끌 같게 하리니 사람이 땅의 티끌을 능히 셀 수 있을진대 네 자손도 세리라"창13:16

하나님이 아브라함에게 주신 축복의 말씀이다. 그런데 도대체 무슨 뜻인지 이해할 수 없다. "사람이 땅의 티끌을 능히 셀 수 있을진대"라면, 사람이 땅의 티끌, 즉 먼지를 셀 수 있는가? 그리고 '셀 수 있을 만큼' 약간의 자녀만 주시겠다는 말씀인가? 문맥상 본문은 '불가능한 가정구문'으로 해석해야 한다. 형태상 not은 없지만 의미상 not을 포함한 문장이다. 예컨대, "If I could fly in the sky"는 '하늘을 날 수 있다'라는 뜻이 아니라 날 수 있으면 좋겠지만 '날 수 없다'는 말이다. 마찬가지로 본문은, 한글성경에서 번역한 것처럼 "땅의 티끌을 능히 셀 수 있을진대 네 자손도 세리라"가 아니라, "땅의 티끌이 셀 수 없을 만큼 많듯이, 너에게 셀 수 없을 만큼 많은 자손을 주리라"라는 뜻이다.

십자가의 죽음을 앞둔 예수께서 비통한 심정으로 기도하시면서 하나님을 '아빠!"라고 불렀다는 것도 어색하기 이를 데 없는 번역이다. 그럴 때는 차라리 원어 그대로 '아바abba'라고 옮기는 것이 낫다. "예수께서 금식하신 후에 주리신지라". 예수께서 40일 금식하신 후에 또 40일 주리셔서 도합 80

일 굶으셨다는 뜻인가? 이 문장은, "예수께서 금식하며 주리신지라"는 동시제로 번역하는 것이 의미상 옳다.

'비판하지 말라'는 문장도 마찬가지이다. 헬라어 성경에 그렇게 기록된 것이 아니라, 한글로 잘못 번역했을 뿐이다. 다시 강조하지만, '비판하지 말라'는 구절은 원어성경에 그렇게 기록된 것이 아니라, 우리말 성경에서 잘못 해석·번역한 것에 지나지 않는다. 2000년 전 성경이 기록될 당시의 언어는 한글과 전혀 상관없는 헬라어였고, 한글역본에서 '비판하다'로 번역한 헬라어 동사는 '크리노Krino'이다.

성경에 100번 이상 나오는 단어로, 성경에서 가장 사용 빈도가 높은 단어들 가운데 하나이다. 앞에서 이미 말했지만 '크리노'는 한글성경에서도 '비판' 외에 판단, 정죄, 심판, 판결 등의 다양한 단어들로 번역했고, 문맥에 따라 서로 다른 의미를 지니고 있다. 이것은 바른 성경해석을 위해서 매우 중요한 지적이다. 즉, 모든 단어는 다양한 의미소의미의 요소들들을 지니고 있기 때문에 하나의 사전적 의미를 지닌 것이 아니라, 저자화자의 의도에 따라 문맥 안에서 특별한 의미를 지니기 때문이다.

예컨대, '뱀'이라는 단어에 대해 흔히들 사탄의 상징으로 단정하지만 사실은 그렇지 않다. 성경의 문맥을 자세히 살펴보면, 창세기에서 하와를 유혹하는 뱀은 분명히 사탄이었지만 출애굽기에서 뱀은 서로 상반된 이중적 의미를 지닌다. '불뱀'은 불순종하는 유대인들을 심판하는 저주의 의미로 사용되었고, 장대에 매단 놋뱀은 불뱀에 물린 유대인을 살리는 구원의 상징으로 사용되었다.

"예수께서 제자들을 파송하면서, "너희는 뱀처럼 지혜롭고 비둘기처럼 순결하라"고 당부했다. 무슨 뜻인가? 험한 세상에서 보란 듯이 살아남기 위해서 사탄처럼 간악한 존재가 되라는 뜻인가? 당연히 그렇지 않다. 말 그대로 지혜롭게 처신하라는 당부이며, 간교하지 않고 비둘기처럼 순결한 마음을 지키라는 주문이다. 결국 뱀은 사탄의 상징이 아니라 지혜의 상징, 즉 성령의 상징으로 사용했다.

'비판하지 말라'라는 구절도 마찬가지이다. 정의에 대해 무관심하고 불의에 맞서지 말라는, 결코 예수답지 않은 허튼 명령을 내린 것이 아니다. "비판하지 말라 그리하면 너희가 비판을 받지 않을 것이요…"눅6:37의 구절을 제대로 이해하려면, 문장 하나만 발췌해서 자의적으로 해석하지 말고 문맥을 염두에 두고 실제 의미를 파악해야 한다. 우선, 성경 전체를 하나의 문맥으로 보는 대문맥적인 관점에서 의미를 파악해야 한다. 즉, '비판하지 말라'는 문장이 예수가 무리들에게 했던 말이라면, 무엇보다 화자저자인 예수의 일관된 생각을 알아야 한다. 예수가 정의에 소홀했고, 불의를 용인했는가? 다시 말해, 예수가 불의와 부정에 대한 비판의식이 없었던가?

그렇지 않다. 예수는 율법의 의를 중시하는 유대인들보다 더 철저하게 '의'를 강조했다. "마음에 음욕을 품으면 이미 간음한 것이다". "마음에 분노를 품으면 살인한 것과 같다"라고 말씀하신 것이 뚜렷한 근거이다. 물론 비유를 통한 강조이지만, 심지어 "눈이 범죄 하면 눈을 빼버리고, 손이 범죄 하면 손을 찍어 내버리라"고까지 말씀하셨다. 그리고 종교인들의 거짓과 타락에 대해서는 '화있을진저!'라고 저주하시며, 결코 날선 비판을 멈추지 않았다. 거룩한 회당에서 돈벌이하는 장사꾼들을 보시며, '독사의 새끼들아!"라고 외치시며 험한 욕설도 마다하지 않았다. 결국 예수는 옳고 그름을 분명히 가리고 밝히는 '비판'에 솔선수범하셨다.

대문맥을 통해 해석의 '배경'을 알았다면, 이제 '비판하지 말라'의 구절이 사용된 실제 문맥, 즉 소문맥을 통해 정확한 의미를 파악해야 한다. 누가복음 7:37의 '비판하지 말라'의 의미를 제대로 이해하려면, 먼저 27절부터 38절까지 문맥을 주의 깊게 읽어보기 바란다. 원수를 사랑하라… 저주하는 자를 축복하라…라는 말씀과 더불어, 성경의 황금률인 "남에게 대접을 받고자 하는 대로 너희도 남을 대접하라"의 문장이 포함된 문맥이다.

무슨 뜻인가? 문맥적인 해석을 하면, 본문은 '비판하지 말라'가 아니라 나의 '원수'나 나를 '저주하는 사람'에 대해 비방하며 다투지 말라는 의미이다. 나의 유익과 감정 때문에, 요컨대 나를 위해서 다른 사람과 싸우며 대적하지 말라는 가르침이었을 뿐, 공적인 불의나 비리에 대해 조용히 입 다물고 있으라는 뜻이 결코 아니다.

'비판하지 말라'라는 한글 번역이 대·소 문맥과 연관지어 의미를 따져볼 때 분명한 오역이라는 주장은 단순히 번역의 잘못을 지적하려는 것이 아니다. '번역은 반역'이라고 했듯이 번역은 간단한 작업이 아니다. 사실인즉, 심층 메시지를 담고 있는 텍스트를 제대로 번역하는 건 생각처럼 간단한 일이 아니다. 번역은 1'외국어를 잘해서' 2'글을 잘 써서' 3'해당 주제에 전문 지식이 있어서' 제대로 번역할 수 있는 것이 아니라, 세 가지 요소가 모두 충족될 때 비로소 번역의 기본 소양을 갖추는 것이다. 그러나 거기에 머물면 절대로 좋은 번역이 이루어지지 않는다. 의미를 정확히 전달하는 번역이 되려면 무엇보다 '저자의 의도'를 파악하는 능력이 있어야 한다.

의도했든 아니든, '비판하지 말라'는 구절은 한국교회에서 교인들의 입을 틀어막고, 정당한 비판의식을 마비시키는 성경적 빌미가 되었다. 교회에서 일어난 일에 대해 무슨 일이든 잘못을 지적하면 대뜸 돌아오는 반응이 바로, '비판하지 말라'와 '먼저 네 눈의 들보를 빼고 나서 다른 사람의 티끌을 지적하라'이다. 그럴듯하지만 사실은 불의에 대해 침묵을 강요하는 수문에 지나지 않는다. 그릇된 해석으로 성경의 의미를 제멋대로 왜곡하면서 결국은 교인들의 비판의식을 마비시켰고, 이로 인해 교회의 타락을 부추기고 목사의 비리에 방관하는 빌미가 되고 말았다. 만약, 교인들이 정당한 비판의식으로 잘못을 날카롭게 지적했다면 한국교회와 목사들이 과연 지금 같은 더러운 범죄를 저지를 수 있었을까?

요컨대 비판은 다른 사람의 잘못을 헐뜯는 비방이 아니며, 올바른 가치를 인정하지 않는 부정이 아니다. 그리스도인에게 비판은 말 그대로 '옳고 그름을 가리고 밝히면서' 정의를 바로 세우는 소중한 영적 도구이다. 물론 비판이 모두 옳은 것이 아니라 실제로 가치 있는 비판이 되기 위해서 중요한 전제가 있다. 그것은, 자신의 이익을 위한 비판은 종종 비판을 가장한 비난이나 비방인 경우가 많다. 다시 말해, 옳고 그름을 가르는 잣대가 객관적 사실이 아니라 자신의 주관적 판단인 경우가 많다는 것이다.

또한, 다른 사람의 주장이나 입장을 인정하지 않는 어긋난 성품을 지닌 사람들이 습관처럼 내뱉는 비판은 종종 그 사람의 교만이나 열등감, 질투에서 비롯되는 경우도 없지 않다. 물론, 그런 거짓된 비판은 나름대로 비판의 형식을 취하기 위해서 다른 기준들을 그럴듯하게 인용한다. 따라서 그리스도인들은 비판에 대해 무턱대고 부정적 선입견을 가질 것이 아니라, 어떤 비판에 대해 그것이 정당한 비판인지 실체를 파악하는 분별력이 필요하다. 올바른 비판은 기꺼이 받아들이고 그릇된 비판은 멀리 하는 지혜를 지녀야 한다.

'주의 종'을 감히 비판하지 말라?

아마 "비판하지 말라"는 문장처럼 의미가 전적으로 왜곡된 상태로 교인들에게 널리 알려진 구절도 없을 것 같다. '옳고 그름을 판단하는 능력'이라는 비판의 의미 자체를 제대로 이해하지 못한 오류이지만, 더욱 큰 문제는 이 구절이 다만 해석의 오류에 머물지 않고 적용에서 심각한 문제를 일으킨다는 것이다.

한국교회에서 "비판하지 말라"는 구절을 인용하면서 교인들 사이에서 발생한 잘잘못에 대해 시비를 가리려 하지 말라는 의미로, 또는 '서로 용서하며 서로 사랑하라'는 의미로 사용되는 경우가 극히 드문 반면, "감히 주의 종인 목사를 비판하지 말라"는 의미, 또는 "설령 잘못이 있을지라도 주의 몸 되신 교회를 비판하지 말라"는 자의적인 의미로 악용되기 때문이다.

주의 종인 목사를 비판하지 말라는 말을 하면서 줄곧 병행하는 말이 "기름부음 받은 주의 종"이라는 단어일 것이다. 이 말은, '하나님이 기름부으신 종'을 비판하는 것은 하나님의 절대권위에 맞서는 가증스런 배역이라는 의미를 함축하기 때문에 웬만한 강심장이 아니라면 감히 주의 종인 목사를 비판하지 못할 만하다. 물론 주의 종이라는 말이 말 그대로 '종'이라는 비천한 신분으로서 다른 사람을 섬기는 비천한 자라는 의미가 아니다. 구약시대에 하나님이 선택하신 '특별한' 종들에게 기름부음이 있었다는 사실을 오늘날 목사들에게 자의적으로 적용한 것이다.

그러나 목사가 과연 주의 종으로 '기름부음 받은' 자인가? 다시 말해 신학교를 마치고 목사로 안수 받은 종교의식을 기름부음 받았다고 말할 수 있는가. 가당치 않은 말이다. 기름부음 받은 자가 성경적인 관점에서 무엇을 의미하는가? 기름부음 받은 자란 구약시대에는 왕, 제사장, 선지자로서 이른바 메시아들이며, 신약시대는 그리스도로서 오직 한 분, 예수 그리스도다.

목사가 메시아가 아니고 그리스도가 아니라면 감히 기름부음 받은 자라고 자처할 수 없다는 말이다. 목사라는 직분의 성경적인 근거나 정당성에 대한 시비에서 일단 떠나서 목사를 하나님의 일을 하는 사역자로 정의한다고 해도, 교회의 일꾼인 목사의 불의와 일탈을 비판하지 못할 하등의 이유가 없다. 물론 신약시대에도 '기름부음'이 있었다. 따라서 기름부음 받은 자라는 말이 무턱대고 틀렸다고 말할 수 없다는 반론이 있을 수 있지만, 여기서 말하는 '기름부음'은 구약 시대의 도유와 달리 신약시대의 성령 임재를 가리키는 상징적인 의미이며, 여기서 지명하는 기름부음 받은 자는 '너희'로서, 목사가 아니라 '성도'이다.

"너희는 거룩하신 자에게서 기름부음을 받고 모든 것을 아느니라" 요일2:20

예수를 믿고 예수와 연합한 자, 예수를 믿고 세례를 받은 자, 이를테면 모든 그리스도인은 상징적인 의미에서 기름부음 받은 자이며, 주의 종이다. 이처럼 성경적인 관점에서 보면 목사가 주의 종이 아니라 성도가 '기름부음 받은 주의 종'이다. 따라서 목사가, 또는 목사만이 주의 종이라는 주장은 거짓이며, "주의 종을 감히 비판하지 말라"면서 사실인즉 목사를 비판하지 말라는 협박은 결국 성경에 없는 허언에 지나지 않는다.

앞에서 이미 말했지만, 예수의 공생애는 유대 사역자들의 불의와 외식, 교만과 탐욕에 맞선 비판의 연속이었다. 왕인 헤롯과 대제사장을 향해 독사의 자식, 사악한 '여우'라고 비판했으며, 바리새인들에게는 '화있을진저!'라며 무서운 저주의 심판을 마다하지 않았다. 심지어 신성의 상징인 유대 성전을 향해 "돌 위에 돌 하나도 남지 않고 모두 무너뜨려지리라"며 유대 신앙의 외식에 대한 비판과 함께 율법주의의 멸망을 선언하셨다.

그리스도인은 예수 그리스도의 본을 따르는 자다. 그렇다면 우리는 그리스도인으로서 응당 거짓 신앙의 부정과 불의, 교만과 외식을 가차 없이 비판하신 예수의 본을 오롯이 따라야 한다. 오늘날 한국교회 목사가 정녕 유대 제사장, 왕, 성전보다 종교적·영적으로 우월한 자라서 교인들에게 감히 '비판하지 말라'고 명령하는 것인가.

목사를 비판하면 반드시 재앙이 있다며 교인들에게 공갈을 서슴지 않던 '치유하는 교회' 김의식 목사의 참람한 '저주 설교'를 들은 적이 있다. 자기에게 복종하지 않던 어떤 장로의 부인은 죽었고, 어떤 장로의 아들은 부도가 나서 외국으로 도피했는데 아직까지 돌아오지 못하고 있으며, 어떤 장로의 며느리는 사산을 했고, 어떤 장로의 아들은 인쇄소의 종이뭉치에 맞아 몸이 마비되었다는 등, 하나님의 무서운 저주를 제멋대로 입에 담았다. 같은 레퍼토리로 해외에서 저주 설교를 계속 반복하면서, 김의식 목사는 자기에게 복종하지 않던 자들에 대한 하나님의 무서운 저주가 끝나고 마침내 하나님의 은혜가 임하면서 자기가 시무하는 교회가 두 배로 성장했다고 수상한다.

그 교회 장로들을 만나서 이야기를 들었던 나는 귀를 의심하지 않을 수 없었다. 저주를 받아 죽은 사람도 없었고, 온 몸이 마비가 된 사람도 없었으며, 태아를 사산한 사람도 없었다. 처음부터 끝까지 새빨간 거짓말을 늘어놓은 김의식 목사의 설교 테이프가 일부 교인들에게 공개되면서 그 목사가 교인들에게 사과하는 촌극이 벌어졌다.

잘못을 저지르고서 뻔뻔스럽게 목사를 비판하지 말라고 설교할 것이 아니라, 잘못을 인정하고 죄에서 즉각 돌이키라는 것이 하나님의 뜻이다. 불의한 목사를 비판해서 저주를 받는 것이 아니라 불의를 보면서도 입을 다물고 끝내 비판하지 않았기 때문에 한국교회와 목사들이 이토록 참담하게 타락하고, 그로인해 그리스도의 성령이 떠나시면서 한국교회가 처참한 위기에 처한 것이다.

목사의존신앙에 사로잡힌 '목사교인'이 아니라 진정 예수를 믿는 '그리스도인'이라면 교회를 해치는 불의에 맞서 가차 없이 비판하라. 비판하되 당당히 비판하고, 불의에 타협하지 말고 거세게 비판하라. 타락한 목사들의 부정과 불의에 침묵하는 것은 하나님의 뜻에 배역하는 것이며, 교회와 목사의 타락을 부추기는 가증스런 죄악에 다름 아니다.

"위에 있는 권세들에게 복종하라?"

분명히 바울 서신인 로마서에 있는 구절인데, 간단한 문장이지만 해석이 분분하다. 하나님의 본성을 너나없이 '사랑'과 '정의'라고 말하는데 반해서, '위에 있는 권세에 복종하라'는 바울의 말은 결코 사랑과 정의에 상응하는 의미로 사용하지 않았기 때문이다.

이 구절은 사랑과 정의를 강조하는 하나님의 영적 권세에 복종하라는 의미가 아니라 분명히 세상의 권세를 말하고 있다. 그렇다면 여기서 말하는 권세가 영적인 권세, 또는 하나님의 정의와 부딪칠 때 그리스도인은 어떤 판단과 해석을 해야 하나? 물론 하나님의 뜻을 따른다고 간단히 말하겠지만 그것이 생각처럼 쉬운 일이 아니다. 세상의 악한 권세를 따르면서도 흔히 하나님의 뜻에 따른다고 주장하기 때문이다.

"성공한 쿠데타는 처벌할 수 없다"거나 "권력이 정의다"라는 말을 심심치 않게 듣는다. 국가를 전복하는 쿠데타가 불의일망정 일단 권력을 장악하면 참담한 불의마저 '위에서 주신 권세'로 하루아침에 둔갑한다는 말이 아닌가. 이는, 불의가 권력에 의해서 졸지에 정의로 변질되는 심각한 오류가 아닐 수 없다. "권세에 복종하라"는 구절에 대한 해석이 숱한 논란을 부르는 만큼 본문을 정독하면서 의미를 되새길 필요가 있다.

> "각 사람은 위에 있는 권세들에게 복종하라. 권세는 하나님으로부터 나지 않음이 없나니 모든 권세는 다 하나님께서 정하신 것이라. 그러므로 권세를 거스르는 자는 하나님의 명을 거스름이니 거스르는 자들은 심판을 자취하리라" 롬13:1–2

모든 권세는 하나님이 주신 것이기 때문에 권세를 인정하지 않는 자는 결국 하나님의 명령을 거역하는 자라는 말이며, 이에는 반드시 심판이 뒤

따른다는 말이다. 그렇다면 여기서 말하는 권세는 하나님이 주신 권세로서 이른바 '하나님 나라'에서 통용되는 특별한 권세를 말하는가? 다시 말해 영적인 권세를 말하는 것으로 세상의 권세를 일컫는 말이 아닌가?

사실이 그렇다면 본문을 해석하는데 문제가 있을 게 없다. 하나님의 본성인 사랑과 정의를 지키기 위한 권세라면 그리스도인은 별다른 문제없이 당연한 계명으로 받아들이기 때문이다. 그러나 본문은 분명히 세상 권세를 말하고 있다.

> "너희가 조세를 바치는 것도 이로 말미암음이라. 그들이 하나님의 일꾼이 되어 바로 이 일에 항상 힘쓰느니라. 모든 자에게 줄 것을 주되 조세를 받을 자에게 조세를 바치고 관세를 바칠 자에게 관세를 바치고 두려워할 자를 두려워하며 존경할 자를 존경하라" 롬13:6-7

성경에 기본적인 상식이 있는 그리스도인이라면 여기서 바울이 말하는 '조세와 관세'가 이스라엘의 성전세나 십일조 같은 종교세가 아니라는 것쯤은 익히 알고 있다. 이방인의 사도로 부름 받아 예수 그리스도의 복음을 전하던 바울이, 더욱이 로마의 감옥에 갇혀서 죽음을 기다리던 바울이 뜬금없이 유대 종교세를 입에 담을 이유가 없기 때문이다.

반론의 여지없이 바울은 로마 제국에 바치는 조세와 관세를 말하고 있으며, 이는 세상의 정치적 권세, 그것도 로마 제국의 지배에 순순히 복종하라는 수상처럼 들린다. 이것이 바울의 개인적인 견해라면 사실 크게 문제될 게 없다. 아무리 위대한 사도인들 본성상 완전할 수 없는 인간이기 때문에 그의 주장을 개인적인 '정치관'으로 대체하는 순간, 그의 사사로운 주장에 특별한 의미를 부여할 이유가 없기 때문이다. 문제는, 이 구절이 성경에 엄연히 기록되었고 '성경의 사람'man of the Book인 그리스도인은 성경의 명령에서 벗어날 수 없다는 사실이다.

이성적으로 쉽게 납득할 수 없는 본 절에 대해서 다양한 해석이 시도될 수밖에 없었다. 어떤 이는 로마 제국의 지배를 받고 있는 엄연한 현실에서 교회를 지키기 위한 바울의 속 깊은 충정으로 이해하는가 하면, 심지어 어떤 이는 세상 권세를 인정하는 역설적 반어법을 이용해서 하나님 나라의 영적 권세를 뒤틀어 부각시킨 것이라고 말하기도 한다.

나는 그런 타협적인 해석에 동의하지 않는다. 불의인 줄 알면서도 로마의 박해로부터 교회를 지키기 위해서 바울이 이런 말을 했다면, 그가 세운 교회는 처음부터 세상의 가치관을 추구하는 타락한 교회에 지나지 않는다. 성경에서 말하는 로마 제국은 어떤 나라인가? 이스라엘을 둘러싼 역사적인 5대 제국은 이른바 공중권세를 장악한 사탄의 상징이 아니던가. 가증스런 불의를 용인하는 교회는 그리스도의 거룩한 교회가 아니라 타락한 정치권력과 야합하는 '강도의 소굴'에 지나지 않으며, 예수께서 유대 성전의 타락을 지켜보시며 '독사의 새끼들아!' 라고 무섭게 일갈하셨던 시점으로 역행하는 것이다.

바울이 실제로 로마의 끔찍한 박해로부터 교회를 지키기 위해서 마지못해 정치적인 타협을 시도한 것이라면 이 구절은 두 말할 것 없이 성경에서 삭제했어야 하며, 사실은 그 이전에 이미 바울은 이런 치부를 결코 자필서신으로 남기지도 않았을 것이다. 요컨대 '위에 있는 권세에 복종하라는' 바울의 말을 결코 세상의 불의를 용인하는 정치적인 야합으로 해석할 수 없다.

마찬가지로 나는 이 구절이 수사학rhetorics의 반어법을 이용해서 바울이 교회의 영적 권세를 에둘러 강조한 것이라고 생각하지 않는다. 그런 식의 자의적인 해석은 심각한 모순을 드러낸다. 세상의 '열등한' 권세도 마땅히 지켜야 하는 만큼 예수 그리스도의 '우월한' 권세에 대해서는 모름지기 '절대 복종'이 있을 뿐이라는 바울의 생각을 나름대로 설명했다는 주장이겠지만, 이는 '해석을 위한 해석'에 지나지 않는다. 세상의 권세와 예수 그리스도의 권세는 우열의 문제가 아니라 때로는 선악, 또는 진실과 거짓이라는 본질적인 문제이기 때문에 보완이 아니라 대립 관계로서 서로 양립할 수 없기 때문이다.

선악과 진위라는 본질을 버리고 우열과 효과라는 부수적인 형식을 선택할 때 그 결과는 치명적인 오류를 낳는다. 예를 들면, 바울이 교회를 지키기 위해서 로마 권력과 타협했다지만 로마의 박해는 멈추지 않았을 뿐만 아니라 바울 자신이 로마에서 참수형을 당했다는 사실을 어떻게 설명하겠는가? '실패한 작전' 쯤으로 치부하며 성경해석의 오류를 대충 얼버무릴 수 없다.

반어법을 이용해서 영적인 메시지를 강조했다는 해석도 어설프기는 마찬가지다. 세상의 권세와 하나님 나라의 권세, 그리고 하나님 나라의 '모형'인 교회의 권세는 간단히 양립하지 않는다. 세상의 물리적인 권세가 영적인 권세와 상충하는데 무턱대고 세상의 권세에 복종할 수 없다는 것은 당연한 상식이다. 그러나 본문은 분명히 세상의 권세에 복종하라고 명시하고 있다. 그렇다면, 하나님 나라의 권세에 맞서는 세상의 권세에 무조건 복종하라는 말은 그리스도인에게 엄연한 불의이며 불순종이 아닐 수 없다. 따라서 반어법을 이용한 메시지의 강조라는 자의적 해석에 동의할 수 없다.

본문을 전통적인 관점으로 해석할 수 없다. 바울의 정치적인 타협이나 의미론적 강조라는 주장을 간단히 인정할 수 없다는 말이다. 위에 있는 권세에 복종하라는 구절에 대해서 나는 문체론적 분석을 통해서 의미를 해석하고자 한다. 즉, 위에 있는 '권세'에 복종하라는 말과 달리, '권세를 지닌 자' 또는 권력자에게 복종하라는 말을 의미상 뚜렷이 구별해야 된다.

만약에 본문이 '권세를 지닌 자'에게 복종하라는 의미였다면, 누구보다 먼저 예수께서 하나님의 말씀을 거역한 것이 된다. 예수는 헤롯왕을 '여우'라고 비난했는가 하면, 유대 종교지도자들이나 심지어 대제사장에게 순순히 복종하기는커녕, 생명을 바쳐가며 권력자들과 거침없이 맞섰다. 왕과 대제사장은 정치적, 종교적 의미에서 대표적인 권세를 지닌 자가 아닌가.

그러나 권세와 권세를 지닌 자의 의미를 분명히 구별할 때 본문의 해석은 전혀 새로운 의미를 지닌다. 즉, 왕의 자리와 대제사장의 직분은 하나님이 주신 권세에 해당하되, 왕과 대제사장이라는 물리적인 개인은 언제나 권세에 일치하는 것은 아니다. 왕에게 주어진 권세에서 벗어나 전횡을 일삼는다면 왕은 하나님이 주신 권세를 사용한 것이 아니라 자기가 만든 권세를 제멋대로 사용하는 것이기 때문이며, 그런 자야말로 하나님이 주신 '권세를 거스르는 자'이기 때문이다.

예컨대, 헌법을 유린한 독재자를 우리는 '위로부터 주신 권세'를 바르게 사용한 지도자라고 말하지 않고 독재자라고 부른다. 자기에게 주어진 권세에서 벗어난 일탈은 엄밀한 의미에서 하나님이 주신 권세가 아니라는 말이다.

대제사장의 경우도 마찬가지다. 하나님의 율법을 온전히 지켰다면 대제사장은 하나님이 주신 권세를 실천하는 자이기 때문에 마땅히 그의 명령을 따라야 하지만, 율법을 어기고 자신의 종교적인 권력과 탐욕 때문에 율법을 유린했다면 그는 하나님의 말씀을 왜곡한 자일뿐이다. 따라서 그는 위에서 주신 대제사장의 '권세'를 가진 자가 아니라 세상의 종교권력을 찬탈한, 타락한 종교권력자에 지나지 않는다.

권세와 권세를 지닌 자를 엄밀히 구별하라는 말은 하나님이 주신 권세는 반드시 하나님의 뜻에 합당하게 사용되어야 한다는 말과 다르지 않다. 왕은 왕의 자리에 주어진 권세를 사용할 수 있을망정 자기가 권세를 만들 수 없다. 마찬가지로 대제사장은 '사제의 권세'를 지니되 제멋대로 하나님의 율법을 유린할 수 없다. 그것들은 하나님이 주신 권세, 이른바 '위에서 주신 권세'가 아니라 자기가 만든 권세로서 하나님의 뜻에 반하기 때문이다.

결국, "위에 있는 권세에 복종하라"는 바울의 말은 세상의 타락한 '권세를 지닌 자'에게 굴종하라는 말이 아니라. 하나님이 허락하신 권세에 복종하면서 더불어 살아가는 세상의 질서를 존중하라는 뜻이다. 예수가 "가이사의 것은 가이사에게 바치라"고 했던 것 또한 로마 제국에 대한 맹목적인 굴종을 요구한 것이 아니라 당시에 통용되는 '법'을 준수하라는 말이며, 법이라는 '권세'에서 일탈한 로마 제국의 불법에 하릴없이 복종하라는 말이 아니다. 그런 관점에서 볼 때 '가이사의 것은 가이사에게 바치라'는 주장은 로마 제국에 대한 복종을 명령하는 것이 아니라 가이사의 것과 하나님의 것을 구별하라는 의미로 해석해야 한다.

이것은 세상의 법이나 제도가 완전하기 때문에 마땅히 복종해야 한다는 말이 아니다. 법과 제도가 하나님의 정의에 반한다면 우리는 악법과 불의한 인간의 제도에 맞서 하나님의 뜻에 합당한 질서가 오롯이 세워질 수 있도록 세상의 타락한 권력에 결연히 맞서야 한다. 다만, 정해진 법과 제도를 무턱대고 거역하는 것은 가치 있는 새로운 법과 제도의 가치마저 부인할 수 있는 빌미가 된다. 요컨대 위에서 주신 권세에 올곧게 복종하기 위해서는 모든 권세를 인정하는 것이 아니라 오히려 권세에 반하는 '거짓 권세'에 저항해야 한다.

이 글을 쓰고자 했던 본래의 의도로 돌아가서 글을 마무리한다. 권세에 복종하라는 말을 허투루 인용하면서 오늘날 한국교회는 교인들을 목사의 권위에 무턱대고 굴복시키는 구실로 이용한다. 다시 말하지만, 목사는 처음부터 권세를 지닌 자도 아니거니와 본문을 목사의 권세를 보장하는 허튼 방패막이로 오용할 수도 없다. 예수는 목사牧童이라는 신분에 대해서 '낮은 자'라고 말하고, '종'이라고 말하기 때문이다.

따라서 '종'인 목사에게는 권세가 있는 것이 아니라 순종이 있을 뿐이다. 목사의 영적 권위는 인간이 만든 종교적인 권세를 제멋대로 휘두르면서 형성되는 것이 아니라, 오히려 세상의 물리적인 권위를 모두 버릴 때, 다시 말해 온유와 겸손의 멍에를 매고 섬기는 종의 직분을 다하는 자에게 예수께서 주시는 특별한 은혜다. "높아지려 하는 자는 낮아져야 한다"는 말씀의 의미를 깨닫는 자는 이 말을 어렵지 않게 이해할 수 있을 것이다.

결론적으로 말해서, '위에서 주시는 권세'는 특정한 '인간'에게 주는 것이 아니라 하나님의 뜻에 따라 정해진 '직분과 역할'에 부여되며, 법과 제도를 통해서 실천하는 것이다. 인간은 본성상 교만하며 끝없는 욕망을 지닌 존재로서, 언제든지 권력을 남용해서 이기적인 욕망의 도구로 변질시킬 수 있다.

국가를 통치하는 권세는 특정한 개인에게 주는 것이 아니라 헌법에 부여하며, 통치자는 헌법에 준해서 국가를 운영할 때 비로소 '위에서 주신 권세'를 올곧게 사용하는 것이다. 마찬가지로 목사에게 주어지는 권한은 목사라는 개인에게 주는 것이 아니라 정관에 명시된 규정에 준해야 하며, 정관은 교회의 사명을 제대로 수행할 수 있도록 바르게 제정되어야 한다. "위에 있는 권세에 복종하라"는 말을 인용하면서 목사는 자신의 권세를 자랑하며 과시할 것이 아니라, 권세의 실체인 교회법과 제도를 순순히 따르면서 겸손한 자세로 목회하는 것이 마땅하다.

4장·규범의 오류

십일조와 교인의 자격?

이미 오래 전의 일이지만 좀처럼 기억에서 지워지지 않는, 매우 충격적인 사건(?)이 있었다. 사랑의 교회에서 있었던, 정관 개정에 관한 일이다. "십일조를 내지 않는 교인들의 자격을 제한한다"는 내용으로 정관을 개정하려다가 뜻밖에 주변의 거센 비판이 일자 사랑의 교회오정현 목사는 '십일조를 내지 않는 교인'이라는 조항을 '헌금을 내지 않는 교인'으로 슬그머니 단어를 바꿔서 정관 개정을 시도했었다. 속이 뻔히 들여다보이는 치졸한 꼼수로, 십일조를 헌금으로 단어만 하나 바꿨을 뿐 결국 똑같은 의미에 똑같은 의도이다. '돈을 지극히 사랑하는' 한국교회에서 십일조는 헌금이 아니라 다른 무엇이었던가?

물론 교회가 구제와 선교에 앞장서며 그리스도의 계명을 성실히 수행하려면 부득불 헌금은 교인들의 중요한 의무일 수 있다. 그러나 과연 오 목사가 교인들에게 신실한 종교 의무를 강조하기 위해 그런 비난을 감수했다고 생각할 수 있을까? 그가 느닷없이 새로운 정관을 만들고자 했던 의도를 먼저 살펴보아야 한다. 간단히 말해서 '교인의 자격 제한'은 오정현 목사를 반대하는 사랑의 교회 '갱신위원회' 소속 교인들을 겨냥한 조준사격이었다.

'교인의 자격을 제한한다'는 말은 결국 공동의회나 제직회, 또는 당회에서 그들에게 발언권이나 투표권을 주지 않겠다는 명시적 선언이며, 비판적인 교인들의 의견을 원천봉쇄하겠다는 속셈일 뿐이다. '강남예배당'에서 따로 예배드리는 갱신위원회 소속 교인들은 '서초예배당'에 헌금하지 않기 때문에 오 목사가 주장하는 '십일조를 내지 않는 교인들'의 범주에 정확히 들어맞는다.

그렇다면 '십일조'는 그리스도인들이 마땅히 지켜야 하는 계명이며, 이를 당당히 주장할 수 있는 성경적 근거가 있는가? 십일조가 주제가 아니기 때문에 여기서는 '십일조'를 교인의 자격조건으로 제시하는 오 목사의 반성경적 오류와 무지에 대해서 제한적으로 언급한다.

"십일조는 성경에 엄연히 기록된 '말씀'에 근거하기 때문에 유대인들뿐 아니라 오늘날의 기독교인들에게도 명백한 계명이다"라는 전통적인 주장이 있다. 반면에 "십일조는 구약 시대의 이스라엘 백성에게 제시된 특정한 율법일 뿐, 구약의 희생제사가 사라지고 '영과 진리'로 예배를 드리는 신약 시대의 그리스도인에게는 더 이상 합당한 계명이 아니다"라는 개혁적인 주장이 팽팽히 맞선다. 이른바 '십일조 논쟁'이 끊이지 않는 것이다. 심지어 '십일조의 신학적 부재와 실천적 존속'이라는 애매한 타협안까지 나왔지만, '십일조 논쟁'은 무의미한 논쟁의 반복일 뿐이다.

서로 다른 신학적인 기준이나 종교적인 잣대를 제시하면서 십일조를 다루면 교파의 관점이나 주관적 판단에 따라서 논쟁이 그칠 수 없지만, 성경적인 기준에 따르면 이에 대한 답은 매우 간단하다. 구약의 십일조는 논란의 여지가 없이 반드시 지켜야 하는 율법이지만 신약시대의 십일조는 구약의 허튼 확대해석이나 잘못된 적용, 그리고 신약성경의 그릇된 해석에 따른 중대한 오류이기 때문이다.

"기독교인들에게도 십일조는 엄연한 성경적 계명이다"라고 주장하는 사람들은 예외 없이 마태복음 23장 23절과 누가복음 11장 42절의 문장을 성경적인 근거로 제시한다. 두 구절은 십일조에 관해서 서로 다른 문장이 아니라, 예수께서 같은 청자에게 같은 장소에서 전하신 동일한 말씀이다.

> "화있을진저, 너희 바리새인이여. 너희가 박하와 운향과 모든 채소의 십일조는 드리되 공의와 하나님께 대한 사랑은 버리는도다. 그러나 이것도 행하고 저것도 버리지 말아야 할지니라." 눅11:42

본문이 과연 '기독교인들의 십일조'를 지지하는 성경적 근거가 될 수 있는가? 이에 답하기 위한 결정적인 단서는 "이것도 행하고 저것도 버리지 말아야 할지니라"라는 문장의 시제time와 의미에 대한 정확한 파악에 달려 있다. 만약에 예수께서 그리스도인들에게도 유대인들과 동일하게 십일조를 하라고 명령하셨다면 당연히 신약시대에도 십일조는 준엄한 종교적 의무일 수밖에 없다. '말씀'이 엄연히 살아있는데 시대가 바뀌었다고 의미를 함부로 변개할 수 없기 때문이다. 그러나 본문을 십일조의 성경적 근거로 제시하는 전통적인 주장들은 화자와 청자의 담론dialogue구조를 전혀 파악하지 못한 무지이며, 명백한 '해석의 오류'일 뿐이다.

바른 해석을 위해서 매우 중요한 단서를 제시한다. "이것도 행하고 저것도 버리지 말아야 할지니라"라는 말씀이, 이를테면 "십일조를 하라"는 명령이 신약시대의 그리스도인에게 해당되는 계명이기 위해서는 반드시 두 가지 선세조건을 충족해야 한다. 우선, 그리스도인에게 명령하신 것이라면 응당 말씀을 듣는 청자가 그리스도인이라는 기본적인 전제가 필요하다. 물론, 예수께서 이 말씀을 전하신 때는 그리스도의 교회가 세워지기 이전이기 때문에 말씀을 듣는 청자는 '미래의 그리스도인'으로서, 당시에는 유대 율법주의자들과 구별해서 예수의 제자들이나 예수를 따르는 무리라는 표현이 보다 정확할 것이다.

청자가 예수의 제자들인 것과 동시에, 신약시대의 그리스도인에게 한 말씀이라면 초대 교회가 시작된 뒤에 등장하는 그리스도인들을 상정하기 때문에 '이것도… 행하라'는 담론의 시제time는 현재형이나 미래형이 되어야 한다. 그러나 분문은 예수의 제자들, 또는 '미래의 그리스도인'으로서 예수를 따르는 신자에게 전하는 '말씀'이 아니다. 예수를 그리스도로 믿지 않을 뿐 아니라 오히려 예수를 조롱하고 시험하고 박해하던 '바리새인들'을 향해서 '화있을진저!'라며 준엄하게 질책하신 문맥 안에 있는 문장이다. 요컨대 본문의 청자는 '그리스도인들'이 아니기 때문에 여기에서 말하는 십일조는 당연히 그리스도인에게 주신 계명이 될 수 없었다.

본문을 분석하면서 반드시 주목해야 하는 문법적인 지표가 있다. 한글성경의 "이것도 행하고 저것도 행해야 할지니라"라는 구절에서 보듯이 동사시제가 실제로 '미래 명령형'이었다면 본문은 유대인들을 질책하신 말씀일 뿐 아니라, 경우에 따라서 무리 가운데 포함된 예수의 제자들로서 미래의 그리스도인들에게 해당하는 문장일 수 있다. 그러나 원문의 동사시제는 한글성경에서 보는 것처럼 미래의 그리스도인들에게 적용할 수 있는 현재형이나 미래형이 아니다. 이를테면 '과거 완료 명령형'으로, 옛 언약의 백성인 유대인들에게 전하는 메시지이며 물질의 십일조는 강조하면서 정작 하나님의 뜻을 따르지 않는 그들의 '외식'을 비판하신 것이다.

헬라어 원문의 법mode과 시제time에 대해서 논란이 없지 않지만, 전후 문맥을 살펴보고 화자와 청자의 담론구조를 따져보면 원문의 시제는 분명히 '과거형'일 수밖에 없다. 다시 말해, 율법의 조문으로서 십일조는 지키면서 정작 야훼신앙의 본질인 '하나님의 공의와 사랑'은 저버리는 자들, 이를테면 외식하는 바리새인들에 대한 준엄한 비판이 본문에 담긴 화자의 정확한 메시지이기 때문이다.

'화있을진저, 너희 바리새인이여!'로 계속 이어지는 전후 문맥을 통해서 뚜렷이 알 수 있듯이, 예수께서 전하는 담론dialogue의 청자는 그리스도인이 아니라 바리새인으로 한정되었다. 한글 성경이 "할지니라"로 잘못 번역한 반면에 영역본과 불역본을 비롯한 대부분의 번역본에서는 '해야 했었다'라는 의미에서 예외 없이 본문의 시제를 과거 완료형'… should have practiced 으로 번역했다는 사실에 주목해야 한다.

> "You should have practiced the latter without the former undone."NIV, Luke11:42

원문의 동사시제에 따라서, 그리고 담론 구조에 준해서 화자와 청자의 존재를 명시하면서 본문을 의미론적으로 다시 번역하면 "이것도 행하고 저것도 행해야 할지니라"가 아니라, "화있을진저, 너희 외식하는 바리새인들이여! 너희 바리새인들은 이것도십일조 행하고 저것도공의를 지키며 하나님을 사랑하는 계명 행해야 했었다"가 되어야 한다. 이처럼, 본문의 의미를 제대로 해석하려면 "이것도 행하고 저것도 행해야 할지니라"처럼 시제와 의미가 왜곡된 문장이 아니라, 시제와 더불어 담론 구조에 따라 말씀을 듣는 청자의 존재를 분명히 드러내면서 다음과 같이 문장의 의미를 재구성해야 한다.

> 화있을진저, 너희 바리새인들이여! 너희 바리새인들은 율법의 십일조를 지키는 동시에 공의와 하나님의 사랑도 저버리지 말아야 했었다!

신약시대에 '십일조'는 처음부터 존재하지 않았다. 그러나 구약시대에 핵심적인 율법으로 존재했던 십일조는 구제를 위한 제도로서 분명한 가치를 지니기 때문에 시대가 바뀌었다고 무턱대고 폐지를 주장할 수는 없다. 새 포도주를 새 부대에 담는 것처럼 새로운 시대에 맞춰서 내용과 형식을 정비하되, 그 정신을 바르게 계승해서 본래의 가치를 지닐 수 있어야 한다. 십일조의 정신은 익히 알고 있듯이, 분깃을 받지 못한 레위 지파와 더불어 고아나 과부, 나그네처럼 가난한 사람들을 구제하기 위한 것이다.

그러나 성경의 본뜻도 모른 채 목사와 추종자들의 어설픈 독단에 따라서 십일조를 교인의 자격조건으로 제시하는 사랑의 교회나 한국의 중대형 교회들이 과연 십일조의 정신을 제대로 지키고 있는가? 오늘날 개신교, 특히 한국교회에서도 십일조를 거둬 교회의 양적 성장과 외형에 사용하기보다 가난한 이웃을 섬기기 위해서 우선적으로 사용해야 한다. 십일조의 정신을 잃은 채 교회의 성장과 외형을 과시하기 위해서 십일조를 강요하는 것은 반성경적인 일탈이며, 목사의 '배를 불리기 위해서' 십일조를 거두는 행위는 '성전의 장사치'와 다를 바 없는 악행으로 그리스도 신앙의 철저한 배역이다. 신약시대는 하나님께 바친다는 명분의 헌금이 아니라 가난한 이웃을 섬기기 위한 연보의 시대라는 것을 명심해야 한다.

부질없는 십일조 논쟁

끊임없이 반복되는 소모적인 논쟁을 피하기 위해서 십일조에 대한 나의 생각을 분명히 밝힌다. '나의 생각'이라고 감히 전제하는 이유는, 섣불리 성경적인 전거나 신학적인 배경을 들먹이며 '말씀'을 자의적으로 해석하는 진부한 논쟁을 부추기지 않기 위해서 나의 주관적인 생각이라는 점을 뚜렷이 하려는 의도다.

신약시내에 고대 이스라엘의 율법 제도로서의 '십일조'는 분명히 존재하지 않는다. 짐승을 제물로 바치는 희생제사와 특정한 제사장 직분이 없어진 다음부터, 보다 근본적인 이유로는 '성령과 진리로 예배드리는' 예수 그리스도의 새로운 시대, 이른바 새 언약 시대가 시작되면서 십일조를 비롯한 고대 이스라엘의 율법적인 제도와 종교의식들은 '옛 언약'의 형식들로서 역사의 뒤안길로 사라졌기 때문이다.

그럼에도 복음서에 간간이 기록된 십일조를 두고 신약시대의 명백한 성경적인 근거라고 자신 있게 주장하는 사람들이 적지 않다. 누차 말했지만 그것은 자기 의를 과시하는 유대인들의 종교적인 외식에 대해서 예수께서 "화가 있으리로다"라고 엄히 꾸짖던 맥락에서 나온 무서운 질타일 뿐 예수시대의 새로운 제자들, 이른바 그리스도인에게 율법시대처럼 십일조를 하라고 명령하신 것이 아니다.

다시 말해 율법 시대의 십일조가 신약시대의 계명과는 무관하다는 것이 '성경 담론'을 깊이 있게 분석한 문체론적 해석의 결론이다.'성경 담론'에 따른 해석의 일면을 설명하면 화자와 청자의 관계를 고려한 메시지 분석을 말한다 그럼에도 십일조의 정신, 이를테면 가난한 이웃에 대한 구제가 폐기된 것은 결코 아니다. 폐기는커녕 신약시대의 절대계명인 '사랑'은 섬김과 돌봄, 즉 구제와 결코 분리되지 않는다. "행함이 없는 믿음은 죽은 믿음이다"라고 선언했던 야고보의 글에서 보듯이 살아있는 믿음의 증거가 되는 '행함'은 구체적인 실천에서 볼 때 구제를 의미한다.

그렇다면 조세로서 율법적인 십일조는 마땅히 폐기하되 신약시대 새로운 계명의 관점에서 구제를 위한 십일조 정신은 반드시 유지해야 한다. 십일조를 폐기하라고 말하는 동시에 유지하라는 말이 모순처럼 들리지만, 십일조의 정신을 새로운 제도로 수용한다는 점에서 모순이 아니라 보완적 의미를 지닌다.

성경적인 기준이 되었던 소득소산의 십분의 일은 율법시대에는 분명히 합리적인 기준이었다. 고대 이스라엘의 11지파가 분깃을 받았기 때문에 분

것을 받지 못한 레위 지파를 위한 십일조는 평균적 수치로서 '공평한 분배'에 해당되기 때문이다.

그러나 현대사회는 소득의 불평등이 만연한 시대다. 상위 10%의 소득이 나머지 90%의 소득과 맞먹을 정도로 소득 편차가 극심하다. 소득 면에서 하위 계층은 끼니조차 제대로 챙기기 힘들 만큼 가난의 처절한 고통에 허덕인다. 한 달에 100만원도 안 되는 수입으로 온 가족이 생활해야 하는 사람들에게 십일조에 해당하는 10만원은 생존 자체를 위협하는 치명적인 부담이다.

반면에 1억을 벌어들이는 사람들에게 십일조 1000만원, 아니 그 이상 2000, 3000만원은 물론 큰 금액일망정 마음만 먹으면 능히 감당할 수 있는 금액이다. '기본생계비'에도 미치지 않는 돈으로 어렵게 생활하는 사람들에게 과부의 두 렙돈 운운하며 십일조를 요구하는 것은 가난한 형제를 도우라는 십일조 정신을 근본부터 파괴하는 '배역'이 아닐 수 없다.

따라서 신약시대는 획일적인 십일조가 아니라 서로 다른 소득에 따라 차이를 두고 형편에 따라 하는 자발적인 연보가 되어야 한다. 물론, 십일조를 거둬 교회의 외형을 치장하거나 목사들의 배를 채우는 지금의 재정전횡은 반드시 없애야 한다. 그런 교회에서는 십일조를 하는 것이 오히려 하나님의 뜻을 거스르는 죄악이기 때문에 마땅히 거부해야 한다.

결론은, 성경적인 근거 없이 다만 종교적인 명분에 따라 교인들에게 허투루 강요하는 십일조는 그 이름과 형식을 마땅히 폐지하되 각자의 소득에 따른 자발적인 연보로 대체하고, 연보는 마땅히 구제에 우선 사용해야 한다. 십일조의 율법주의적인 규범을 폐지하되 십일조 정신을 되살리고, 소득에 따라 자발적인 연보로 구제에 충당하는 것이 신약시대의 '새 부대'로 십일조 정신을 지키는 그리스도인의 바른 자세가 될 수 있을 것이다.

덧붙여 말하면, 십일조를 하지 않으면 집안과 자손대대로 재앙이 있다거나 심지어 "암에 걸린다"는 위협으로 자기 배를 불리는 수많은 교회와 목사들의 불의를 가차 없이 고발하는 동시에, "십일조는 없다"면서 구제를 위한 연보조차 무시하는 자들의 '가려진 탐욕'도 결코 가벼이 볼 수 없다는 것이 나의 '주관적인' 생각이다.

'주일 성수'의 오류

십일조와 주일 성수는 오늘날 한국교회에서 교인들의 신앙 상태와 수준을 가늠하는 잣대가 되었다. 교회에서 높은 직분을 얻기 위한 절대적인 조건인 동시에 교인들의 신앙을 객관적으로(?) 평가하는 기준이 된다. 그러나 주일 성수와 십일조가 과연 그리스도인의 신앙을 증명하는 정당한 방법인가? 물론, 영적인 신앙 상태를 가시적으로 점검할 수 있는 마땅한 방법이 없는 것이 사실이다. 또한 주일마다 예배에 빠짐없이 참석하고, 열심히 봉사하며 헌금을 많이 하는 사람들이 나름대로 충성스러운 교인이라는 것은 분명하다.

그러나 그런 식의 외형적인 기준은 자칫 본질을 벗어나 왜곡된 신앙을 부추기는 심각한 문제를 일으킬 수 있다. '봉사'라는 명분으로 교회의 숱한 일들을 처리하기 위해 교회에 하루 종일 죽치는 것이 주일 성수의 진정한 의미가 결코 아닐 텐데, 실상 주일 성수는 만사를 제치고 교회에 출석하는 것을 교인들의 절대 가치와 의무로 단정하는 오류를 야기한다. 주일에 중요한 일들을 모두 제쳐두고 교회당에 나와 기도하고 찬송하고 예배드리는 것이 진정 성경적인 신앙의 모습일까, 아니면 영적으로, 그리고 성경적으로 보다 가치 있는 일을 하는 것이 바람직할까?

기독교인들은 기독基督, 즉 그리스도이신 예수를 믿는 자들이며 하나님께 예배드리는 사람들이다. 그런데 하나님의 아들이신 예수는 "자비가 제사보다 귀하며 순종이 제사보다 낫다"는 말씀을 인용하시고, "예물을 드리려다가 형제와 다툰 일이 기억나거든 형제와 먼저 화해하고 나서 예물을 드리라"고 말씀하셨다. 예수 그리스도의 신약시대는 율법의 종교의식에 천착하는 구약시대와 분명히 다르다는 말씀이다.

안식일의 부수적인 의미와 가치를 정확히 밝힌 바울의 가르침은 오늘날 주일을 마치 구약시대의 '율법'처럼 숭배하는 교인들에게 유용한 교훈을 제시한다.

> "그러므로 먹고 마시는 것과 절기나 초하루나 안식일을 이유로 누구든지 너희를 비판하지 못하게 하라. 이것들은 장래일의 그림자이나 몸은 그리스도의 것이니라." 골2:16–17

'안식교'를 비롯한 일부 종파를 제외하면 신약시대는 율법 시대의 안식일이 아니라, 안식 후 첫 날로 예수께서 부활하신 주일을 성일로 여기며 이른바 '주일 성수'를 강조한다. 심지어 주일성수를 하지 않는 자는 신앙이 없는 자, 나아가 은혜를 받지 못한 자로 단정하기도 한다. 다시 말해 주일성수를 하지 않는 자는 그리스도 신앙이 없는 자로서, 믿는 자에게 주시는 구원을 얻지 못한다는 섣부른 주장이다.

주일성수가 과연 그리스도인의 믿음, 그리고 구원과 '상관'이 있는가? 골로새의 유대 그리스도인들은 안식일을 지키지 않는 그리스도인에게 구원이 없다고 주장했다. 이에 대해 바울은 "안식일은 그림자에 지나지 않는다"고 주저 없이 말했다. 이 같은 역사적인 사실에 견줘서 오늘날 그리스도인들은 주일 성수의 진정한 의미를 안식일의 관점에서 추론할 수 있을 것이다.

예수께서 안식일의 진정한 의미를 제시하시면서 오늘날 우리에게 주일의 의미를 예시하셨다. 예수께서 "인자가 안식일의 주인이다"라고 말씀하셨다면, 안식이 본질이며 안식일이 그림자인 것처럼 진정한 안식이신 예수가 안식일의 주인이라는 말씀이다. 즉, 안식일에 아무 것도 하지 않는 것이 하나님의 말씀대로 안식일을 거룩하게 지키는 것이 아니라, 거룩한 일을 실천하는 것이 안식일을 바르게 지키는 것이라는 가르침이다.

예수는 안식일에 눈먼 자의 눈을 뜨게 하셨고, 손 마른 자의 손을 펼쳐주셨으며, 병든 자의 병을 고쳐주셨다. "너희 소중한 양이 구덩이에 빠졌는데 안식일이라고 구하지 않겠느냐?"라고 되묻고, 형식적 율법주의에 빠진 유대인들의 위선과 오류를 거침없이 질타하셨다.

이와 마찬가지로, 안식일을 대체한 신약시대의 주일은 그림자이며 주일의 진정한 주인은 예수이다. 주일에 대해 말하면서 '안식 후 첫날 저녁'이라는 기록에서 비롯된 주일 자체가 과연 성경적인 근거가 있는가. 또는 일요일을 기독교의 주일로 정한 것이 4C 코스탄티누스 황제 이후라는 '주일 논쟁'은 사실 중요하지 않다. 신앙의 성장과 영적 성숙을 위해서 기도와 예배 그리고 성도의 교제 등 다양한 종교 행위가 필요하다면 주일 제정은 그 자체만으로도 정당한 종교적 가치를 지니기 때문이다. 다만, 주일에 모든 일을 마다하고 다만 교회에 출석해서 빠짐없이 종교 의식을 치르는 것만이 바른 신앙 태도라고 단정 짓는 것은 분명히 문제가 있다. 주일이라는 '날' 자체를 숭배한다면 '절기나 초하루나 안식일을' 섬기던 유대인들의 외식과 무슨 차이가 있을까?

안식일의 주인이 안식일이 아니라 '인자'이신 예수인 것처럼, 주일의 주인은 주일 자체가 아니라 예수 그리스도이다. 그렇다면 주인이신 예수의 계명을 온전히 지키는 '순종'이 진정한 의미에서 주일성수가 될 것이다. 예수는 율법의 강령을 '하나님 사랑'과 '이웃 사랑'의 이중사랑계명이라고 말씀하셨는가 하면, 제자들에게 새 계명을 주시면서 "서로 사랑하라"고 말씀하셨다. 이처럼, 주인이신 예수의 뜻은 주일을 절기로 '숭배'하는 것이 아니라 사랑을 실천하는 것이다.

예를 들면, 주일 성수를 위해서 의사가 생명이 위중한 환자를 버리는 것보다 생명을 구하는 것이, 주일에 예배당에서 정해진 시간에 예배드리기 위해서 사업가가 엄청난 손실을 입으면서 사업을 포기하는 것보다 그 돈을 가난한 사람들에게 나누어 주는 것이, 너무 아프고 고통스러워 울부짖는 사람들을 위해 위로하고 헌신하는 것이 오히려 '사랑이 최고의 계명'이라고 말씀하신 예수 그리스도의 뜻에 합당하게 예배드리는 것이 아닐까? 주일에 반드시 영업을 해야 하는 기업이라면 예배당이 아닌 사업장에서 예배드리고, 주일에도 환자를 진료해야 하는 의사라면 환자의 생명을 지키며 차라리 병원에서 예배드리는 것이 오히려 예수께서 원하시는 예배의 진정한 모습이 아닐까?

예수께서 말씀하신 그리스도 신앙의 본질은 '사랑'이라는 뚜렷한 진리를 잊지 말아야 한다. 이는 주일의 소중한 의미와 가치를 부정하려는 의도가 아니다. 기도와 찬송, 예배의 중요성을 무시하려는 의도 또한 아니다. 주일은 반드시 필요하다. 어쩔 수 없이 세상의 물질적인 토대 위에서 삶을 살아가는 인간에게 일주일에 하루, 온전히 구별된 하루는 그리스도인들이 자신의 영성을 지키기 위해 매우 중요한 시간이며, 최소한의 헌신이다.

다만, 교인들을 교회당에 모아두며 교회의 지배력을 강화하려는 수단으로 주일성수를 강요하는 것은 그리스도 신앙의 본질에서 벗어날 뿐 아니라 '말씀'의 본의를 왜곡한 이단적 잣대에 지나지 않는다. 안식일을 지키지 않았다며 예수를 죽이고자 골몰하던 유대인들의 어리석음에 대해 예수는 "안식일을 위해 사람이 있는 것이 아니다"라고 말씀하시며, '거룩함'을 빙자해 안식일에 아무 일도 하지 않는 것이 아니라 계명에 따라 '선한' 일을 하는 것이 하나님의 뜻을 바르게 지키는 순종이라고 분명히 말씀하셨다.

주일에 교회 출석부에 도장 찍기 위해 만사를 제치고 예배당에 모이는 것이 예수 그리스도의 성일인 주일을 거룩하게 지키는 것이 아니다. 주일의 주인이신 예수 그리스도의 가르침에 따라 주일을 바르게 지키기 위해서,

1) 일상의 욕망과 세속적 가치를 떠나 영적으로 온전히 구별된 하루를 보내고
2) 때와 장소를 가리지 않고 그리스도의 거룩한 계명인 사랑을 실천해야 한다.

주일에 단지 교회에 하루 종일 머무는 것이나 종교의식으로서 예배에 무조건 참석하는 것이 아니라, 주의 계명에 따라 '거룩한 하루'를 지키는 온전한 순종이 주일 성수의 참된 의미와 가치여야 한다.

5장·십자가와 구원의 능력

"부활에 이르지 못하는 무능한 십자가?"

예수를 온전히 믿는다면, 그리고 예수가 하나님의 아들이면서 삼위일체 하나님이시라는 당연한 진리를 믿는다면 예수의 부활은 전혀 놀라운 기적이 아니다. 도저히 믿을 수 없는 기적이기는커녕 생명의 창조자이며 주인이신 하나님은 결코 죽으실 수 없기 때문에 처음부터 예수의 부활은 특별한 신비가 아니다. 십자가에 달리시기 전에 예수는 이미 "내가 죽고 제삼일에 다시 살아나리라"고 선언하시지 않았는가. 예수 그리스도의 부활은 불가능한 기적이 아니라 전능하신 하나님의 내재적인 능력인 동시에 믿는 자의 구원을 예시하는 온전한 계시이다.

'부활구원론'이라는, 지금까지 보지도 못했고 듣지도 못했던 구원론이 제법 가파른 속도로 세상에 전파되고 있다. 부활구원론을 간단히 정리하면, 예수 그리스도를 믿음으로 말미암는 구원은 십자가의 죽음만으로 완전하지 않으며 부활을 통해서 비로소 완전해졌다는, 구원을 위한 '십자가 복음'의 완전성을 훼손하는 비성경적인 주장이다.

바울은 일찌감치 예수 그리스도의 십자가의 도가 "유대인에게는 거리끼는 것이며, 헬라인에게는 미련한 것"이라고 말했다. 예수를 믿지 않는 자들은, 그리고 십자가의 대속이 제시하는 구원의 복음을 온전히 믿지 못하는 자들은 십자가를 통한 구원의 능력과 예수 그리스도를 통해 밝히 드러내신 하나님의 분명한 계시를 깨닫지 못했다는 말인 동시에 예수를 믿는 그리스도인에게 비로소 십자가는 완전한 구원의 능력이라는 말이다.

> "유대인은 표적을 구하고 헬라인은 지혜를 찾으나 우리는 십자가에 못 박힌 그리스도를 전하니 유대인에게는 거리끼는 것이요 이방인에게는 미련한 것이로되 오직 부르심을 받은 자들에게는 유대인이나 헬라인이나 그리스도는 하나님의 능력이요 하나님의 지혜니라. 하나님의 어리석음이 사람보다 지혜롭고 하나님의 약하심이 사람보다 강하니라." 고전1:22-25

십자가의 능력에 관한 바울의 주장은 단순명료하다. "십자가의 도가 멸망하는 자들에게는 미련한 것이요 구원을 받은 우리에게는 하나님의 능력이라" 고전1:18 새로운 이론인 양 '부활구원론'을 내세우며 십자가 복음만으로 구원이 완전하지 않다는 주장은 결국 우리를 구원하기 위해서 예수의 생명을 바친 십자가 대속이 불완전하다는 말이며, 그것은 유월절의 어린양이신 예수께서 자신의 생명을 바친 종말론적 제사가 구약시대 짐승제물을 바쳤던 유대 제사처럼 '불완전'하다는 주장과 다르지 않다.

"십자가는 죽음이며 부활이 영원한 생명이다. 따라서 십자가로는 완전하지 않고, 부활을 통해서 비로소 영원한 생명의 구원이 완성된다"는 주장은 한 마디로 십자가에서 숨을 거두시며 '모두 이루었다'고 선언하신 예수 그리스도의 온전한 희생과 대속을 통한 구원의 전적인 능력을 왜곡하는 오류이다. 이는 예수의 십자가를 '완전한 제사'라고 기록한 성경의 절대 권위에 대한 도전이다.

예수의 십자가를 온전히 믿지 못하는 자는 부활 또한 온전히 믿지 못한다. "인자가 장차 사람들의 손에 넘겨져 죽임을 당하고 제삼일에 다시 살아나리라"마17:22고 말씀하신 예수의 십자가는 단순한 죽음이 아니라 '제삼일'의 부활을 그 안에 함축하고 있기 때문이다. "십자가는 죽음이며 부활이 생명이다"라는 주장은 예수를 온전히 믿지 않는 자, 이른바 표적을 구하는 자가 십자가의 죽음을 가시적 현상으로 바라볼 뿐 구원의 영적 계시로 깨닫지 못하는 치명적인 무지이다.

'절반의 완성'에 지나지 않는 십자가의 불완전한 구원을 채우기 위해서 이른바 '보충재'로 부활이 있었던 것이 아니다. 예수 그리스도의 대속제사로서 십자가의 희생이 지니는 의미를 바르게 깨닫지 못하는 어리석은 자들에게, 그리고 예수 그리스도의 특별한 신성을 온전히 믿지 못하는 자들에게 십자가의 완전한 능력을 증거하고, 세상을 구원하시는 하나님의 온전한 계시를 세상에 밝히 드러내시기 위해서 예수께서 부활하신 것이다.

이를테면, 그리스도인은 십자가의 대속과 예수 그리스도를 믿는 '믿음으로 말미암아' 보장되는 신약시대 '새 언약'을 통해서 구원을 받으며, 부활을 통해서 예수가 그리스도라는 사실을 증거하고 계시하는 것이다.

그리스도 신앙에서 '부활'이 지니는 소중한 의미와 가치를 부정하거나 폄훼하려는 것이 아니다. 다만, 바울이 말하듯이 '구원을 받은 우리에게' 예수 그리스도의 십자가는 영생의 구원에 이르는 전적인 능력인 동시에 예수 그리스도로 말미암아 하나님이 우리에게 전하신 특별하며 완전한 계시라는 것이다. 부활은 기독교 신앙의 핵심으로서 더 없이 중요한 진리이지만, 의도적으로 부활을 강조하기 위해서 '십자가의 불완전한 복음'이라는 말을 입에 담는 것은 명백한 오류이다.

요컨대 십자가 없는 부활은 없으며 십자가 없는 구원은 존재하지 않는다. 나아가, 예수 그리스도의 십자가는 '총체적인 복음'으로, 부활에서 벗어난 다른 무엇이 아니며 그 안에 부활의 의미와 능력을 오롯이 담고 있다. 십자가를 죽음의 수난으로 보지 않고 '하나님의 영광'으로 해석한 요한 사도의 의도가 바로 여기에 있는 것이다.

> "모세가 광야에서 뱀을 든 것같이 인자도 들려야 하리니 이는 그를 믿는 자마다 영생을 얻게 하려 하심이니라" 요3:14-15

> "아버지여, 때가 이르렀사오니 아들을 영화롭게 하사 아들로 아버지를 영화롭게 하옵소서" 요17:1

신비주의적 표적과 인간의 초월적인 지혜를 구하는 어리석은 자들이 주장하는 것처럼 예수께서 자기 생명을 바치시며 우리의 죄를 대속하신 십자가는 그들이 섣불리 주장하듯이 '죽음의 십자가'가 아니라, 죽음을 거쳐 부활에 이르는 '생명의 십자가'라는 진리를 깨달아야 한다. 그리스도 신앙의 진리를 훼손하는 자는 예수 그리스도의 완전한 복음을 믿지 않는 불신자인 동시에 그의 거룩한 이름을 망령되이 일컫는 배역자다.

예수께서 십자가에서 우리의 죄를 대신해서 대속 제물로 죽으셨기 때문에, 그리고 십자가에서 흘린 '나의 피는 언약의 피'라고 말씀하신 예수께서 십자가에서 피 흘리시며 새 언약을 맺으셨기 때문에 우리는 구원을 얻을 수 있다. 반면에 부활은 예수가 우리를 구원하시는 그리스도이시며 신성을 지니신 '존재자'I am이라는 사실을 분명히 확증한 것이다.

십자가는 우리가 구원을 얻을 수 있는 조건을, 다시 말해 '죄 사함'을 계시한 것이며, 부활은 예수가 하나님이 '보낸 자', 곧 그리스도로서 우리의 구원자라는 진리를 역사적인 사실로 증명한 것이다. 따라서 우리는 십자가의 구속을 거쳐서 비로소 완전한 구원을 얻을 수 있으며, 부활로 예수가 하나님의 아들이시며 우리의 구원자라는 진리를 구체적인 사실로 믿을 수 있는 것이다.

"내가 땅에서 들리면 모든 사람을 내게로 이끌겠노라." 요12:32

'땅에서 들린다'는 말씀은 예수께서 십자가에 매달리신다는 것이며, "모든 사람을 내게로 이끌겠노라"는 말씀은 십자가 대속으로 죄 사함을 입은 우리가 '믿음으로 말미암아' 구원에 이르게 하신다는 말이다. 이렇게 예수께서 친히 십자가의 완전한 복음을 선언하셨는데 더 이상 무슨 사족이 필요한가. 십자가의 대속은 우리를 구원하시기 위해서 자기를 희생하신 예수 그리스도의 거룩한 사랑이며, 하나님이 우리에게 베푸신 신실하신 은혜다. '하나님의 계시자'이신 예수는 하나님의 뜻에 따라 지극한 사랑으로 우리를 대속하셨으며, '전능하신' 하나님은 은혜로 말미암아 우리를 구원하셨다. 따라서 예수 그리스도의 십자가는 구원의 은혜인 동시에 능력이다.

부활은 생명의 새로운 창조이며, 생명은 창조주 하나님의 당연하며 내재적인 권세다. 전능하신 창조주 하나님을 믿는다면 새삼 부활을 강조할 필요조차 없다는 말이다. 우리를 구원하신 십자가의 거룩한 사랑을 제멋대로 비틀어 부활의 능력을 십자가의 '보완재'로 강조하는 것은 신약시대, 다시 말해 새 언약 시대에 우리를 구원하시기 위해서 십자가에서 희생하신 예수의 특별한 신성을 오롯이 깨닫지 못한 영적 무지이며 오류이다.

우리의 죄를 대속하신 예수는 전지전능의 초월적인 신성에 앞서, 절대 사랑의 '특별한 신성'을 보이기 위해서 인간의 몸으로 세상에 오셨다. 그리스도 신앙은 십자가에 모든 것을 담고 있다. 사랑의 계명, 구원의 은혜, 부활의 능력을 십자가에 모두 담지하고 있기 때문에 십자가를 말할 때 우리는 단순히 예수의 죽음과 수난에 머무는 것이 아니라 구원의 능력과 더불어 하나님의 영광의 계시를 동시에 깨달아야 한다.

예정론온혜구원론에 맞서 이분법적 사고에 따른 '행위구원론'이 창궐하면서 그리스도의 온전한 복음을 훼손했던 것처럼, 십자가 구원에 맞선 부활

구원론을 마치 '완성된 구원론'인 양 선불리 들먹이는 것은 예수 그리스도의 복음을 훼손하는 배역이다. 우리의 구원은 예수 그리스도의 십자가를 통한 구속에 기인하며, 십자가의 대속으로 구원을 얻은 자에게 부활은 구원의 조건이 아니라 당연한 결실이다. 영생의 구원, 이른바 '부활'에 이르지 못하는 무능한 십자가를 입에 담는 것은 우리를 구원하시기 위해서 자기 생명을 바치신 예수 그리스도의 대속을 올곧게 믿지 못하는 것이며, 예수의 대속으로 우리를 구원하시려는 하나님의 은혜를 부정하는 궤변이다. 바울 사도의 말을 빌려 십자가의 능력을 다시 강조한다.

> "십자가의 도가 멸망하는 자들에게는 미련한 것이요, 구원을 받은 우리에게는 하나님의 능력이라" 고전1:18

끝없는 논쟁, 구속救贖은 종말론적 구원이 아니다

요즘 '부활구원론'에 대해서 많은 논란이 있고 나 역시 그에 대해 반론을 제기한 적이 있다. 당사자는 그런 용어를 사용하지 않았다고 주장하지만 어쨌든 원치 않는 오해가 있을 것 같아 다시 글을 올린다.

"십자가 죽음은 완전하지 않으며 부활이 구원의 완성이다"는 주장이, 그리고 "부활이 없는 십자가는 죽음에 지나지 않는다"는 주장이 부활구원론의 이론이라면 나는 여전히 그에 동의하지 않는다. 십자가 죽음은 단순한 죽음이 아니라 그 자체가 이미 구속을 위한 '대속제사'이기 때문이다. 물론 성경은 부활을 역사적인 사실인 동시에 영적인 능력권능으로 증거하며, 부활이 없으면 그리스도 신앙도 헛것이라고 말한다.

> "그리스도께서 만일 다시 살아나지 못하셨으면 우리가 전파하는 것도 헛것

이요 또 너희 믿음도 헛것이며 […]" 고전15:14

그리스도 신앙은 '구원 신앙'인 동시에 '부활 신앙'이다. 따라서 그리스도 신앙에서 부활을 부정하는 것은 구원 신앙이라는 '믿음' 자체를 부정하는 것이다. 그러나 부활의 소중한 의미를 강조하는 것이 어떤 경우에도 십자가를 '불완전한 복음'으로 치부하는 치명적인 오류가 되어서는 안 된다. 성경은 부활을 강조하는 만큼, 어쩌면 그 이상으로 십자가를 온전한 능력으로 주장하기 때문이다.

"십자가의 도가 멸망하는 자들에게는 미련한 것이요, 구원을 받은 우리에게는 하나님의 능력이라" 고전1:18

"모세가 광야에서 뱀을 든 것같이 인자도 들려야 하리니 이는 그를 믿는 자마다 영생을 얻게 하려 하심이니라" 요3:14-15

도대체 구원 신앙을 말하면서 우선순위를 구별하며, 기독교에서 가장 핵심적인 십자가와 부활을 대립시키는 이유가 무엇인가? 십자가와 부활 가운데 어떤 것이 더 중요하다고 단정하는 오류는 어디서 비롯된 것일까? 개인의 주관적인 신앙관을 비롯해서 여러 이유가 있을 수 있겠지만, 용어에 대한 부정확한 정의가 원인이라는 사실을 지적해야 한다. 즉, 죄 사함을 통해 사망의 권세에서 해방되는 '구속'과 종말론적 '구원'을 구별하지 못한 오류에서 비롯되었다는 말이다.

예수께서 우리 죄를 대속하기 위해서 자신의 생명을 제물로 바친 십자가는 '완전한 제사'로서 그것은 지금 여기서, 그리고 예수의 재림 때 일어나는 '종말의 구원'이 아니라 '구속 사역'의 완성이라는 사실을 인정해야 한다. 즉, 예수 그리스도의 십자가 대속으로 말미암아 우리를 구원하기 위해서 하나님께서 그의 아들 예수를 세상에 '보내시고', '내어주신' 구속사역은 완성되었다.

십자가에서 숨을 거두시는 순간 예수께서 '다 이루었다!'고 선언하신 것은 그 순간에 모든 인류가 구원을 받았다는 말이 아니라, 인류가 구원을 얻기 위한 전제로서 예수께서 감당하신 구속 사역을 다 이루었다는 것이다. 죄로 말미암아 하나님과 단절되며, 하나님을 배역했던 인류의 죄를 그리스도의 보혈로 씻어주시고, 하나님과 단절됐던 관계를 회복하는 예수의 대속이 없었다면 지금까지 우리는 여전히 하나님과 단절된 상태이기 때문에 우리에게 구원이 있을 수 없다.

그러나 2000년 전의 십자가 대속, 이를테면 예수 그리스도에 의한 십자가의 구속사역이 오늘날 우리에게 하나님 나라의 영원한 구원을 보장하지 못한다. 나와 1:1의 직접 연관이 없는, 다시 말해 인류를 위한 예수 그리스도의 객관적인 구속은 역사적이며 보편적인 사건으로 구원에 이르는 가능성을 제시한 것이로되, 그 자체가 지금의 우리를 위한 개인적이며 구체적인 구원이 아니기 때문이다.

"예수를 믿음으로 말미암아 구원을 얻는다"는 말이 무엇을 의미하는가? 이는, 십자가 대속만으로 우리의 구원이 완성된 것이 아니라는 말이다. 십자가 대속을 통한 구속사역이 오늘날 우리의 구원이 되기 위해서 우리는 예수를 믿고 그의 계명에 순종함으로서 구속을 '지금 여기서', 그리고 상차 예수의 재림 때에 우리를 위한 구원으로 '현재화, 개인화' 하는 실천적인 신앙이 요구되는 것이다.

다시 강조하지만, "믿음으로 말미암아 구원을 얻는다"는 말의 의미를 깊이 묵상하라. 이 말씀은 예수 그리스도의 대속으로 우리가 구속받았고, 구속받은 우리가 믿음으로 말미암아 구원받는다는 의미가 아닌가. 예수 그리스도의 십자가는 완전한 제사로서, 인류의 죄를 대속하는 구속사역은 십자가의 죽으심으로 이미 완성되었다. 그러나 영생의 구원을 얻기 위해서 우리는 과거의 대속사건을 넘어 '지금, 여기서' 예수를 믿고, 하나님의 아들을 '그리스도'로 영접해야 한다.

'예수를 믿는다'는 말의 진정한 의미가 무엇인가? 이 질문에 대한 분명한 답이 바로 십자가와 부활의 무의미한 논란을 잠재울 수 있는 근거가 될 수 있을 것이다. 물론 '믿음'의 정의에 대해서 수많은 이론이 있지만, 믿음이란 예수께서 우리에게 계시하신 복음을 온전히 받아들이는 것이라는 주장에 어떤 사람도 반론을 제기하지 않는다. 즉, 복음Good News이라는 말 자체가 이미 구원의 복음을 일컫는다.

그렇다면 복음은 무엇인가? 이에 대해 예수께서 우리를 구원하시기 위해서 세상에 오셨다는 '탄생'에 초점을 맞추는 주장이 있는가 하면, 공생애의 사역을 통해 '본'을 보이시며 구원의 길을 제시하셨다는 주장, 그리고 십자가의 대속과 복음을 일치시키는 주장과 더불어 부활을 통해서 복음이 완성되었다는 이론까지 다양한 주장들이 있다.

모두가 복음이기 때문에 이들 가운데 어떤 주장도 거짓이 아니다. 문제는 특정한 하나의 이론에 초점을 맞추면서 다른 주장을 부수적인 이론으로 의미를 축소하는 것이다. 그러나 예수는 '하나'의 온전한 그리스도이며, 그리스도의 복음은 어떤 특정한 사건이 아니라 총체적인 관점에서 예수 자체이다. 탄생부터 시작해서 공생애의 삶과 사역, 그리고 십자가의 대속과 부활에 이르기까지 모든 것이 합하여 그리스도의 복음을 이루기 때문이다.

결국, 우리가 구원을 얻기 위해 복음을 듣는 것은, 이를테면 구원의 복음을 믿는다는 것은 십자가 대속에 치우치거나 부활의 능력을 배타적으로 강조하는 것이 아니다. 십자가 대속은 예수의 생명을 바치면서 마침내 하나님의 사랑을 온전히 계시하신 '구속사역'의 완성으로, 은혜로 말미암아 인류를 구원하기 위한 가능성을 제시한 '복음'이다. 그리고 부활은 언약에 따른 역사적인 구속 사역이 아니라 영생에 이르는 구원의 복음을 우리에게 확증하는 사건으로서 예수께서 친히 '잠자는 자들의 첫 열매'를 보여주신 영적이며 육신적인 계시다. 예수 그리스도의 부활을 전파하며 바울이 특히 강조했던 다음 구절을 주목하라.

> "그리스도께서 다시 살아나신 일이 없으면 너희의 믿음도 헛되고 너희가 여전히 죄 가운데 있을 것이요 또한 그리스도 안에서 잠자는 자도 망하였으리니, 만일 그리스도 안에서 우리가 바라는 것이 다만 이 세상의 삶뿐이면 모든 사람들 가운데 우리가 더욱 불쌍한 자이리라. 그러나 이제 그리스도께서 죽은 자 가운데서 다시 살아나사 잠자는 자들의 첫 열매가 되셨도다."롬15:17-20

"만일 그리스도 안에서 우리가 바라는 것이 다만 이 세상의 삶뿐이면 [...]". 이 구절에서 바울은 예수의 부활을 말하는 동시에 예수를 믿는 자의 부활을 말하고 있는 것이다. 이를테면 바울은 부활을 통한 구속사역의 완성을 말한 것이 아니며, 예수의 부활을 말하면서 예수 그리스도를 믿는 우리에게 예수처럼 부활이 있다는 '부활신앙'의 진리를 증언한 것이다.

요컨대 '구속'과 '구원'을 혼동하지 않고, 부활의 신비를 넘어서 계시적 메시지를 분명히 파악하는 것이 구원에 관한 소모적인 논쟁을 마무리하는 길이 될 것이다. 십자기 없이, 또는 부활 없이 구원이 없다는 주장은 엄밀히 말해서 정확한 표현이 아니다. 십자가와 부활은 하나의 복음이며, 하나의 완전한 복음을 믿지 않는 자에게 구원이 없다는 말이다.

복음은 십자가와 부활의 우선순위를 구별하는 것이 아니다. 부활을 믿지 않는 자에게 구원이 없는 것처럼, 십자가의 대속을 믿지 않는 자에게도 구원이 있을 수 없다. 오직 예수 그리스도를 믿음으로 말미암아, 그리고 예수께서 우리에게 전하신 복음을 온전히 믿음으로 말미암아 우리에게 영생의 구원이 있는 것이다.

‘십자가 구속’과 ‘부활 복음’의 우선순위? – 무의미한 논쟁

과연 ‘십자가 구속론’과 ‘부활 복음론’의 우선순위나 우월성을 두고 서로 치고 박으며 그토록 험악하게 싸울 일인가? 예수는 십자가의 죽으심을 통해 ‘완전한 제사’로 우리의 죄를 ‘대속’하셨고, 우리를 대속하신 예수께서 탄생, 공생애사역, 죽으심, 부활을 통해 우리에게 전하신 구원의 복음을 온전히 믿을 때, 비로소 믿음으로 말미암아 구원에 이른다고 성경에 기록된 그대로 말하면 되지 않는가.

십자가 구속과 부활 복음은 모두가 ‘구원의 전제’로서, 결코 대립되거나 모순일 수 없다. 물론 ‘부활 복음’이라는 말이 단지 부활만을 복음의 전부인 양 왜곡하거나 과장하지 않아야 하며, 복음의 완성이 예수 그리스도 사역의 마지막 단계인 부활을 통해 이루어진다는 전제가 반드시 필요하다.

죄로부터 해방되는 구속이 없다면 당연히 구원이 없기 때문에 구원은 반드시 구속을 전제한다. 그러나 사회구원도 결국 개인 구원을 통해 구체적으로 실현된다는 의미에서, 그리고 구원이 개인적인 차원에서 얻는 신앙의 결실이라면 엄밀히 말해서 ‘구속’과 ‘구원’은 의미가 다르다. 구속의 올바른 정의는, “예수 그리스도의 십자가 보혈로 인류의 죄를 씻었다”는 말이며, 사전적인 의미에서 ‘구속救贖’은 ‘대속代贖’과 동의어이다.

자신의 ‘몸’을 ‘대속제물’로 바친 예수 그리스도의 ‘대속제사’를 성경은 ‘완전한 제사’라고 말한다. 그러나 여기서 말하는 완전한 제사는 ‘완전한 구원’, 이를테면 예수의 재림과 더불어 개인에게 주어지는 영원한 생명의 종말론적 구원을 일컫는 것이 아니다. 십자가 구속은 영생의 구원에 이르는 복음의 능력인 동시에, 구원의 길에 들어설 수 있는 '자격'을 얻는 것이다. 줄곧 혼용하는 경우가 많지만, 두 단어의 의미를 엄밀히 구별한다면 구속이 그 자체만으로 구원의 완성이 아니라는 말이다.

결론에 앞서 미리 말하면, 완전한 제사는 구약시대에 짐승을 제물로 바치는 '불완전한 제사'와 구별되는 이름이며, 그것이 '완전한 구원'을 가리키는 것은 아니다. 예컨대 예수의 대속으로 성소의 휘장이 갈라졌다는 것은 그 자체만으로 개개인이 이미 완전한 구원을 받았다는 것이 아니다. 그와 달리, 더 이상 구약시대처럼 제사장의 중재를 거치지 않고, 예수 그리스도의 대속으로 말미암아 '만인'이 각각 제사장이 되어 하나님께 나아갈 수 있다는 말이다.

신약시대는 우리들 자신이 이른바 '만인제사장'이 되었다. 그러나 예수의 죽음과 더불어 휘장이 찢어졌다는 말은, 우리가 예수의 죽음과 함께 성소에 들어가서 하나님과 만났고 전적인 구원을 얻었다는 의미가 아니다. 휘장이 위에서 아래로 갈라진들, '내가' 하나님께 나아가 죄를 고백하고 용서받을 수 있다는 분명한 믿음의 순종, 그리고 개인적인 믿음의 결단이 없다면 성소의 휘장이 갈라졌다는 것이 도대체 무슨 의미가 있는가.

요컨대 2000년 전에 예수 그리스도의 대속으로 '옛날에, 거기서' 우리의 구체적인 죄가 모두 용서받은 것이 아니다. 만약에 대속으로 인해 이미 우리의 구체적인 죄를 모두 용서받았고 영생의 구원에 이르렀다면 2000년이 지난 오늘에 이르러 새삼 구원을 얻기 위해서 그리스도 신앙을 가져야 하는 이유가 없다. 그래도 신앙이 필요하다고 주장하는 것은, 사실상 기독교 신앙을 예수 그리스도의 구원 신앙이 아니라 도덕과 윤리를 강조하는 '인간의 철학'에 일치시키는 오류에 지나지 않는다.

우리는 믿음으로 말미암아 구원을 얻는다. 그러나 그것은, 대속의 보편적인 은혜를 넘어서 개별적인 믿음의 순종으로 말미암아 비로소 완전한 구원에 이를 수 있다는 말이다. 물론 구원에 이르는 그리스도인의 신앙은 인간의 의지가 아니라 하나님의 은혜에서 비롯되지만, 2000년 전의 대속이 그 자체만으로 2000년이 지난 '지금, 여기서' 우리의 완전한 구원이 될 수 없다는 말이다.

반면에, 부활의 능력이 아무리 위대한들 십자가 대속으로 예수께서 '완전한 제사'를 드리지 않았다면, 그래서 죄인인 인류가 하나님과 '아버지와 아들'로서 온전히 관계가 '회복'되지 않았다면 우리는 여전히 죄인의 신분으로 감히 하나님께 나아갈 수 없다. 죄로 더럽혀진 자가 죄를 용서받지 못한 채 하나님께 나아간다면, 그에게 돌아오는 것은 죽음뿐이다.

구약시대에 죄인들을 위해서 속죄제를 드리는 대제사장도 짐승의 피로 자신의 죄를 먼저 속죄한 다음에 성소에 들어가서 백성의 죄를 속죄할 수 있었다. 죄인이 하나님의 거룩한 성소를 더럽힐 수 없으며, 성소를 더럽히는 자는 죽을 수밖에 없는 대속제사의 원리가 있었기 때문이다. 예수께서 우리의 죄를 대속하심으로 우리는 하나님과 단절되었던 관계를 회복하고, 그로 말미암아 담대히 하나님께 나아가 자신의 죄를 고백하고, 죄에서 돌이키는 회개로 말미암아 마침내 '영생의 구원', 이른바 '완전한 구원'에 이를 수 있는 것이다. 다시 말하지만, 구속과 구원은 불가분의 관계일망정 동의어는 아니라는 말이다.

나는 다른 사람들의 논쟁에 좀처럼 끼어들지 않는다. 각자의 주장에 나름대로 일리가 있기 때문에 섣불리 다른 사람들의 의견이 틀렸다고 단정하기 전에 서로 다른 생각들을 다른 관점에서 수용하지 않을 수 없다고 생각하기 때문이다. 그러나 '십자가 구원'을 주장하는 자들과 부활복음을 주장하는 자들이 마침내 파당을 지어 서로 이단이라며 물고 뜯더니, 이제는 '성명전'까지 펼치는 진흙탕 싸움을 보다 못해 한 마디 한다. 독자들이 그런 글들을 읽으면서 신앙에 도움을 얻기는커녕, 혼란만 가중될 뿐이라는 생각을 떨칠 수 없기 때문이다.

자기주장을 변론하기 위해서 '다른 복음'을 끌어들이면서 마치 "십자가가 구원의 완성이기 때문에 부활 복음을 믿지 않는다"라고 주장하거나, "부활이 비로소 복음의 완성이기 때문에 십자가 대속을 온전히 믿을 수 없다"면, 서로에게 이단의 낙인을 찍을 것도 없이 모두가 이단이라는 말을 하지 않을 수 없다.

십자가는 완전한 제사로서 분명히 '대속제사'이지만, 십자가의 대속을 통한 '구속'救贖만으로 우리가 구체적으로, 그리고 개인적으로 영생의 구원을 얻는 것은 아니다. 2000년 전의 대속이 오늘날 우리의 실제적인 구원이 되기 위해서는 예수 그리스도를 믿음으로 말미암아, 그리고 예수를 하나님의 아들이시며 그리스도라고 '영접'해야 하는 명백한 전제前提가 있다.

싸움이 치열하게 벌어지다 보니 이제 이전의 주장들까지 끌어들이며 인신공격마저 마다하지 않는다. 한쪽에서 말한, "십자가에서 죽으신 예수의 육신도 썩었다"는 주장에 대해 격한 반론이 제시되면서 치열한 공방이 벌어지고 있다. 한쪽의 주장은, 예수도 육신을 지닌 인간의 몸으로 세상에 오셨고 우리와 똑같은 인성을 지니신 분이기 때문에 죽은 그의 육신도 음부무덤에 있었던 '사흘 동안' 마땅히 썩는 과정을 거쳤다는 것이다. 그리고 반대쪽 주장은, 성경에 분명히 예수의 육신이 썩지 않는다고 기록되었기 때문에, 예수의 몸이 썩었다고 주장하는 것은 이단적인 해석인 동시에 신성모독이라는 것이다.

> "이러므로 내 마음이 기쁘고 내 영광도 즐거워하며 내 육체도 안전히 거하리니. 이는 내 영혼을 음부에 버리지 아니하시며 주의 거룩한 자로 썩지 않게 하실 것이다"시16:9–10

"이는 내 영혼을 음부에 버리지 아니하시며 주의 거룩한 자로 썩음을 당하지 않게 하실 것임이로다" 행2:27

"미리 보는 고로 그리스도의 부활하심을 말하되 저가 음부에 버림이 되지 않고 육신이 썩음을 당하지 아니하시리라 하더니 이 예수를 하나님이 살리신지라. 우리가 다 이 일에 증인이로다" 행2:31

텍스트의 일부를 발췌해서 자기주장을 합리화하는 경우를 '전거'典據, proof-texting이라고 한다. 자신의 개인적인, 또는 자의적인 주장을 정당화하기 위해서 특정한 텍스트를 근거로 제시하면서 자의적으로 해석하는 '일탈'을 일컫는 언어학적 용어다. 실제로, "주의 거룩한 자로 썩음을 당하지 않게 하실 것임이로다"는 구절을 보면 예수의 육신이 썩지 않았다고 해석할 수밖에 없어 보인다. 사실인즉, 거룩하신 예수의 육신이 썩고 부패했다는 것은 생각만 해도 끔찍한 일이 아닐 수 없다. 그런 예수를 그리스도로, 거룩한 신성을 지니신 우리의 구원자로 믿는다는 것이 어쩌면 유대인들이 그랬듯이 '심히 거리끼는' 일이 아닐 수 없다.

그러나 진실을 말하기 위해서는 '있는 그대로' 말해야 한다. 예수의 육신이 죽은 다음에도 썩지 않는다면 그것은 인간의 육신이 아니며, 인간의 육신이 아니라면 예수는 우리와 성정이 같은 인간의 몸으로 세상에 오신 것이 아니다. 결국 예수의 인성을 송두리째 부정하지 않을 수 없다는 말이다. 그래서 예수는 인간의 허울만 쓰셨을 뿐 사실은 인간이 아니었다고 누군가 말했던 것이 아닐까? 예수의 신성을 강조하기 위해서 인성을 부정하는 이런 '거룩한'(?) 주장을 들어본 기억이 없는가?

이는 기독교 역사 이래 가장 대표적인 이단인 '영지주의'의 대표적인 주장이다. 영지주의자들은 심지어 예수가 '월경이 없는' 정결한 여자의 몸에서 태어났다며, "마리아가 처음부터 끝까지 '영원한 동정녀'이다"라는 허무맹랑한 주장까지 서슴지 않는다. 외경서 '베드로 복음'을 보면, 예수는 십자가에서 고통을 받으시기는커녕 제자들을 보며 싱긋 '웃으셨다'고 기록되었다. 신성을 지니신 예수에게 십자가의 처참한 고통이 있을 수 없다는 영지주의의 끔찍한 신념이다.

그렇다면, 십자가의 처절한 죽음을 앞둔 겟세마네의 기도가 사실은 가증스런 '쇼'이며, 자기를 낮춰 종으로 오셔서 죽기까지 복종하시기 위해서 비천한 인간의 몸으로 오셨다는 성경은 허구가 된다. 이것이 사실이라면 결국 성경은 '픽션'으로, 누군가 말했듯이 '재미있는 이야기책'에 지나지 않는다는 말이 아닌가.

오래 전에 '신이 된 예수'의 후기에서 '예수의 특별한 신성'이라는 주제로 말했던 적이 있지만, 예수가 인간의 몸으로 세상에 오신 이유는 다만 전지전능의 초월적인 신성을 드러내시기 위함이 아니다. 단지 전능하신 하나님을 계시하기 위해서라면 하나님이신 예수께서 굳이 인간의 몸으로 세상에 오실 하등의 이유가 없다. 구약시대에 익히 보았던 것처럼 거룩하신 하나님이 하늘에 그대로 계시면서 때로는 선지자를, 때로는 천사를 보내시고, 때로는 꿈과 이적으로 자신의 뜻을 계시하면 되지 않는가?

물론 태초부터 하나님과 함께 계신 예수 그리스도는 분명 하나님의 아들인 동시에 하나님과 본체이신 삼위일체 하나님이시다. 따라서 예수 그리스도의 전지전능하신 초월적 신성을 부정하는 것은 명백한 이단이다. 그러나 신약시대 그리스도인은 예수가 인간의 몸으로 세상에 오신 특별한 이유에 주목해야 한다.

그것은, 전지전능의 초월적 신성을 계시하시기 전에 세상의 인간과 더불어 살면서 인자로서 '새로운 언약'을 맺기 위함이다. 그리고 신약시대 '새 언약'은 예수를 믿는 자에게 영원한 생명의 구원을 주시기 위함이다. 그래서 예수는 신약시대에 새 언약의 백성에게 '새 계명'을 주셨으며, 새 계명은 '서로 사랑하라'는 절대계명이다. 예수의 특별한 신성은 전능의 초월적 신성 이전에 온전한 사랑이라는, 인간의 몸으로 그리고 인간의 삶으로 예수께서 계시하신 '실존적 신성'이다.

육신을 입고 세상에 오신 이유에 대해서 예수는 제자들에게 "너희에게 본을 보이기 위함이다"라고 말씀하셨다. 이 말씀은 물론 예수께서 전지전능의 '본'을 보이시기 위해서 세상에 오셨다는 의미가 아니다. 그것은 위대한 신성일망정 신약시대 '그리스도인의 신앙'의 본질이 아니다. 예수가 제자들에게, 그리고 우리에게 본을 보이신 것은 육신을 입은 인간의 비천한 몸으로 오셔서 온유와 겸손의 멍에를 매시며, 세상을 섬기기 위해서 자기를 희생하며 오롯이 사랑을 실천하신 것이다. "너희는 서로 사랑하라. 내가 너희를 사랑한 것같이 너희도 서로 사랑하라"며 온전한 사랑을 실천하시기 위해서 예수는 기꺼이 살이 찢기며 피를 흘리는 처절한 육신의 고통을 감당하셨다. 요컨대 예수의 인성을 부정한다면 그리스도 신앙은 허구에 지나지 않는다.

그렇다면 "주의 거룩한 자로 썩음을 당하지 않게 하실 것임이로다"라는 구절을 어떻게 해석해야 하는가? 예수가 인간의 몸으로 오셨다면, 그리고 십자가에서 실제로 죽었다면 예수의 시체는 응당 썩을 수밖에 없다. 그러나 하나님은 예수의 육신이 썩고 부패하도록 가만히 내버려두신 것이 아니라, 금요일 오후에 십자가에서 죽으신 예수를 일요일 새벽에 무덤에서 부활시키셨다. 예수가 스스로 부활하신 것인가, 아니면 하나님이 부활시키셨는가 하는 논쟁은 다음으로 미룬다

우리의 육신은 일정한 시간이 지나면 썩고 부패할 수밖에 없다. 그러나 예수의 몸이 썩고 부패해서 형상을 알아볼 수 없게끔 그대로 내버려 두시지 않았다는 말로 해석해야 한다. 즉, 마지막 날에 모든 죽은 사람들이 심

판을 받을 때까지 내버려두신 것이 아니라, 즉각 다시 살리셔서 부활의 첫 열매가 되게 하셨다는 말이다. 부활하신 예수가 제자들에게 나타나셔서 못 박히고 창에 찔린 자신의 모습을 '있는 그대로' 보여주셨다. 그렇다면 우리가 죽은 예수의 몸에 대해서 말할 수 있는 범주는 예수께서 보여주신 '여기까지'이다.

이에 대해 어떤 사람들은 성경에서 벗어난 '자의적인 해석'이라고 비난할 수 있을 것이다. 뿐만 아니라 "만일 누구든지 이것들 외에 더하면 하나님이 이 책에 기록된 재앙들을 그에게 더하실 터이요"계22:18 저주받고 멸망당할 터이요히6:6라는 구절을 들이대며 '기록된 대로' 받아들이지 않고 성경을 곡해하는 '이단'이라고 주장하는 자도 있음직하다.

성경에 기록된 '문자' 그대로 성경을 '근본적으로' 이해해야 한다면 위에 인용한 본문은 처음부터 모순이나 오류가 아닐 수 없다. "이는 내 영혼을 음부에 버리지 아니하시며 주의 거룩한 자로 썩음을 당하지 않게 하실 것임이로다"에서 앞부분, "이는 내 영혼을 음부에 버리지 아니하시며"는 도대체 어떻게 해석하려는가? 음부가 지옥을 말하는 것이라고 간단히 얼버무리려는가? 지옥에 관한 논쟁까지 판을 벌일 수 없다. 그러나 성경에서 말하는 '음부'가 천당과 구별되 지옥의 개념으로, 이른바 타계他界라는 주장에 나는 선불리 동의하지 않는다.

물론 '부자와 거지 나사로의 비유'에서 보았듯이 예수께서 말씀하신 천당과 지옥이 실제로 타계다른 세상에 존재할 수 있다. 그러나 상징적인 비유가 구체적인 실세가 되기 위해서는 화자의 담론에 대해 보다 깊은 연구와 논거가 필요하다. 어쨌든, 성경이 명시적으로 말하는 음부는 '무덤'을 가리키며, 그것은 지옥이라는 타계가 아니라 '죽음'의 상징적 표현이다. 이처럼 음부가 타계의 지옥이 아니라 무덤을 말하는 것이라면 상황은 급반전된다. 예수는 죽으셨고, 장사지내기 위해서 분명히 이틀 동안 음부에 있었기 때문이다.

그런데 성경 본문은 분명히 "이는 내 영혼을 음부에 버리지 아니하시며…"라고 말하고 있다. 분명히 죽은 예수께서 음부에 들어가셨는데 '음부에 버리지 않는다'고 기록하고, 분명히 죽었는데 "육신이 썩음을 당하지 아니하시리라"고 기록한 것은 도대체 무엇을 의미하는가? 담론의 메시지를 제대로 분석하기 위해서는 문자적인 해석에 갇히지 말고 문자가 의미하는 심층 메시지를 파악해야 한다.

예수는 십자가에서 분명히 죽으시고 또한 음부무덤에 들어가셨지만, 하나님은 음부에서 썩도록 내버려두시지 않고 다시 살리셔서 부활의 첫 열매가 되게 하셨다는 의미로 이해해야 한다. 요컨대 예수의 육신이 썩었다, 또는 썩지 않았다라고 인간의 언어로 섣불리 단정 짓는 것은 신앙의 관점에서 사실상 아무런 메시지도 제시하지 못하는 '허접한 말장난'에 지나지 않는다.

기존의 주장과 사뭇 다른 이런 해석과 적용이 전적으로 옳다고 주장하려는 것이 아니다. 문체론적 분석에 따른 해석이 다양한 신학적 관점에서 볼 때 얼마든지 다르거나 틀린 부분이 있을 수 있을 것이다. 다만, '십자가 구원론'이니, 부활 구원론'이니 거침없이 말하면서 자신들의 일방적인 주장을 마치 유일한 진리인 양 섣불리 '선포'하지 말라는 말이다.

예수 그리스도는 거룩하신 하나님의 아들이신 동시에 태초부터 하나님과 함께 계셨던 삼위일체 하나님이시다. 그토록 존귀하신 예수께서 인간의 몸으로 세상에 오셔서 모진 고통과 수욕을 당하시며 마침내 죽기까지 하나님의 뜻에 복종하셨다. '죽기까지'라는 말은 결국 그가 인간의 육신을 지녔다는 명백한 증거이다. 예수께서 인간의 육신을 지녔다면 응당 인성을 지니신 것이며, 인성을 지닌 존재는 당연히 썩고 부패할 수밖에 없는 불완전한 존재이다.

그럼에도 예수가 하나님이신 것은, 불완전하고 비천한 인간의 몸으로 오셔서 마침내 지극하신 사랑을 통해 하나님의 본성을 온전히 계시하셨기 때문이다. 또한 하나님이 그를 아들로 삼으셨고, 아들이신 예수께 '하늘과 땅의 모든 권세'를 주셨기 때문이다. 인간의 어설픈 언어와 이성으로 예수를 함부로 '재단'하려 들지 말고 '있는 그대로' 예수를 전하라. 예수는 사랑의 본성을 지니신 하나님의 뜻에 따라 인간의 몸으로 있는 그대로 사랑을 실천하신, 우리의 전능하신 그리스도이시며 하나님이시기 때문이다.

6장·은사의 오류

'특별한 은사'에 열광하는 교인들

신비한 능력으로 병을 고치고, 귀신을 내쫓고, 죽은 사람을 살리고… 예수 그리스도와 초대교회의 사도들에게서 보았듯 은사는 사역을 감당하기 위해서 나름대로 필요한 영적 도구이다. 그리고 오늘날에도 은사를 받은 사람들은 영적인 능력뿐 아니라 성령이 충만한 사람으로 인정받기 때문에 너나없이 은사를 원한다. 자신에게 특별한 은사가 있다면 하나님의 은혜로 말미암아 성령을 받았다고 스스로 확신할 수 있기 때문에 은혜 받은 그리스도인의 증거라고 생각하고 한껏 가슴이 벅차오른다.

누군가, "나는 은사 따위는 필요 없어. 순종하는 믿음이 있으면 충분해!"라고 외친다면 그것은 자신의 영적 무능을 애써 숨기려는 의도 때문이거나, 능동적인 사역보다는 수동적인 복종에 만족하는 소극적 신앙일 수 있다. 그러나 특별한 영적 능력을 행사하는 은사가 바른 그리스도 신앙의 증거라고 섣불리 단정할 수 없다.

신비한 은사, 초자연적 능력은 그리스도인의 전유물이 아니다. 무당들도 종종 신비한 능력을 보이고, 다른 종교에서도 신비한 현상은 다반사이기 때문이다. 사실은 종교, 또는 영성이라는 말 자체에 이미 신비를 담고 있다. 신비가 없는 종교는 말이 좋아서 종교일 뿐 사실은 종교의 형식을 빌린 철학이나 사상에 지나지 않는다. 종교는 본질상 초월적 신비에서 벗어날 수 없다.

시퍼렇게 날이 선 작두 위에서 껑충 뛰며 춤을 추는 무당이 있는가 하면, 사람의 숨겨진 과거를 속속들이 알고 있는 '용한'(?) 점쟁이들도 적지 않다. 실제로 귀신들린 여자가 이른바 '내림굿'을 받고나서 귀신이 떠난 경우도 심심찮게 볼 수 있다. 허접한 미신들 뿐 아니라 고등종교라고 말하는 불교나 힌두교, 이슬람에서도 신비한 현상들은 어렵잖게 목격된다. 기독교가 아닌 다른 종교를 믿는 사람들이 하나같이 정신이 이상해서 그들의 신을 그토록 절실하게 믿는 것이 아니다. 그들은 나름대로 자신들의 두 눈으로 초월적인 신비를 똑똑히 보았고, 초자연적인 현상들을 겪었기 때문에 자신들의 신으로 굳게 믿는 것이다.

만약에 신비한 능력으로 영성의 우열을 판단한다면 영성은 거룩한 것이 아니라 초능력의 수준이 영성의 판단기준이어야 한다. 그러나 세상에서 흔히 보는 종교들의 영성과 달리 그리스도의 영성은 결코 그렇지 않다. 예수께서 도마에게 "표적을 본고로 믿느냐. 보지 않고 믿는 자가 복 되도다"라고 하신 말씀을, 그리고 "악한 세대가 표적을 원하나 내가 보일 표적은 요나의 표적 외에는 없느니라"고 하셨던 말씀을 가슴에 깊이 새겨야 한다. 신비주의에 천착하는 '표적신앙'은 사랑을 절대계명으로 받아들이는 그리스도인의 참된 신앙이 아니다.

요즘 기독교 안에서 '은사주의 운동'이 활개치고 있다. 성령의 역사라며 은사집회를 곳곳에서 열면서 '성령의 기름부음'을 선보이고 있다. 마치 전류가 흐르듯 성령의 기름부음이 한 사람에게서 다른 사람으로 연이어 전파임파테이션:impartation된다고 주장한다. 기름부음을 받으면 사람들이 선 자리에서 정신을 잃고 쓰러지거나, 알아들을 수 없는 소리를 지르거나, 심지어 몸을 부들부들 떨면서 미친 듯 이상한 행동을 한다.

그것이 정말로 성령의 역사일까. 성령의 역사는 그렇게 비루하지 않다. 반면에 귀신들의 역사는 예외 없이 추하다. 성령의 역사가 추하지 않은 이유는, 사람의 눈길을 현혹하는 '이상한 현상'을 보이는 것이 성령의 역사가 아니기 때문이다. 그와 달리 잡신들은 '이상한 현상'을 마치 신비한 능력의 증거인양 호도하기 때문에 추하고 지저분한 것은 전혀 문제가 되지 않는다.

은사주의를 주장하는 사람들이 모두 거짓 능력을 펼친다고 생각하지 않는다. 실제로 그들이 남달리 특별한 능력을 지녔을 수도 있다. 그러나 그들이 주장하는 것이 다양한 종교들의 '영'일 수는 있을망정, 예수 그리스도의 성령이 아니라는 것은 분명하다. 그들의 '이상한 행동'은 성경적 근거가 없기 때문이며, 아무리 눈 씻고 살펴보아도 그들의 신앙에서 그리스도의 참된 영성을 느낄 수 없기 때문이다.

"표적을 보이라"고 소리쳤던 유대인들에게 예수께서 무슨 말씀을 하셨는지 기억하는가. 예수는 그들에게 주저 없이 '악한 자들'이라고 말씀하셨다. 물론 예수 시대와 오늘날은 분명히 다르다. 유대인들에게 표적은 예수가 그리스도라는 사실을 밝히는 증거인 반면에 오늘날 표적 신앙은 초월적 신비가 목적이며, 그들이 신비한 능력을 그토록 열망하는 이유는 초월적인 능력에 힘입어 자신의 병을 고치고, 자신의 결핍을 채우고, 자신의 욕망을 채우려는 기복신앙이며, 숨겨진 이기심 때문이다.

표적신앙에 천착하는 자들은 자신을 위해서, 그리고 자기가 중심이 되는 기복신앙을 지닌 자들이며, 탐욕에 쩌들고 속속들이 타락한 자들이다. 그들에게 하나님 사랑과 이웃 사랑의 절대계명이 무슨 의미가 있으며, 그리스도의 희생을 말한들 과연 따르겠으며, 온유와 겸손을 가르친들 과연 받아들이겠는가. 다시 말해 그들에게 아무리 그리스도의 계명을 전한들 아무런 의미가 없다. 자신의 탐욕이 신앙의 목적이자 자기가 신앙의 주인이 된 자들은 이미 그리스도를 '주'로 섬기는 진정한 그리스도인이 아니기 때문이다.

신비한 능력이라는 의미에서 은사는 그 자체가 선 또는 악이 아니라 가치중립이다. 사역의 도구로서 은사가 하나님의 뜻에 따라 '선하게' 사용될 때 비로소 가치 있는 성령의 은사가 되며, 자신의 욕망을 채우기 위해서 또는 자기 의를 과시하기 위한 영적 교만으로 은사(?)를 사용할 때 그것은 필연적으로 그리스도 신앙에서 일탈된 악한 도구가 될 뿐이다. 설령 신비한 능력을 은사라고 말한다 해도 사역의 도구인 은사가 결코 신앙의 목적이 될 수는 없다.

사랑을 '신비한 능력'에 섣불리 일치시킬 수 없기 때문에 사랑이 '최고의 은사'라는 주장에는 물론 논란의 여지가 있을 수 있다. 진정한 사랑은 자기가 죽고 다시 거듭날 때 비로소 얻을 수 있는 '놀랍고 소중한 신비'이며, 자신의 의지가 아니라 예수께서 은혜로 주시지 않으면 결코 체득할 수 없는 '특별한 가치'라고 생각하지만, 단지 신비한 초능력만을 은사로 생각하는 사람들에게 사랑은 성령의 은사가 아니라 아름다운 미덕, 또는 그리스도인의 도덕적인 성품에 지나지 않는다.

어쨌든, '사랑의 장'인 고린도전서 13장의 시작과 결론을 마음에 새겨야 한다. 숱한 은사를 열거하면서 바울은, "사랑이 없으면 은사는 아무 것도 아니다"라고 힘주어 말한다. 그리고 결론에서 "그 중에 제일은 사랑이라"고 말한다. 무슨 뜻인가? 그리스도 신앙의 본질은 은사의 자랑이 아니라 사랑을 알고, 사랑을 실천하며, 사랑을 전하는 것이다. 그것이 그리스도 신앙의 절대 계명인 동시에 구원의 유일무이한 조건이기 때문이다.

"성령을 받은 자는 동시에 신비한 은사를 받고, 그런 은사를 받은 자라야 '믿음'의 증거가 되기 때문에 예수를 믿는 자로서 구원을 받을 수 있다"는 허튼 주장에 현혹되지 말라. "사랑은 언제까지나 떨어지지 아니하되 예언도 폐하고 방언도 그치고 지식도 폐하리라". 여기서 바울은 세 가지 은사를 예로 들었지만, 이는 대표적인 은사들을 제시한 것이다. 이를테면 예언, 방언, 지식은 은사를 가리키며, 은사는 때가 되면 사라지는 일시적인 도구라고 말한 것이다. 은사는 영원불변의 진리가 아니며, "떨어지지 아니하는" 사랑만이 영원한 진리라는 가르침이다.

한국교회는 수많은 은사들 가운데 특히 방언에 관심이 뜨겁다. 은사주의자들이 다른 무엇보다 방언을 성령을 받은 뚜렷한 증거로 제시하기 때문일 것이다. 그러나 순복음교회에서 말하는 것처럼 방언의 은사를 받아야 성령을 받은 증거가 아니라 '사랑하는 자'가 성령을 받은 자의 뚜렷한 증거이다. 방언에 대한 논쟁이 끊이지 않지만, 요즘 우리가 보고 듣는 방언은 성경에서 말하는 은사적인 방언이 아니다. 더욱이 성령집회에서 기술적으로 전수하는 방언은 심리적인 자극이나 충동에 지나지 않으며, 느닷없이 땅바닥에 쓰러지는 입신은 기氣운동이나 최면술에서도 흔히 보는 현상들이다.

은사를 부정하거나 은사의 의미와 가치를 폄하하려는 의도가 아니다. 어쨌든 은사는 매우 소중한 영적 도구이기 때문에 "사도 시대 이후에 은사가 사라졌다"는 주장에 무턱대고 동조하지 않는다. 그러나 은사를 구원의 증거인 동시에 영적인 능력으로 단정하는 '은사주의'에 빠지는 순간, 은사는 타락한 영적 도구로 전락할 수 있다. 마치 하나님의 말씀인 율법을 강조하다가 끝내 율법주의에 빠져 말씀을 버리고 조문條文을 따랐던 바리새인들, 이를테면 예수께서 '화 있을진저!'라며 저주를 마다하지 않았던 유대 바리새인들이 그랬던 것처럼 종교이념에 빠지는 것은 심각한 문제가 아닐 수 없다.

은사를 사모하되 자신의 신앙을 과시하거나 구원받은 증거로 삼기 위해서 허투루 은사를 구해서는 안 된다. 가시적인 은사는 얻을 수 있을지 모르지만 그리스도인의 참된 영성을 잃기 때문이다. 자기 의를 한껏 뽐낼 수 있을지 모르지만 하나님의 진정한 은혜는 사라지고 만다. 하나님의 은혜는 하나님의 뜻에 합당해야 하며, 하나님의 뜻은 신비한 은사가 아니라 하나님의 절대계명인 사랑이기 때문이다.

구원을 원하는 그리스도인은 오직 하나 '사랑'을 갈망해야 한다. 하나님을 사랑하고 이웃을 사랑하면서 사랑의 이중계명을 지키는 그리스도인은 이미 성령이 충만한 그리스도인이며, 구원받을 수 있는 그리스도인이다. 그래서 사도 요한은 그리스도인을 '사랑하는 자'라고 주저 없이 명명했던 것이 아닌가.

그리스도의 영은 사랑의 영이다. 은사가 있을망정 사랑이 없다면 그런 은사는 그리스도의 성령이 역사하는 거룩한 은사가 아니다.

'현대 방언'의 오류 – 영적 열등감!?

오랫동안 교회에 다니고 나름대로 열심히 신앙생활을 하면서도 정작 자신의 신앙에 대해서 열등감을 느끼는 사람들이 의외로 많다. 물론 우리는 너나없이 하나님 앞에서 무능하고 무지한 존재다. 상대적으로 좀 더 배우고 좀 더 실력 있는 사람들이 있을 수 있겠지만, 그것이 하나님 앞에서 도대체 무슨 의미가 있을까? 만약에 신앙의 성장과 성숙에 인간의 알량한 지식과 능력이 그토록 중요한 것이라면 하나님은 사역자를 선택하시면서 처음부터 유식하고 유능한 자를 골랐을 것이다.

그러나 성경 전체를 통틀어 남달리 유식해서 선택받은 자도 없거니와 특별히 탁월한 영성을 지니고 있기 때문에 선택받은 자도 없다. 본래 하나님이 '종'을 선택하는 기준은 '약한 자', '가난한 자', '죄인'이다. 유난히 불쌍해서 그들을 쓰시는 것이 아니라 하나님 앞에서 쓰임 받는 자는 무엇보다 겸손한 자여야 하며, 겸손한 자는 보란 듯이 내세울 게 없는 '작은 자'로서 하나님의 은혜가 없다면 결코 뜻을 이룰 수 없는 자이기 때문에 모든 영광이 하나님께 오롯이 돌려질 수 있기 때문이다.

이유인즉, 스스로 잘난 자는 자신의 영광을 느러내기 위해서 하나님을 이용하되 겸손한 자는 자신을 낮추며 오직 하나님의 영광을 드러내기 때문이다. 유명한 대형교회 목사들이 자신의 이름을 높이기 위해서 발버둥치는 가련한 모습을 줄곧 보고 있지 않는가? 요컨대, 겸손하지 않은 영성은 인간의 일탈된 교만을 자랑할 뿐 온유와 겸손을 강조하는 그리스도의 참된 영성이 아니다. 우리는 하나님 앞에서 자신의 나약함을 인정하고, 자신이 약할 때 강하게 역사하시는 하나님의 도우심을 간구해야 한다.

그러나 겸손을 스스로 낮아지는 것이라고 정의한다 해도 그것은 절대로 열등감의 동의어가 아니다. 겸손은 자신이 나약한 존재라는 사실을 숨김없이 인정하는 동시에 자유의지로 기꺼이 '낮아짐'을 의미한다. 반면에 열등감은 다른 사람들과 비교해서 부족한 자신의 처지를 한탄하고 불평하며, 심지어 다른 사람과 자신을 원망하는 영혼의 병적인 상태를 의미한다. 다시 말해 겸손한 영은 사랑과 은혜를 간구하는 그리스도인의 진실한 영이지만, 열등감은 다른 사람들을 배척하고, 미워하고, 질투하는 사탄의 파괴적인 영이다.

얼마 전에 '입신의식'에 대해서 글을 올린 적이 있었는데, 적잖은 댓글을 읽으면서 교인들의 영적인 열등의식을 발견하곤 적이 놀랐다. 어떤 사람은 방언에 대해서, 어떤 사람은 다른 은사들에 대해서 자신의 영적 무능을 토로하는데, 그런 글들을 읽으면서 마음이 불편했고 뭔가 다시 글을 올려야 되겠다고 생각했다. 이 글의 주제가 '은사론'이 아니기 때문에 은사에 대해서 일일이 말하는 건 적절하지 않다는 생각이다. 다만, 많은 사람들이 은혜, 또는 은사의 구체적인 증거라고 생각하는 방언에 대해서 간단히 말하고 싶다.

숱한 은사들 가운데 방언은 가시적으로 뚜렷이 드러나기 때문인지 사람들이 더욱 관심을 두는 듯하다. 그러나 '가시적'이라는 말의 함정에 빠지지 않도록 마음을 단단히 다잡아야 한다. '가시적'이라는 말은 결국 '본 고로 믿는' 표적 신앙과 다르지 않기 때문이다. 자신에게서 특별한 표적을 보기 원하는 무리의 요구에 예수께서 "악한 세대가 표적을 원한다!"라고 엄히 꾸짖으셨다. 자신이 원하는 방언이 진정한 의미에서 사역을 위한 은사인지, 아니면 자기를 능력 있는 신자로 돋보이게 하려는 바람인지 스스로에게 묻고 진지하게 고민할 필요가 있다.

은사의 어원적인 의미는 은혜와 동일하지만 실제 용례에서 분명히 달리 쓰이고 있다. 은혜가 보편적이며 영적인 의미를 지니는 반면에 은사라고 말할 때는 개별적이며 실제적인 능력을 일컫는 경우가 많다. 어쨌든, 많은 사람들이 은사는 '하나님이 개인에게 주시는 특별한 영적 능력'과 동일한 의미로 받아들인다. 용어의 바른 정의에 대한 논쟁은 뒤로 하고, 우선 은사의 기본적인 성격에 대해서만 간단히 정리한다.

은사는 하나님이 개인에게 주시는 특별한 능력인 동시에 사역자로서 '주를 세상에 전하기 위해서' 다른 사람들에게 베풀기 위한 능력을 의미한다. 예컨대 바울은 숱한 기적을 행사했고 심지어 죽은 자를 살리는 기적까지 보여주었지만, 자신의 어떤 능력과 탁월한 은사로도 끝내 자기 몸에 있는 '육체의 가시'를 제거하지 못했다. 은사는 자신을 위한 영적 도구가 아니거니와 자신의 신앙을 과시하는 증거도 아니라는 말이다.

방언에 제한해서 정리한다면, 원래 방언은 요즘 사람들에게서 흔히 보는 것처럼 '도무지 알아 들을 수 없는 이상한 소리'가 아니다. 말 그대로 방언方言으로서 외국어foreign language이며, '다른 언어들'행2:4로 말하되 그 말을 듣는 사람들이 자기가 태어난 '지역 언어'로 듣는다. 다시 말해 성경적인 의미에서 방언은 신비한 언어 능력'을 의미하지만, 그것은 '혼잣말'이 아니라 서로 소통되는 분명한 언어다.

> "그들이 다 성령의 충만함을 받고 성령이 말하게 하심을 따라 다른 언어들로 말하기를 시작하니라[…] 보라 이 사람들이 다 갈릴리 사람이 아니냐. 우리가 우리 각 사람이 난 곳 방언으로 듣게 되는것이 어찌 됨이냐. 우리는 바대인과 메대인과 엘람인과 또 메소보다미아, 유대와 갑바도기아, 본도와 아시아, 브루기아와 밤빌리아, 애굽과 및 구레네에 가까운 리비아 여러 지방에 사는 사람들과 로마로부터 온 나그네 곧 유대인과 유대교에 들어온 사람들과 그레데인과 아라비아인들이라. 우리가 다 우리의 각 언어로 하나님의 큰일을 말함을 듣는도다 하고 다 놀라며 당황하여 서로 이르되 이 어찌 된 일이야 하며 또 어떤 이들은 조롱하여 이르되 그들이 새 술에 취하였다 하더라" 행2:7-13

외국어를 전혀 모르는 갈릴리 사람이 성령에 이끌려 방언으로 말하는 순간, 예루살렘에 모였던 디아스포라 유대인들이 자기가 살고 있는 지방의 언어로 그 말을 알아들었다는 내용이다. 다시 말해 갈릴리 언어가 십여 개의 외국어로 동시에 통역되는, 이른바 지금의 방언과는 근본적으로 다른 언어행위로서 말 그대로 신비한 능력을 지닌 은사이다.

드물기는 하지만 지금도 방언을 하고 통역하는 사람들이 있다고 한다. 그러나 같은 방언을 통역할 때마다, 그리고 통역하는 사람마다 내용이 다르다는 것은 방언과 통역의 신뢰성을 의심하게 한다. 어쨌든 그런 주장의 진위를 떠나서, 요즘 방언이라고 말하고 방언의 은사를 받았다고 말할 때의 방언과 초대교회의 실제 은사로서 방언은 같지 않을 뿐 아니라 성격 자체가 근본적으로 다르다.

더욱 중요한 것은 "우리가 다 우리의 각 언어로 하나님의 큰일을 말함을 듣는도다"라는 구절에서 알 수 있듯이 초대교회의 방언은 사역의 도구로서 은사의 본질적인 성격에 합당하게 '다른 사람들을 위한' 것이다. 즉, 고대 이스라엘의 언어를 모르는 사람들이 자신들의 토착 언어로 '말씀'을 알아들을 수 있는 은사로서 방언은 신비할 뿐 아니라 실제적인 능력임에 틀림없다. 반면에 요즘 방언은 자신을 위한, 자신에 의한, 자신의 개인적인 '이상 현상'에 지나지 않는다. 따라서 현대 방언을 두고 신비한 영적 능력, 또는 특별한 은사의 증거인양 과장하는 것은 전혀 성경적 근거가 없는 허튼 주장이다.

물론 같은 초대교회라도 바울의 서신들을 보면 방언에 대해서 오순절에 다락방에서 제자들이 했던 최초의 방언과 달리 표현한다. 오순절 다락방의 방언과 다르게 바울은 고린도 교회의 교인들의 '알아들을 수 없는 소리'도 방언이라고 말하지만, 그것조차 오늘날 방언과는 분명히 다르다는 사실을 인정해야 한다.

바울은 방언에 대해서 말하기를, "통역할 수 없거든 다른 사람들을 방해하지 말고 혼자 있는 곳에서 따로 방언으로 기도하라"고 명령한다. 이 말이 무슨 뜻인지 깊이 새겨야 한다. 통역할 수 없는 방언, 이를테면 소통이 불가능한 방언은 사역의 도구로서 전혀 의미가 없기 때문에 엄밀히 말해서 능력이 있는 은사가 아니며, 따라서 성령의 은사가 아니라는 것이다.

어떤 교단에서는 방언의 은사를 받지 않은 사람은 성령 세례를 받지 못한 사람이며, 따라서 구원의 은혜를 온전히 받은 그리스도인이 아니라고 섣불리 단정한다. 그들이 방언을 통해서 그리스도인의 영성과 은혜를 얼마나 드러내는지 모르지만, 곁에서 방언을 들으면서 그들이 정녕 성령 받은 특별한 그리스도인이라고 생각해본 적이 없다. 다시 강조하지만, 성령의 능력에 의한 은사는 사역을 위한 도구이기 때문에 자기만 알아들을 수 있는 이상한 소리가 아니라, 누구든지 이해할 수 있는 능력이 되어야 한다.

예컨대 기도를 통해서 자신의 병을 고쳤다면 기도의 능력이고 은혜라고 말할 수 있지만, 그것을 성령의 은사라고 말하지 않는다. 은사는 본질적으로 다른 사람을 돕기 위한 섬김과 사역의 도구이기 때문이다. 요즘 도처에서 방언의 은사를 전수한다면서 집회를 열어 '할렐루야'를 계속해서 그리고 빨리 반복하라고 가르친다. 할렐루야를 거꾸로 뒤집어서 '야루렐할'을 빠른 속도로 반복시킨다든지, 팔을 치켜들고 '따따따따'를 큰 소리로 외치게 하는 경우 등이다.

실제로 그렇게 하다보면 실제로 혀가 꼬이면서 '랄랄라' 방언이 터진다. 그리고 혼자서 기도하면서 '랄랄랄랄라~'를 반복하면 자연스레 입에 붙는다. 겉으로 드러내 보이는 외형이 아니라 신앙의 본질에 충실해야 하는 그리스도인으로서 부끄러운 짓이 아닐 수 없다. 자신의 신앙을 스스로 확증하지 못하면서 외적인 현상으로 자위하려는 것은 정당한 신앙이 아니라 저급한 '자기최면'에 지나지 않는다.

방언 자체를 부정하려는 것이 아니다. 부정은커녕 당장 내 곁에서 아내는 새벽과 밤늦게 방언으로 기도하면서 일과를 시작하고 마친다. 그리고 아내의 방언이 거짓이라거나, 무의미하다고 생각하지 않는다. 방언으로 기도하고나면 주께 할 말을 다한 양 마음이 후련해지니 그것만으로도 무턱대고 소홀히 볼 일이 아니다.

어쨌든, 여러 사람들이 방언의 은사를 받았다면서 일시적이나마 신앙이 든든해지는 경우도 어렵잖게 보게 되니까 그 또한 가벼이 볼 일이 아니다. 다만, 방언을 성령 받은 유일한 증거라고 생각하면서 어설픈 영적 교만에 빠지거나, 방언을 하지 않으면 신앙심이 부족한 사람으로 판단하며 스스로를 마치 신앙의 열등생으로 여기는 어리석음을 버려야 한다는 것이다.

방언이 엄밀한 의미에서 은사인가 하는 민감한 문제는 차치하더라도,

바울이 말했듯이 방언은 여러 은사들 가운데 하나일 수는 있어도 은사를 대표하는 특별한 증거가 아니며, 신앙인의 상징적인 표적이 아니라는 사실만큼은 분명하다. 요컨대 방언이 다른 사람이나 자신의 온전한 신앙을 판단하는 잣대가 될 수 없으며, 방언을 하지 않는 사람은 그에게 알맞게 다른 은사가 있다는 사실을 알아야 한다.

영적으로 둔감해서 자신에게서 고유한 은사를 뚜렷이 파악하지 못할망정, '만인제사장' 시대에 각각의 그리스도인은 모두가 은사를 지니고 있으며, 모두가 은사가 있는 사역자라는 사실을 분명히 깨달아야 한다. 예수 그리스도의 신약시대에 각각의 성도는 그리스도의 몸인 '교회'의 지체이며, 지체는 몸을 움직이는 기능을 맡는다. 다시 말해 교회의 지체인 성도는 각자에게 알맞는 은사를 지니고 있다는 말이다.

방언을 하지 않기 때문에 신앙심이 부족한 사람이 아니라, 자신에게 주어진 귀중한 은사를 발견하지 못했기 때문에 신앙의 갈등을 느끼는 것이다. 방언은 자신이나 남에게 신앙을 과시하는 특별한 은사가 아니다. 방언을 통해서 자신의 신앙을 확인하려는 사람들에게 필요한 수단일 수 있을 것이다. 그러나 심리적인 위로를 위해서 방언을 구할 것이 아니라 자신에게 주신 은사를 찾아서 아름답게 사용하는 지혜가 필요하다.

요컨대 신앙의 증거는 방언이 아니라 성령의 열매이며, 성령의 열매는 사랑, 희락, 화평, 오래 참음, 자비, 양선, 온유, 충성, 절제로서 자신의 온전한 변화다.

소통이 없는 방언은 은사가 아니다

흔히 듣는 말이다.

"방언의 은사를 사모하십시오. 방언을 할 수 있는 신자라야 비로소 성령 세례를 받은 그리스도인입니다. 방언을 못하는 사람은 예수를 영접하면서 1차 세례는 받았지만, 그것으로는 턱 없이 부족합니다. 2차 세례, 즉 성령 세례를 받아야 능력의 영이 임해서 그때부터 하나님의 일을 제대로 할 수 있고, 차고 넘치는 충만한 은혜를 받을 수 있습니다. 구원을 확신하려면 무엇보다 먼저 성령 세례를 받아야 합니다. 그리고 성령 세례를 받은 자는 반드시 방언의 은사를 받습니다."

오순절주의 순복음교회에서 흔히 듣는 말이다. 결국, 방언하는 자만이 은혜 받은 신자로서 진정한 그리스도인의 자격을 부여받는다는 말인데 과연 방언은 하나님이 주시는 은사이며, 성령 세례를 받은 자는 반드시 방언을 하는가?

한 마디로 터무니없는 소리다. 구약시대 유대인들은 남자라면 누구든지 태어나서 8일째 할례를 받았던 것처럼, 신약시대에 예수를 믿는 그리스도인은 누구든지 때가 되면 세례를 받는다. 그리고 '아버지와 아들과 성령의 이름으로 세례를 받는 자'는 누구든지 세례와 함께 성령을 받는다. 유대 율법주의가 외식으로 말미암아 경건의 모양은 있으나 경건의 능력이 없었던 것처럼, 성령의 역사가 없는 신약시대의 세례는 세례의 '모양'만 있을 뿐 세례의 '능력'이 없기 때문에 엄밀히 말해서 세례가 아니다.

예수께서 "아버지와 아들과 성령의 이름으로 세례를 받으라"고 말씀하신 것은 결국 세례는 단순한 종교의식이 아니라 성령의 이름으로, 다시 말해 성령의 능력으로 세례를 받는다는 말씀이며 성령의 역사가 없는 세례는 '죽은 세례'라는 의미이다. 이것이 신약시대 성경이 전하는 분명한 가르침으로, 세례 요한이 말했던 것처럼 그리스도인으로서 예수를 영접하고 세례를 받을 때 예수께서 '성령과 불로' 능력의 세례를 베풀기 때문이다.

> "나는 너희로 회개하게 하기 위하여 물로 세례를 베풀거니와 내 뒤에 오시는 자는 나보다 능력이 많으시니 나는 그의 신을 들기도 감당하지 못하겠노라. 그는 성령과 불로 세례를 베푸실 것이요…" 마2:11

특별히 잘난 유대인들만 따로 선택해서 할례를 받지 않는 것처럼, 예수를 믿고 그리스도로 영접하는 그리스도인은 누구든지 '아버지와 아들과 성령의 이름으로' 세례를 받는다. 그리고 예수께서 베푸는 세례, 이를테면 예수의 이름으로 주시는 세례는 정결한 물로 의식儀式을 갖추되, 우리에게 주시는 것은 성령과 불이다. 이는 성경에 기록된 명백한 사실로서 누구도 부정할 수 없는 세례의 진실이다.

요컨대, 예수를 믿고 주로 영접한 그리스도인은 모두, 그리고 이미 성령 세례를 받은 것이다. 당연하지 않은가? 자기 안에 내주하시는 그리스도의 성령이 없이 어떻게 예수를 주라 부르고, 보지도 못한 예수를 전적으로 믿고 따를 수 있으며, 믿음을 고백하고 세례를 받을 수 있는가? 예수께서 "믿고 세례를 받는 사람은 구원을 얻을 것이요"라고 하신 것은 복음을 듣고 예수를 믿는 자에게 성령이 역사하셔서 구원을 얻을 수 있다고 말씀하신 것이다.

> "또 이르시되 너희는 온 천하에 다니며 만민에게 복음을 전하라. 믿고 세례를 받는 사람은 구원을 얻을 것이요 믿지 않는 사람은 정죄를 받으리라" 막16:15-16

성령 세례를 받은 그리스도인이면서도 막상 방언을 하지 못하면 그가 받은 세례는 '거짓 세례'라는 주장은 전혀 성경적인 사실이 아니다. 할례에 거짓 할례가 없듯이 믿음을 고백하고 세례를 받았다면 세례도 거짓이 있을 수 없다. 세례를 받고나서도 뚜렷한 내적 변화가 없다면 그것은 복음을 듣고도 제대로 믿고 따르지 못한 미숙한 신앙 때문일 뿐, 믿는 자가 예수의 이름으로 받은 세례 자체가 결코 무능한 거짓 세례일 수 없다.

물론 예수는 세례를 받은 사람에게 '표적'이 있다고 하셨으며, 여러 표적들 가운데 '새 방언'에 대해서 분명히 말씀하셨다. 그러나 여기서 말하는 방언은 세례를 받은 자들에게 나타나는 다양한 표적들 가운데 하나이다. 다시 말해 유일한 표적으로서 방언이 마치 성령 세례의 특별한 증거인 양 섣불리 주장할 수 없다.

> "믿는 자들에게는 이런 표적이 따르리니 곧 그들이 내 이름으로 귀신을 쫓아내며 새 방언을 말하며 뱀을 집어올리며 무슨 독을 마실지라도 해를 받지 아니하며 병든 사람에게 손을 얹은즉 나으리라 하시더라" 막16:17-18

재차 강조하지만, 성경을 읽을 때 일부 구절을 자의적으로 발췌해서 본문을 해석하지 않도록 주의해야 한다. 성경 본문들 사이에 일관성을 지닌 성경의 바른 해석을 위해서 반드시 문맥을 고려해야 하며, 문맥 안에서 화자가 구성하는 메시지를 '있는 그대로' 파악할 수 있어야 한다. 위에 인용한 본문을 읽으면서 마치 '새 방언'만이 세례의 유일한 표적인 양 섣불리 단정하는 것은 성경해석의 명백한 오류일 뿐이다.

화자는 '새 방언' 외에도 귀신을 쫓아내며, 병을 고치고, 뱀을 집어들어도 해를 입지 않는다고 했는가 하면 심지어 무슨 독을 마셔도 해를 입지 않는다며 세례에 뒤따르는 다양한 표적들을 말했다. 이처럼 다양한 표적들을 제시했다면 순복음교회에서 말하는 것처럼 방언만을 특별히, 그리고 절대적인 표적으로 제시할 수 있는 근거가 없다.

더욱 중요한 것은, 여기서 화자가 말한 표적들은 구체적인 '사실들'을 나열한 것이 아니라 성령 은사에 따른 '능력'을 나타내는 상징적인 표현들이라는 것이다. 세례를 받았다고 모든 사람이 독사에게 물려도 살고, 무슨 독을 마셔도 죽지 않고, 손을 얹기만 하면 병을 고칠 수 있다고 주장하는 것은 '문자적인 해석'의 전형적인 오류에 지나지 않는다. 본문의 바른 해석은, 예수를 믿고 세례를 받은 자에게 능력이 따르며, 각 사람에게 합당하게 능력이 주어진다는 의미여야 한다.

> "은사는 여러 가지나 성령은 같고 직분은 여러 가지나 모든 것을 모든 사람 가운데서 이루시는 하나님은 같으니 각 사람에게 성령을 나타내심은 유익하게 하려 하심이라. 어떤 사람에게는 성령으로 말미암아 지혜의 말씀을, 어떤 사람에게는 같은 성령을 따라 지식의 말씀을, 다른 사람에게는 같은 성령으로 믿음을, 어떤 사람에게는 한 성령으로 병 고치는 은사를, 어떤 사람에게는 능력 행함을, 어떤 사람에게는 예언함을, 어떤 사람들에게는 영들 분별함을, 다른 사람에게는 각종 방언 말함을, 어떤 사람들에게는 방언들 통역함을 주시나니 이 모든 일을 같은 한 성령이 행하사 그의 뜻대로 각 사람에게 나누어 주시는 것이니라"고전12:4-11

현대 교회에서 자주 회자되는 방언의 문제는 여기서 끝나지 않는다. 방언을 성령 세례의 결정적인 증거로 제시할 수 없다는 당연한 주장 외에, 오늘날 심각하게 문제가 대두되는 '현대 방언'의 사실성에 대해서 언급하지 않을 수 없다. 성경에 기록된 역사적인 '방언'과 오늘날 오순절주의자들이 특별히 강조하는 방언은 동일한 '은사인가? 이를테면, 순복음교회에서 성령 세례의 명백한 증거라고 주장하는 방언은 도대체 무엇인가?

다시 말하지만, 방언을 하든지 하지 않든지 상관없이 그리스도인의 세례는 처음부터 '아버지와 아들과 성령의 이름으로' 받은 세례이기 때문에 새삼스레 방언이 성령 세례의 또 다른 증거가 될 수 없다. 이제, 현대 방언의 왜곡된 모습에 대해서 분명히 정리해야 한다. 현대 교회에서 이른바 방언이라고 말하는 것은 사도시대에 있었던 '방언의 은사'가 아니라 '방언의 모방'에 지나지 않는다. 방언을 비롯한 어떤 영적인 현상들이 성령의 은사가 되기 위해서는 몇 가지 조건을 충족해야 하는데, 현대 교회에서 우리가 보고 듣는 방언은 은사의 조건에 전혀 부합하지 않기 때문이다.

요컨대 영적인 은사는 사역을 통해 교회에 덕을 끼치기 위해서 부여받은 은혜의 선물이다. 따라서 은사는 교회의 공적인 목적을 위해서 쓰임 받는 사역의 도구가 되어야 한다. '신유'가 자신의 병을 고치기 위한 은사가 아니고 예언이 자신의 생각을 전하기 위한 은사가 아닌 것처럼, 방언이 진정한 은사가 되기 위해서는 교회를 위해서, 그리고 교회 안의 다른 형제들을 위해서 공적인 유익이 있어야 한다. 이를테면 초대교회의 방언은 '상호소통'을 전제로, 전도에 유익한 예언의 기능과 능력을 지니고 있었다.

방언이 말 그대로 '언어적인' 은사가 되려면 무엇보다 먼저 무슨 뜻인지 의미를 깨달을 수 있는 '소통'이 전제되어야 한다. 사도행전에서 보았던 오순절 다락방의 방언은 화자가 다른 언어로 말하지만 청자는 자기 언어로 들으면서 의미를 분명히 이해할 수 있었다. 마찬가지로 바울이 지적한 고린도교회의 방언은 청자가 직접 이해하지는 못했지만, 통역이 가능한 '다른 언어'로서 소통이 가능했고 의미전달이 분명했다.

"통역하지 못하는 방언은 교회에서 사용하지도 말라"고 했던 바울의 의도를 분명히 이해해야 한다. 다시 말해, 통역이 불가능한 방언은 성령의 은사로서 영적인 의미와 가치가 있는 방언이 아니라 자기만족을 위해서 사사로이 사용하는, 무의미한 '혼잣말'일 수 있기 때문이다. 오늘날 소위 방언하는 사람의 언어를 청자가 이해할 수 있는가? 아니, 듣는 사람의 이해는 고사하고 말하는 사람조차 자기가 무슨 말을 하고 있는지 모르는 방언에 도대체 무슨 영적 유익이 있겠는가?

언어를 통한 영적 유익은 이해와 깨달음을 전제하고, 깨달음은 의미의 정확한 전달을 전제한다. 의미가 없는 이상한 소리에서 어떤 영적 유익도 기대할 수 없다는 말이다. 현대 방언은 성경적인 관점에서 은사가 아니라, 방언하는 자의 심리적 위로와 만족을 위해서 사사로이 만들어진 '특이 현상'에 지나지 않는다. 심지어, 방언 집회나 세미나에서 돈을 지불하면서 방언훈련을 받고 기계적인 반복을 통해 가까스로 입에 붙인 사이비 방언이 과연 아버지와 아들과 성령의 이름으로 베푸신 소중한 은사라고 생각하는가?

물론 방언으로 기도하면서 나름대로 심적인 위로가 있다면, 나아가 방언하는 사람들이 즐겨 말하듯이 '보다 깊은 차원의 기쁨'이 있다면 그 자체만으로도 방언의 효용성을 부정할 수 없다. 그러나 그런 방언을 통해서 이른바 '엑스터시'를 느끼고 남다른 정신적 체험을 할 수 있다고 주장하지만, 그런 종류의 엑스터시에 관한 경험은 비단 방언을 통해서만 느낄 수 있는 특별한 은혜가 아니다. 기독교가 아니라 비종교적인 명상을 통해서도 얻을 수 있고, 심리적인 방법으로 최면이나 심지어 마인드컨트롤을 통해서도 어렵잖게 얻을 수 있다.

요컨대, 성경에서 말하는 방언의 목적은 결코 심리적인 자기만족이나 욕망을 충족시키기 위한 심리적 쾌락이 아니다. 영적이든 육적이든 상관없이, 자기만족과 쾌감을 느끼기 위한 방언은 초대교회의 방언, 다시 말해 성경적인 관점에서 말하는 성령의 은사로서의 '방언'이 아니다. 방언이 성령의 은사라면 하나님이 주신 은혜와 능력에 연합하는 분명한 영적 목적이 있어야 한다. 반면에 초대교회의 방언과 달리 오늘날 방언이라고 말하는 기이한 현상은 교회뿐 아니라 자신에게 심리적인 위안과 만족이 있을망정, 내면의 변화와 성장·성숙처럼 뚜렷한 영적 유익이 없다.

주변에 방언하는 사람들이 많고 통역하는 사람들도 없지 않지만, 나는 그들의 방언에서 어떤 종류의 은사적인 특징을 발견하지 못했을 뿐 아니라 통역한다는 사람들에게서도 그들 나름의 개인적이며 주관적인 해석을 보았을망정, 그들이 방언이라고 주장하는 '이상한 소리'에 대해 단어와 구절의 의미를 '일치된' 언어로 옮기는 정상적인 통역을 보지 못했다. 같은 방언을 통역하는 사람마다 다른 의미로 해석한다면 그것은 정확히 말해서 통역이 아니다.

어쨌든, 모든 방언을 싸잡아 무턱대고 '거짓'이라거나 '무익하다'고 단정할 수 없다. 주변에서 가만히 지켜보면 방언을 하면서 나름대로 신앙생활에 보다 열심인 사람들도 있으며, 왠지 미심쩍었던 '구원'에 대해 방언을 시작한 뒤부터 보다 분명한 자기 확신을 갖는 사람도 적지 않다. 이는 방언의 긍정적인 기능일 수 있다. 다만, 어떤 경우에도 방언은 순복음교회에서 말하는 것처럼 성령 세례의 유일한, 또는 분명한 증거가 아니며, 성령의 은사가 아닌 인간의 방언으로 자신의 영적 우월감을 허투루 과시하는 빌미가 될 수 없다.

덧붙여, 자기 유익을 위한 종교적인 도구로서 오늘날의 방언은 성경적인 관점에서 말하는 방언의 공적인, 그리고 이타적인 목적에 부합하지 않을 뿐만 아니라, 사도시대 성경적인 방언의 내용과 성격과도 전혀 일치하지 않기 때문에 차라리 두 방언을 다른 이름으로 구별하는 것이 바람직하다는 생각이다. 성경에 기록된 원래의 방언은 당연히 '방언'으로 남겨두고, 오늘날 즐겨 사용하는 방언이라는 말은 다른 용어로 대체하는 방법이 있을 것이다. 방언local language이라는 단어 자체가 '현대 방언'처럼 '도무지 알아 들을 수 없는 말'과 달리, '외국어' 또는 '다른 지역의 언어'로서 통역이 가능하다는 의미를 이미 내포하고 있지 않은가?

자기만족을 위해서, 또는 영적인 열등감을 허투루 해결하려 하거나 구원에 대한 자기 확신을 갖기 위해서 어설피 방언을 탐하지 말라. 그런 방언은 그리스도의 복음을 위해서 반드시 필요한 '영적 은사'가 아니라 '육적인 기이 현상'에 지나지 않는다. 우리가 예수 그리스도를 주로 영접하는 순간, 우리는 이미 성령 세례를 받은 엄연한 그리스도인이다. 비록 처음에는 미약할망정 성령이 내주하는 그리스도인은 교회의 몸을 이루는 소중한 지체이다. 몸의 지체가 각각 고유의 소중한 기능을 지닌 것처럼 그리스도인은 교회의 지체로서 각자에게 합당한 은사를 이미 주셨고 또한 받았다는 분명한 믿음을 가져야 한다.

'표적 신앙'의 오류

초능력을 과시하는 '은사 집회'가 성황을 이루고, 이른바 은사주의자들이 당당히 '신사도'를 자처하면서 교인들의 폭발적인 인기를 끌고 있다. '성령체험'이라는 솔깃한 명분을 내걸고 온갖 질병을 고치거나 입신, 방언은 기본이고 심지어 전파에 금이빨 소동까지 벌어지는 등, 신기한 요술을 보는 것처럼 신사도 운동은 현란하기 이를 데 없다.

그들은 은사라는 이름의 초능력을 빌미로, 초대교회 이후에 기독교 역사의 뒤안길로 사라진 사도라는 이름을 제멋대로 '신사도'로 대체하면서 새로운 성령시대의 주역인양 자신들의 초능력을 과장하고 있다. 그러나 성령집회에서 선보이는 숱한 은사 쇼를 통해서 우리는 그리스도의 거룩한 영성을 체험하지도, 그리스도의 진정한 사랑을 느끼지도 못한다. 다만, 신기한 초능력에 취해서 모두 어안이 벙벙한 채 순간적인 황홀경에 사로잡힌다.

은사집회가 종종 뜨거운 열기로 불붙지만, 그곳에서 진정한 영적 감동을 느끼는 사람은 거의 없으며, 다만 심적인 자극과 종교적인 흥분을 느낄 뿐이다. 왜 그럴까? 성령집회를 통해서 교인들이 그리스도인으로서 영적인 변화를 경험하지 못한 채, 그저 감정적인 충동과 소용돌이에 휘말리는 이유가 무엇일까? 단언컨대 그리스도 신앙의 본질은 초능력의 기사奇事가 아니기 때문이다. 당연한 말이지만, 예수 영성의 근본은 신기한 초능력이 아니라, 자신의 생명을 바쳐 타인을 구원한 거룩한 사랑이다.

예수 그리스도의 영성을 오롯이 드러내지 못하는 초능력은 현란한 요술일 수는 있어도 그리스도의 성령이 역사하는 진정한 은사가 아니다. 새삼스레 강조할 필요도 없지만 이해를 돕기 위해서 굳이 성경을 인용하자면, 초능력과 신비는 결코 그리스도 신앙의 전유물이 아니다. 다른 종교, 나아가 무속신앙에서도 초능력은 흔히 목격할 수 있으며, 때가 되면 심지어 사탄의 종들에게서도 어렵잖게 볼 수 있는 '세상 종교'의 일반적인 현상에 지나지 않는다.

> "그때에 사람이 너희에게 말하되, 보라! 거짓 그리스도들과 거짓 선지자들이 일어나 큰 표적과 기사를 보이며, 할 수만 있다면 택하신 자들도 미혹하리라" 마24:23-24

도대체 무슨 뜻인가? 현대 교회에 적용해서 의미를 살펴볼 때 매우 충격적인 말씀이다. 스스로 신사도를 자처하는 사람들이 사실은 '거짓 사도'로서, 그리스도의 은사를 가장해서 이단의 표적과 기사를 보일 수 있다는 무서운 경고가 아닌가. 그렇다면, 자극적인 은사 쇼에 열광하는 기독교인들의 내면적인 동기는 무엇일까? 자신의 신앙에 분명한 확신이 없는 무지한 교인들이 육신의 눈을 통해서 믿음의 증거를 잡으려는 타락한 의도에서 비롯되는, 불신앙의 뚜렷한 증거일 뿐이다. 요컨대 그들은 '보이기 때문에 믿는' 표적신앙에 사로잡힌 것이다.

"너는 나를 본 고로 믿느냐? 보지 못하고 믿는 자들은 복되도다!" 요20:29

표적신앙이란 도대체 무엇인가? 의미를 분명히 알기 위해서 신학사전을 뒤지며 애써 머리 싸맬 필요가 없다. 예수께서 표적신앙의 숨은 의미와 동기에 대해서 간단히 정리하신다.

"악하고 음란한 세대가 표적을 원한다" 마16:4

예수께서 말씀하시는 '악하고 음란한 세대'는 무엇을 의미하는가? 죄의 본뜻이 법률적인 의미에서 범행 이전에 하나님의 의도에서 어긋나는 마음과 행동을 말하듯이, 성경에서 말하는 악하고 음란한 세대는 하나님을 믿지 않는 불신자이거나 이방신을 따르는 이교도를 가리키는 것이다. 즉, 음란한 세대는 불신앙이나 이교 또는 이단의 일탈된 신앙에 빠진 자들을 말한다.

그렇다면 예수 그리스도는 공생애 동안에 표적을 보이지 않았다는 말인가? 물론 예수는 공생애 동안에 쉴 새 없이 병을 고치고, 귀신을 내쫓고, 죽은 자를 살리시는 기적을 행사하셨다. 그러나 예수는 그런 행위들, 이를테면 신사도운동을 주장하는 자들이 자신들의 사도성을 입증하는 표적인양 보란 듯이 내세우는 신기한 현상들을 결코 그리스도 신앙의 표적이라고 말씀하시지 않았다.

다시 말해 예수는 사람들을 현혹하고 세상에 허튼 능력을 과시하기 위해서 기적을 베푼 것이 아니라 가난하고 병든 자를 '불쌍히 여기셔서' 기적을 베풀고, 표적을 보지 않고는 도무지 믿지 않는 완악한 유대인들에게 그가 그리스도이심을 밝혀주기 위해서 기적을 행사하신 것이다. 신사도가 그리스도인가? 그래서 세상에 표적을 보여야 하는가?

그리스도 신앙을 세상에 전하기 위해서 교회가 세워지고 성경이 기록된 지금, 더 이상 사도의 직분이 존재할 수 없는 시대에 신사도를 자처하는 자들은 교만하고 악하기 이를 데 없이 참담한 악인들이다. 예수께서 그리스도이심을 증명하는 유일한 표직은 하나뿐이다. 익히 알고 있듯이, 큰 물고기의 배에서 사흘 밤낮을 갇혀 있다가 은혜로 말미암아 다시 살아난 요나의 표적은 예수의 죽으심과 부활의 상징이다.

"요나의 표적 밖에는 보여 줄 표적이 없느니라" 마16:4

예수 그리스도를 온전히 믿는 자에게 필요한 표적은 사람들의 눈길을 끄는 초자연적 현상이 아니다. 세상의 죄인들, 다시 말해 우리를 구원하시기 위해서 십자가에서 죽으시고, 다시 부활하신 예수 그리스도의 신성을 오롯이 믿는 것이다. 그리스도의 사랑을 증명하지 못한 채 신기한 눈요기에 몰입하는 자들, 자칭 신사도주의자들의 사사로운 집회는 그리스도의 성령이 임재하시는 자리가 아니다.

요컨대, 부활을 온전히 믿는 자에게 신사도주의자들의 요란한 성령 체험은 그리스도 신앙에 근거한 성령의 은사가 아니라, 종교 코미디의 자극적인 눈요기에 지나지 않는다.

7장·탐욕의 복음

'고지론'의 오류

특별히 은혜를 받은 자라야 세상에서 성공할 수 있고, 세상에서 성공한 자라야 그리스도의 계명을 제대로 지키면서 이웃에게 사랑을 베풀고 가난한 사람에게 도움을 줄 수 있다는 이른바 '고지론'은 이성적으로 생각하면 매우 그럴 듯하다. 은혜로 말미암아 성공하고, 성공의 결실로 나눔을 실천한다는 주장에 반론이 있을 수 없을 것 같다. 그러나 신앙은 이성이 아니다. 영적인 관점에서 성찰할 때 고지론은 분명히 반성경적이며, 의미를 깊이 살펴보면 사실상 '탐욕'을 부추기는 위장된 '기복신앙'에 지나지 않는다.

고지에 오르기 위해서 필연적인 조건이 있다. 고지에 오르는 자는 언제나 소수에 지나지 않는다. 만약에 다수가 고지에 오를 수 있다면 고지론이 무슨 의미와 가치가 있겠는가. 그것은 언제나 소수의 승리자를 염두에 두기 때문에 사랑과 화해, 조화와 일치의 상생적인 인간관계가 아니라 경쟁과 다툼, 승리와 패배의 갈등을 유발하는 상극적인 인간관계를 상정한다.

물론, 그리스도 신앙에서 '나눔' 의 의미와 가치는 아무리 강조해도 지나치지 않다. 예수께서 무리에게 말씀하신 사랑의 실천과 부자청년에게 가르치신 영생의 조건이 나눔일 뿐 아니라, 야고보 사도가 말한 살아있는 믿음의 실현으로서 '행함' 또한 나눔을 통해서 비로소 실천할 수 있다. 이는 굳이 성경을 인용하지 않아도 익히 알고 있는 사실이 아닌가.

그런데, 한국교회의 수많은 강단에서 설교를 통해 나눔을 강조하면서 이와 동시에 내세우는 전제가 있다. 성경의 가르침대로 나눌 수 있으려면 주는 자가 먼저 많은 것을 지녀야 한다는 주상이다. 그럼직하다. 아무리 주고 싶어도 다른 사람에게 줄게 없으면 어떻게 나눌 수 있는가? 따라서 나눔을 실천하기 위해서라도 세상의 축복을 많이 받아야 한다는 기발한 논리를 마치 기독교의 부인할 수 없는 교리인양 주저 없이 내세운다. 그러나 많이 가진 자라야 나눠줄 수 있다면 나눔을 실천하는 자, 다시 말해 주의 계명을 지키며 사랑을 실천할 수 있는 자는 반드시 부자여야 한다는 반성경적인 결론을 마치 엄연한 사실로 인정하지 않을 수 없다.

부자라야 사랑을 실천할 수 있고, 부자로서 사랑을 실천하는 자라야 주의 계명을 지켰기 때문에 구원을 받을 수 있다면 결국 천국과 구원은 부자를 위한 전유라는 말이 아닌가? 하지만 성경은 일관되게 "가난한 자에게 복음이 전해진다"라고 기록하고 있으며, "가난한 자가 천국의 구원을 받을 수 있다"라고 분명히 말하지 않았던가.

> "지금 주린 자는 복이 있나니 너희가 배부름을 얻을 것임이요 지금 우는 자는 복이 있나니 너희가 웃을 것임이요 […] 그러나 화있을진저 너희 부요한 자여 너희는 너희의 위로를 이미 받았도다. 화있을진저 너희 지금 배부른 자여 너희는 주리리로다. 화있을진저 너희 지금 웃는 자여 너희가 애통하며 울리로다" 눅6:21, 24, 25

성경이 말하는 진정한 나눔은 고지에 오른 부자가 세상을 내려 보며 적선하듯 가난한 자에게 호기 있게 나눠주는 것이 아니다. 가난한 과부가 헌금함에 넣은 변변찮은 두 렙돈을 보시고 예수께서 "가난한 과부가 가장 많은 돈을 넣었다"라고 말씀하셨다. 돈이 많아 다른 사람들보다 많은 돈을 헌금함에 넣은 부자들이 아니라 오히려 동전 두 개를 넣는 가난한 과부를 칭찬하신 진정한 이유를 아는가?

여러 해석들이 가능할 수 있겠지만 물질보다 마음을, 외식보다 본질을 소중하게 판단하셨다는 주장에 다른 이론이 있을 수 없다. 하나님께 드리는 헌금이 그러하듯이, 나눔을 통한 사랑의 실천 또한 재물의 많고 적음에 기인하는 것이 아니라 자기희생을 아랑곳 하지 않고 진실한 마음으로 가난한 이웃을 동정com-passion하며 섬기는 데서 비롯된다.

그뿐인가? 세례 요한이 회개의 열매, 즉 구원에 이르는 회개의 증거로 제시하는 것처럼 비록 가난한 자일지라도 나눔에서 결코 예외가 아니다. 예컨대 진정한 나눔은 많이 가진 자의 전유가 아니라 기껏 옷 두 벌 있는 자가 당장 입지 않는 한 벌을 옷이 없는 자에게 기꺼이 주는 것이며, 빵 두 조각 있는 자가 한 조각을 주저 없이 나눠주면서 함께 가난한 형제의 고난에 동참하는 것을 말한다.

요한은 '하나님 나라가 가까이 왔다'며, 하나님 나라의 구원을 얻기 위해서 '회개하라'고 외쳤다. 그러나 입으로 하나님을 공경하되 마음으로 하나님을 멀리 하는 바리새인들의 외식을 예수께서 엄히 비판하신 것처럼, 요한은 거짓 회개를 경계하며 회개의 세례를 받으려는 자는 "회개에 합당한 열매를 맺으라"고 말했다. 그것은, 많은 재물을 가진 자가 가난한 이웃을 도우라는 '자선'이 아니라 비록 가진 것이 없어도 마음을 다해서 가난한 형제를 섬기며 '사랑하라'는 것이다.

> "무리가 물어 이르되 그러면 우리가 무엇을 하리이까. 대답하여 이르되 옷 두 벌 있는 자는 옷 없는 자에게 나눠줄 것이요 먹을 것이 있는 자도 그렇게 할 것이니라 하고"눅3:10–11

고지론의 아류로 '청부론'과 '성부론'을 들 수 있다. 이른바 '깨끗한 부자'와 '거룩한 재물'을 말하기 때문에 언뜻 보기에 올곧게 느껴지지만, 이런 주장들의 이면에 가려진 '탐욕의 함정'에 빠지지 않도록 주의해야 한다. 다른 사람들을 속이지 않고 정당하게 벌어들이는 수입을 탓할 수는 없다. 그러나 "많이 벌어야 가난한 이웃을 도울 수 있다"는 주장은 성경이 제시하는 영적인 잣대로 본다면 가진 자의 교만과 외식이며, 인간의 영혼을 탐욕으로 이끄는 맘몬의 유혹에 지나지 않는다.

예수의 계명을 지키기 위해 나눔을 실천한다는 명분을 내세우면서 정작 많은 재물을 탐하는 사람들의 속내는 사실상 순전한 나눔이 목적이 아니다. 훗날의 불확실한 나눔의 실천을 영적인 미끼로 지금의 확실한 부요를 탐닉하며 이기적인 욕망을 숨기고 있을 뿐이다. 예를 들면, "십일조를 가장 많이 할 수 있게 은혜를 내려 주소서"라는 기도의 속내는 십일조를 많이 해서 가난한 이웃을 섬길 수 있기를 바라는 것이 아니라, "가장 돈을 많이 버는 부자가 되고 싶다"는 세속적인 욕망의 다른 표현일 뿐이다.

그리스도인에게 사랑의 실천은, 많이 가진 자가 남아도는 재물 가운데 일부를 없는 자에게 나눠주며 은연중에 자기 의를 과시하는 것이 아니다. 비록 가진 재물이 적을망정 가진 게 없어서 아파하는 자의 고통에 기꺼이 동참하는 'com-passion'이다! 즉, '지금, 여기에서'hic et nunc 나눔을 실천하는 구체적인 행함이 없는 그리스도인에게 사실인즉 사랑 또한 없을 뿐이다.

예수는 세상의 재물에 대해서 '불의한 재물'이라고 말씀하셨다. 이 말은 재물이 악하다는 것이 아니다. 정확히 말해서 재물은 그 자체로 선하거나 악한 것이 아니라 가치중립적이라는 것이다. 재물을 많이 지닌 자가 은혜를 많이 받은 자가 아니라는 말이다. '고지론'은 논리적으로 더 없이 멋진 주장일 수 있지만 그것은 세상의 논리, 다시 말해 육적인 이론일 뿐 성경이 계시하는 영적인 진실이 아니다. 요컨대 재물의 '신성성'을 강조하는 고지론은 그 아류인 청부론, 성부론과 더불어 비성경적인 탐욕의 복음에 지나지 않는다. 선한 나눔을 빙자해서 악한 탐욕을 정당화시키지 말라.

바라봄의 법칙은 '탐욕의 복음'이다

예수를 믿음으로 말미암아 종말에 얻는 영생의 구원 이전에 세상에 살면서 건강과 재물의 복을 얻을 수 있다는 이른바 성공 신화, 또는 번영 신학은 성경에 바탕을 둔 올바른 신학인가? 예를 들면, 성공 신학의 아류인 '바라봄의 법칙'을 성경의 진리나 기독교의 교리로 주장하는 사람들은, "하나님을 믿는 자는 누구든지 마음속에 큰 뜻, 이른바 욕망을 가득 품고 원하는 대상을 '바라보면' 마침내 하나님의 크신 은혜로 말미암아 자신의 뜻을 이룰 수 있다"라고 감히 단언한다. 그리고 '바라봄의 법칙'에 따라 성공을 이룬 성경의 대표적인 인물로 아브라함을 꼽으면서, 다음 문장을 바라봄의 법칙을 증명하는 성경의 뚜렷한 전거로 제시한다.

> 롯이 이브람을 떠난 후에 여호와께서 아브람에게 이르시되 너는 눈을 들어 너 있는 곳에서 북쪽과 남쪽 그리고 동쪽과 서쪽을 바라보라. 보이는 땅을 내가 네 자손에게 주리니 영원히 이르리라 창13:14–17

조엘 오스틴의 삽서 '긍정의 힘'과 더불어 조용기의 '바라봄의 법칙'은 오늘날 그리스도인들의 영성을 호도하며 그리스도인들을 탐욕의 '기복 신앙'으로 이끄는 대표적인 견인차다. 물론, 거친 인생을 살아가면서도 끝내 절망하지 않고 혹독한 시련 앞에서도 언제나 '긍정하는 삶', 험한 인생길에서도 늘 희망을 '바라보며' 살아가는 긍정적인 삶의 자세에 대해서 무턱대고 세속의 타락한 욕망으로 몰아붙이는 건 분명히 문제가 있다. 그러나 좀 더 깊이 있게 텍스트의 의미를 살펴보면 '바라봄의 법칙'은 결코 성경이 제시하는 메시지가 아님을 알 수 있다. '긍정의 힘'이 오롯한 영성서가 아니라 심리적인 자극과 처세, 그리고 성공을 위한 자기계발서인 것처럼 '바라봄의 법칙'은 그리스도인의 영성과 상관없이 세속적인 성공주의를 한껏 부추길 뿐이다.

바라봄의 법칙을 전가의 보도로 내세우는 자들의 섣부른 주장에서 우리는 성경 메시지의 심각한 일탈을 발견한다. 만약에 '바라봄'이라는 말이 그 단어에서 언뜻 느껴지는 것처럼 그리스도인의 '소망'을 말한다면 '바라봄의 법칙'은 모름지기 성경의 진리라고 말할 수 있다. 그리스도인은 간단히 말해서 하나님을 믿는 자이며, 소망을 품은 자이며, '사랑하는 자'라고 정의할 수 있기 때문이다. 그래서 바울 사도는 "모든 은사는 때가 되면 없어질망정 믿음과 소망과 사랑은 영원하리라"라고 고린도전서에서 분명히 말하지 않았던가?

문제는 '바라봄의 법칙'에서 우리는 그리스도인의 진정한 소망, 이를테면 '천국 소망'이나 '영생 구원'과 같은 영적인 복음을 듣는 것이 아니라 변질된 복음, 이른바 탐욕의 '다른 복음'을 듣는다는 것이다. 오순절 교단에서 흔히 듣는 것처럼 "영혼이 잘되는 것과 같이 범사에 잘 되고 건강하리라"는 속된 '삼중축복'의 주문처럼, 바라봄의 법칙은 개인적이며 물질적인 축복을 위한 주문呪文이며 성경 메시지의 엄연한 왜곡이다.

'바라봄의 법칙'과 유사한 제목의 책들과 설교, 그리고 수많은 강연에서 우리가 세상의 육적인 축복과 달리 '그리스도인의 거룩한 신앙'과 종말의 구원에 대해서 진지하게 말하는 것을 과연 보거나 들었던 적이 있는가? 기껏해야 '바라봄의 법칙'을 신주처럼 받들며 열심히 기도하고, 기대하고, 기다리면 언젠가 물질은 넘치고 건강은 증진되며 세상에서 남다른 지위와 명예를 누릴 수 있다는 속된 바람이 아니던가? 이렇듯 '차고 넘치는 축복'을 제시하는 바라봄의 법칙은 결국 기도와 기대 그리고 소망을 통해서 자신의 개인적이며 육적인 욕망을 충족시키라고 충동하는 허튼 주문에 지나지 않는다.

어찌 보면 당연한 주장이며 성경의 메시지에 부합하는 내용처럼 보일 수 있다. 예수께서도 분명히 "구하라. 그리하며 모든 것을 주시리라"라고 말씀하시지 않았는가. "간절히 구하면 주신다"는 말씀은 오늘날 수많은 신자들에게 기도응답의 인과율처럼 당연시 받아들여지고 있다. 그러나 우리가 '축복의 메시지'로 단정하는 구절들을 해석하면서 줄곧 놓치는 중요한 전제가 있다. 즉, 세상의 복을 구하기 전에 '먼저' 하나님의 뜻을 구해야 한다. 따라서 하나님의 뜻을 제대로 아는 것이 성경 본문의 핵심이며 축복의 전제이다.용례에 따라 축복이라는 말을 사용하지만, '복을 내려주신다'는 의미에서 축복祝福이 아니라 강복降福이 정확한 표현이다

> "너희는 먼저 그의 나라와 의를 구하라. 그리하면 너희에게 이 모든 것을 더 하시리라"

'먼저'라는 말은 복의 전제로서, 하나님이 주시는 진정한 복을 얻기 위해서 반드시 필요한 조건을 의미한다. 요컨대 하나님의 뜻을 '먼저' 구한 다음에 그 뜻에 합당하게 자신의 '필요'를 구하는 것이 하나님의 뜻인 동시에 성경의 분명한 메시지이다. 하나님의 뜻을 바르게 알고 올곧게 구하는 사람은 바라는 대상이 달라진다. 세상의 재물과 명예, 건강을 바라보던 눈이 영원한 생명의 구원을 바라본다. 하나님의 뜻에 따라서 변화된 삶의 가치관과 더불어 신앙의 목적도 근본적으로 달라질 수밖에 없기 때문이다. "육에 속한 사람은 육적인 것을 원하되, 영적인 사람은 영적인 것을 원한다"라

는 바울의 가르침에 주목하라.

'바라봄의 법칙'은 그리스도인의 본질적 가치인 '그리스도의 영성'에서 벗어나서 소위 '고지론', '청부론', 또는 '성부론'과 함께 인간의 세속적인 탐욕을 부추기는 '번영신학'의 아류들로서, 우리의 신앙을 하릴없이 세속의 타락한 욕망으로 이끈다. 만약에 성경이 실제로 '바라봄의 법칙'을 지지하는 것이라면 그리스도인은 이성의 거센 반론을 뒤로 한 채 '바라봄의 법칙'을 따르는 것이 올바른 순종일 수밖에 없다. 그리스도 신앙의 본질은 이성의 신념과 철학 이전에 성경의 가르침을 온전히 따르는 순종이기 때문이다. 논의를 좀 더 진전시키기 위해서, 앞에서 살펴보았던 구절과 함께 바라봄의 법칙의 전거가 되는 다른 구절을 살펴본다.

> "너는 너의 고향과 친척과 아버지의 집을 떠나 내가 네게 보여 줄 땅으로 가라"

본문을 읽는 독자들은 전후문맥을 고려하지 않는 채 '내가 네게 보여줄 땅'을 기름진 축복의 땅으로 섣불리 단정한다. '젖과 꿀이 흐르는 땅'과 '네게 보여줄 땅'을 은연중에 일치시키기 때문이다. 그러나 앞에 제시했던 텍스트와 더불어 바라봄의 법칙을 지지하는 본문의 구체적인 배경과 문맥을 자세히 살펴보면 우리는 성경이 전하는 메시지가 인간의 육적인 욕망과는 전혀 다른, 하나님이 말씀하신 '본래의 의도'를 보다 분명히 알 수 있다.

하나님이 아브라함을 부르시고 축복하신 이유는 그의 사사로운 욕망을 들어주시기 위한 특별한 은혜가 아니며, 아브라함은 자신이 살던 하란 땅에 비해서 더 넓고 더 기름진 땅을 욕망의 눈으로 '바라보면서' 멀리 여행을 떠난 것이 아니다.

유프라테스 강 북쪽 지류에 위치한 하란은 땅이 비옥할 뿐만 아니라 메소포타미아의 여러 도시들과 소아시아를 잇는 당대 교통의 요지로서 무역이 성행했던 풍요로운 땅이다. 세상의 재물과 사회적 자산을 넉넉히 소유한 아브라함이 가족과 더불어 하란에서 부자로 살 수 있음에도 그는 모든 기득권과 개인적인 욕망을 버리고, 기꺼이 하나님의 명령에 순종하며 모든 것을 포기한 채 믿음의 선구자로서 험난한 길을 선택했을 뿐이다.

본문의 메시지를 제대로 파악하려면 다른 무엇보다 동사의 시제에 주목해야 한다. 즉, 아브라함은 하나님이 '지금' 보여주신 땅을 실제로 바라보며 욕망을 좇아 먼 길을 떠난 것이 아니다. 앞으로 '보여 줄' 땅을 향해서 그는 '갈 길을 알지 못하고' 떠났을 뿐이며, 다만 말씀에 의지해서 미지의 길을 떠났을 뿐이다. 다시 말해, 아브라함이 떠난 시점은 아브라함에게 비옥한 땅은커녕 사실상 아무 것도 제시되지 않은 때다. 두 구절의 의미론적 연관성을 찾기 위해서 다시 처음의 텍스트로 돌아간다.

> 롯이 아브람을 떠난 후에 여호와께서 아브람에게 이르시되, 너는 눈을 들어 너 있는 곳에서 북쪽과 남쪽 그리고 동쪽과 서쪽을 바라보라. 보이는 땅을 내가 네 자손에게 주리니 영원히 이르리라.창13:14-17

제시문의 해석을 위해서 우리는 '롯이 아브람을 떠난 후에'라는 구절의 전후 문맥에, 다시 말해 해석의 지표가 되는 상황적인 배경situational context에 주목해야 한다. "산에 올라가서 두 눈으로 동서남북을 바라보라"고 하나님의 특별한 부르심을 받은 시점은, 아브라함이 마음속에 넓고 기름진 토지를 열망했던 때가 아니다. 조카 롯에게 비옥한 땅의 선택권을 모두 넘겨주고 자신은 척박한 땅에 홀로 남아있던 때로서, 오히려 재물에 대한 욕심을 주저 없이 버린 시점이었다.

아브람이 기름진 땅에 욕망이 있었다면 그는 결코 조카 롯에게 비옥한 땅의 선택권을 넘기지 않았다. 바라봄의 법칙에서 허투루 주장하는 것처럼 동서남북의 온 땅을 두루 탐하는 아브라함의 불같은 '욕망'에 하나님이 응답하신 것이 아니다. 오히려 그와 반대로, 재물의 욕망을 버린 아브라함의 순전한 희생을 보시고 하나님이 그를 '산'으로 부르셨다.

아브라함이 다른 곳에 가서 부자로 떵떵거리며 살게 하시려고 그에게 넓고 기름진 '새로운 땅'을 주신 것이 아니라, 하나님이 선택하신 거룩한 백성을 위한 '믿음의 조상'으로서 그에게 '새로운 사명'을 주시는 것이다. 요컨대 전후관계를 살펴보면 성경의 본래 메시지는 바라봄의 법칙에서 주장하는 아브라함의 욕망 또는 그 욕망을 충족시키는 하나님의 축복과는 분명히 다르다.

아브라함아브람이 넓은 땅을 차지하려는 욕망을 품고 산에 올라가서 눈을 들어 동서남북을 둘러보았기 때문에 하나님이 그의 기도를 들으시고 축복하신 것이 아니다. 하나님의 축복강복은 아브라함의 육적인 욕망이나 '기복'과 전혀 상관없다. 하나님이 동서남북을 바라보라고 명령하시자 아브라함은 영문을 모른 채 '말씀'에 순종했던 것이며, 온전히 순종했던 그에게 하나님은 기름진 땅을 주신 것이 아니라 '새로운 언약'을 주신 것이다. 이를테면 하나님은 아브라함에게 동서남북의 온 땅을 소유하게 하셔서 세상의 부귀영화를 주신 것이 아니라 '천하 만민'을 위한 복의 근원으로서 소중한 사역을 맡기신 것이다. 결국 본문의 심층적인 의미에서 땅은 상징일 뿐 축복의 실체가 아니다.

하나님이 말씀하신 대로 아브라함이 가나안에 들어갔지만 정작 그를 기다리고 있는 땅은 '젖과 꿀이 흐르는' 기름진 땅이 아니라, 수년째 지독한 가뭄으로 땅이 메말라 도저히 사람이 살 수 없는 척박한 땅이었다는 사실을 알아야 한다. 죽을 때까지 그는 가나안에서 비옥한 땅을 소유한 주인으로서 호사스럽게 살았던 것이 아니라 잠시 이방의 땅에 머무는 나그네에 지나지 않았으며, 자신이 소유한 것이라고는 훗날 가족의 무덤으로 쓰기 위한 '막벨라 굴' 뿐이다. 그는 '바라봄의 법칙'을 통해서 세상의 차고 넘치는 복을 받은 것이 아니며, '바라봄의 법칙'을 통한 물질의 축복은 처음부터 아브라함에게 존재하지 않았다.

조용기 목사가 저술한 '4차원의 영성'을 읽어보면, '인간적인 욕심과 꿈에서 하나님의 꿈으로 바꿔라'라는 제목으로 한 장chapter 전체에 걸쳐서 '바라봄의 법칙'이 지향하는 구체적인 내용에 대해서 언급하고 있다. 바라봄의 법칙은 인간의 단순한 육적 욕심이 아니라 성경의 검증을 거쳐서 하나님 뜻에 합당하도록 영적으로 조정되고 일치되어야 한다고 주장한다. 그럴듯한 주장이지만, 문제의 핵심은 바라봄의 법칙이 실제로 추구하는 대상과 적용이 하나님이 자녀에게 주시는 진정한 축복으로서 영적인 가치에 있는 것이 아니라, 세상에서 출세하고 성공하는 기복주의와 성공주의에 천착한다는 것이다. '바라봄의 법칙', 또는 유사한 제목의 간증서적들을 통해서 우리가 만나는 가치관은 '긍정의 힘'과 마찬가지로 출세를 위한 심리적인 자극과 동기부여에 지나지 않는다.

> "마음속에 비전을 품고 믿음으로 바라보며 내가 할 수 있는 한 최선을 다하면 하나님께서 반드시 이루어 주신다."

'바라봄의 법칙'이라는 책의 저자가 쓴 글이다. "오직 주의 은혜를 바라봄으로 나는 마침내 청와대 경호실 차장까지 올라갈 수 있었다"라는 자랑어린 간증에서 과연 진정한 그리스도인의 영적 사명감과 거룩한 가치관을 읽을 수 있는가? '공학박사로서 사상 최초로 청와대에서 경호실 차장까지 올라간 것'이 하나님의 특별한 은혜로서 바라봄의 법칙이 지니는 능력과 가치를 증명한다는 말인가?

예수는 "하나님 나라에서 가장 작은 자가 요한보다, 이를테면 여자에게서 난 자들 가운데 가장 큰 자보다 더 크다"고 말씀하셨다. 하나님 나라에 속한 자인 그리스도인은 세상의 제왕이나 어떤 고관보다 크다는 말씀인데, '경호실 차장'을 빗대서 바라봄의 법칙이 증명하는 성공의 상징으로 제시하는 것이 왠지 초라하다는 생각이 들지 않는가.

물론 하나님의 은혜로 말미암아 어떤 사람이 다른 사람들보다 출세할 수 있고, 보란 듯이 크게 성공할 수 있다. 그러나 정작 중요한 것은, 바라봄의 법칙을 마음에 새기면서 성공의 욕망을 품었던 자에게 주시는 물질적 보상이 성경적 관점에서 말하는 '하나님 은혜'의 본질이 아니다. 하나님의 진정한 은혜는 세상의 일시적인 성공과 출세가 아니라 '천국시민'으로서 영원한 기쁨과 평화를 누리는 영적 승리가 아니던가?

만약에 세속적인 성공이 '은혜'의 명백한 증거라면, "부자가 천국에 들어가는 것이 낙타가 바늘구멍에 들어가는 것보다 힘들다"라는 말씀을 도대체 어떻게 해석할 것이며, "재물과 하나님을 동시에 섬길 수 없다"는 말씀과 더불어 "종은 결코 두 주인을 섬길 수 없다"는 말씀을 어떻게 받아들일 것인가?

모두 믿는 자들일망정 하나님은 어떤 자에게는 많은 재물을 주시기도 하지만 어떤 자에게는 '의도적으로' 힘든 고난을 주시기도 한다. 이유는, '때로는 고난이 유익'이기 때문이며 '하나님을 믿는 자에게는 모든 것이 합력하여 선을 이루기' 때문이다. 믿음을 도구 삼아 세상에서 출세를 꿈꾸는 자는 결국 세상의 성공과 번영이 신앙의 목적이며, 하나님의 은혜마저 자신의 성공을 위한 축재의 수단으로 이용할 뿐이다.

성공이 삶의 목적이며, 자신이 축복의 중심에 있는 '바라봄의 법칙'은 오늘날 우리에게 '구원의 복음'을 전하는 온전한 그리스도 신앙이 아니라, 세상의 복을 구하는 교인들에게 헛되이 성공주의를 부추기며 끝내 타락과 멸망의 길로 이끄는 '탐욕의 복음'에 지나지 않는다.

'바라봄의 법칙'의 주창자인 조용기 목사의 설교에서 일부를 인용한다.

> "세상의 욕망을 품고 살아가는 자라야 하나님의 은혜로 말미암아 큰 뜻을 이룰 수 있다. 부자를 꿈꾸는 자라야 부자가 될 수 있고, 대형 교회의 목회를 꿈꾸는 목사라야 목회가 크게 성공할 수 있다. 작은 교회의 목사들은 사실상 은혜를 받지 못하고 실패한 목사들로서, 그들은 열등감 때문에 대형 교회의 목사들을 비판하는 것이다. 바라봄의 법칙에 따라 부자를 꿈꾸는 사람은 부자가 될 수 있지만, 거지 밥통이나 바라보며 늘 초라하게 사는 자는 끝내 거지가 될 수밖에 없다"

이것은 차라리 저주다! 이런 주장은 "가난한 자에게 복음을 전하기 위해서, 그리고 가난한 자들을 구원하기 위해서 세상에 오시고 마침내 생명을 바치신" 예수의 거룩한 뜻을 송두리째 부정하는 이단의 타락한 사설邪說에 지나지 않는다. 하나님은 '아버지'로서 자녀를 축복하신다. 우주와 만물을 지으시고 사람에게 다스리라고 말씀하신 하나님은 손수 지으신 자녀들이 세상에서 복 받기를 원하신다. 그러나 세상의 복은 하나님이 주시는 수많은 은혜의 일부일 수는 있어도 결코 전체가 될 수 없다. 때로는 세상에서 끊임없이 고난을 당하는 자가 오히려 진정한 은혜를 받은 자일 수 있다.

하나님의 은혜를 입은 큰 종들 가운데 세상에서 부귀영화를 누린 자가 과연 몇 명이나 되는가? 세상의 축복을 무턱대고 부정할 이유도 없지만 지나치게 탐닉해서도 안 된다. '믿는 자는 세상이 보기에 아무 것도 없는 자 같으나 사실은 모든 것을 가진 자'라는 말씀에 주목하라. 하나님을 사랑하는 자, 영혼 깊은 곳에 하나님을 품은 자는 이미 모든 것을 가진 자이기 때문이다.

단언컨대, 탐욕의 주술에 지나지 않는 '바라봄의 법칙'은 그리스도의 온전한 계시인 성경 어디에도 존재하지 않는다. 그리스도인의 진정한 승리를 위해서 오직 '순종의 법칙'이 존재할 뿐이며, 성경에 존재하는 유일한 바라봄의 법칙은 "믿음의 주요, 온전케 하시는 예수를 바라보라"는 '예수 바라봄의 법칙'으로서 우리에게는 이른바 구원의 소망이 있을 뿐이다.

교회는 탐욕의 곳간을 즉각 비워라!

> "베드로가 이르되 은과 금은 내게 없거니와 내게 있는 이것을 네게 주노니 나사렛 예수 그리스도의 이름으로 일어나 걸어라 하고" 행3:6

물은 고이면 반드시 썩게 되어 있다. 썩은 물은 악취를 풍겨 가까이 있는 사람들에게 고통을 안겨주며, 마침내 소중한 생명을 빼앗는다. 물은 계속 흘러야 한다. 높은 곳에서 낮은 곳으로 서서히 흐르면서 마른 대지를 촉촉이 적시며 곳곳에 생명을 전해야 한다. 그것이 물의 존재이유이다.

흐르지 않고 한 곳에 고이면 물이 썩듯이 재물도 한 곳에 고이면 썩을 수밖에 없다. 탐욕으로 썩고, 방탕으로 썩고, 교만으로 썩고, 걱정과 염려로 썩을 수밖에 없다. 물이 썩어 고약한 악취를 발하듯 재물이 고이면 더러운 욕망의 악취를 풍긴다. 재물에서 썩은 냄새가 나서가 아니라 재물을 향한 탐욕이 속절없이 사람을 타락과 부패로 썩히기 때문이다.

오늘날 한국교회가 이토록 타락하고 목회자들의 부패와 비리가 코를 찌르듯 악취를 뿜어내는 이유가 무엇이라고 생각하는가? 흔히 지적하듯, 신학을 제대로 공부하지 않은 목사들의 허술한 자질 때문인가? 물론 학문의 깊이도 여러 이유들 가운데 하나가 될 수 있다. 그러나 그것은 본질적인 문제는 아니다. 버젓한 신학교가 하나도 없던 시절에 오히려 목사들은 지금보다 한결 깨끗하지 않았던가.

원인이야 여럿 있겠지만, 교회가 타락하는 근본적인 이유는 교회에 재물이 고이기 때문이다. 교회 곳간에 닥치는 대로 쌓아둔 '은과 금'이 차고 넘치면 마치 물이 고여 썩고 말 듯이 교회는 타락하고 만다. 재물은 타락을 부추기는 무서운 힘을 지니고 있기 때문이다. 오죽하면 예수께서 "하나님과 재물을 동시에 섬길 수 없다"고 하시면서 재물의 무서운 마력을 전능하신 하나님의 신성과 비교하시겠는가. 교회는 훗날을 기약하며 재물을 쌓아두는 닫힌 곳간이 아니라, 가난한 이웃을 위해 수시로 재물을 나눠주는 열린 곳간이 되어야 한다.

성전 미문에서 구걸하는 앉은뱅이 걸인에게 베드로가 외쳤다. "내게 은과 금은 없거니와 내게 있는 이것을 네게 주노니 나사렛 예수 그리스도의 이름으로 일어나 걸어라…."행3:6 영어 성경에서 이 구절은 복문으로 구성된 하나의 문장이 아니라 분리된 두 문장으로 이루어져 있다는 점에 주목해야 한다. 즉, 한글성경처럼 '…없거니와 … 걸어라'가 아니라 '…없다. 그러나But … 걸어라'로 엄연히 다른 문장구조로 이루어져 있다.

무슨 뜻인가? 은과 금이 '없을망정' 다른 것이 있다는 대체적인 의미가 아니라, 은과 금이 없기 때문에 다른 소중한 것, 즉 예수 그리스도의 능력이 드러난다는 '필연적인' 의미이다. 교회의 곳간에 재물이 넘치면 그에 반비례해서 예수 그리스도의 영성은 초라하게 작아진다. 마음 가득히 재물을 담으면 사람은 너나없이 재물의 가공할 능력power에 하릴없이 의존하기 때문이다. 그래서 성경은 두 주인을 섬길 수 없으며, 하나님과 재물을 동시에 섬기지 못한다고 말한 것이다.

만약 베드로에게 은과 금이 넘쳤다면 과연 예수 그리스도의 능력이 나타났을까? 예수께서 제자들을 파송하면서 "돈주머니를 차지 말라"고 말씀하셨던 이유는, 돈에 의존하지 말고 온전히 주님의 능력에 의지하라는 명령이다. 은과 금이 넘치면 서서히 영성을 잃어가는 것이 아니라 좀 더 정확히 말하면, 곳간에 은과 금을 쌓아둔 교회는 이미 예수 그리스도의 영성을 상실한 교회이다.

예수께서 도우라고 명령하신 세상에는 먹을 빵이 없어 굶는 자, 마실 물이 없어 목마른 자, 돈이 없어 병든 채 죽어가는 자가 차고 넘치는데 곳간에 재물을 넘치도록 쌓아두고 예배당 지을까, 선교센터 지을까, 목사 노후 자금을 얼마나 비축할까 고민하는 교회에 과연 예수 그리스도의 거룩한 영성이 존재한다고 보는가?

한 달 동안 쉬지 않고 일한들 100만원 남짓한 수입에 지나지 않는 일자리를 잃고 더 이상 버틸 수 없는 절망에 빠져 '송파 세 모녀'가 동반 자살하는 비참한 현실을 우리는 두 눈으로 똑똑히 보았다. 그런데 정작 교회라는 곳에서 수천 억짜리 교회당을 지으면서 하나님의 은혜라고 소리치며 '사랑이 제사보다 소중하다"는 하나님의 이름을 욕되게 하는 자들, 입으로는 주의 종이라며 정작 주인의 자리에서 온갖 부귀영화를 탐하는 자들에게서 과연 예수 그리스도의 아름다운 영성을 느낄 수 있는가.

예수 그리스도의 고유한 영성은 신비한 표적을 드러내는 초월적 능력에 머물지 않는다. 신비나 기적은 다른 종교들이나 심지어 이단에서도 얼마든지 볼 수 있다. 병을 고친다든지 귀신을 내쫓는 능력은 일부 무당들이나 축사逐邪하는 자들에게서도 쉽게 보고 듣는다. 그런 허접한 이방신들과 달리 예수 그리스도의 특별한 영성이 있다. 그것은 다름 아닌 '사랑의 영'이다. 그리고 사랑의 영은 허세와 탐욕을 모두 내버린, 가난한 영성에서 비롯된다.

교회는 주저 없이 곳간을 비워야 한다. 예수께서 "새 술은 새 부대에 담으라"고 하셨다. 따라서 '새 언약의 백성을 구원하기 위한' 신약시대는 하나님께 바친다는 명목으로 종교인들의 배를 불렸던 헌금이나 십일조가 아니라 가난한 이웃을 구제하기 위한 연보가 있을 뿐이다. 가난한 이웃을 위해서 아낌없이 사용해야 되는 '연보'를 거둬들여 화려한 건물 짓는데 혈안이 되고, 겉멋에 빠진 종교인들이 세상에서 허세 부리는데 헛되이 낭비하지 말고 곳간을 비워 가난한 이웃을 위해 아낌없이 나눠주어야 한다.

사랑을 통해서 예수 그리스도의 복음을 실천하고 전파하는 것, 그것이 바로 그리스도께서 생명을 바쳐 세상에 교회를 세우신 명백한 존재이유이기 때문이다. 성경적인 원형교회를 지향하는 아르케처치는 올바른 재정 사용부터 시작해서 반드시 예수의 계명을 지키는 교회가 되어야 한다.

제2부

내 교회를 세우리라

프롤로그

개인의 종교적인 입장과 신념, 또는 신앙관에 따라 나름대로 판단이 다를 수 있지만 목사 중심의 교권주의에 함몰된 오늘날 한국교회의 영적인 상태가 바람직하다고 말하는 사람은 없을 것이다.

1990년대를 정점으로 1000만을 넘나들던 한국교회의 출석교인수가 점점 줄어들고 있을 뿐만 아니라 시간이 지나면서 퇴보에 가속도가 붙고 있다. 교회에 열심히 다니던 사람들이 마음속에 켜켜이 쌓였던 실망과 좌절, 그리고 분노로 마침내 교회를 떠나면서 '가나안 성도'가 나날이 증가하는가 하면, 교회에 다니지 않는 사람들은 연일 언론 매체를 주홍빛으로 물들이는 한국교회에 대해 심한 불신과 조롱의 눈길을 멈추지 않는다. 교회 내부에서는 교인들이 썰물처럼 빠져나가고, 외부에서는 교회로 들어오지 않으면서 한 때 기름졌던 한국교회의 토양은 날이 갈수록 황량한 벌판으로 변하고 있다.

한국의 3대 종교 가운데 유독 개신교의 신뢰도가 단연 꼴찌로, 수치상 10%에 미치지 못할 정도로 세상의 신뢰를 잃었다는 사실에 주목해야 한다. 세계에서 유례를 찾아볼 수 없을 만큼 기독교 선교사에 신기원을 세웠다는 한국교회가 이렇게 쇠락의 길에 들어선 원인을 파악하고 서둘러, 그리고 적절히 대처하지 않는다면 한국교회는 '한 세대를 넘기기 전에' 예배당이 텅 비는 공동현상空洞現像을 피할 수 없을 것이다.

남의 일인 양 멀찌감치 바라보았던 유럽 교회의 을씨년스러운 모습이 더 이상 '강 건너 불구경'이 아니라 '자기 발등에 떨어진 거센 불길'이 되고 말았다. 세상에서 차갑게 외면당하면서 한국교회는 날이 갈수록 출석교인이 눈에 띄게 줄어들고 있다. 심지어 "기독교 역사상 가장 타락했다"는 신랄한 비판과 더불어 "한국교회는 죽었나"는 슬픈 조사弔辭마저 끊이지 않는 암담한 현실을 어떻게 받아들여야 하는가?

죄와 허물이 없는 사람이 없듯이, 다양한 사람들이 함께 어우러지는 '지상교회'에도 분명히 문제가 있을 수밖에 없다. 그러나 다른 곳도 아닌 교회에서, 그리스도의 거룩한 몸이라는 교회에서조차 죄와 허물이 마치 불가피한 속성인 양 가만히 수수방관하고 있을 수 없다.

교회는 '그리스도의 몸'이며 예수께서 '천국열쇠'를 주신 구원의 공동체다. 그런 교회가 죄와 허물에 아무런 말없이 침묵하는 것은 교회의 참된 본성을 잃고 은연중에 불의를 부추기는 죄악이다. 이는 그리스도의 몸을 훼파하는 것이며 교회를 파괴하는 것이다.

교회가 '성도'이며 성도가 결국 사람의 무리라면 교회에 죄가 없을 수 없다. 그러나 한국교회의 치명적인 문제는 '죄가 있다'는 것이 아니다. 심각한 죄가 있음에도 죄를 인정하지도 죄에서 돌이켜 회개하지도 않으면서 교회가 유유자적 죄와 가까이 어울리는 참담한 현실이 문제의 핵심이다.

그렇다면 죽음의 수렁에서 허우적대는 한국교회를 구할 수 있는 길이 있을까? 결코 간단하지 않은 문제이지만 그렇다고 전혀 답이 없는 것은 아니다. "끝나기 전까지 끝난 것이 아니다"라는 말이 있다. 다시 말해 한국교회가 비록 절망적인 상태이지만 아직 끝나지 않았으며, 끝나지 않았기 때문에 우리는 섣불리 희망을 버릴 수 없다.

다만, 지금까지 개혁이라는 이름으로 줄곧 주장하던 '윤리 회복'이나 '제도 개선'으로 한국교회의 치명적인 질병은 결코 치유되지 않는다. 한국교회를 살리는 유일한 길은, 교회 개혁이나 갱신이 아니라 예수께서 말씀하신 '내 교회', 예수께서 세우겠다고 선언하신 '예수교회'를 온전히 '회복'하는 것뿐이다. 그것은 종교적인 담론이나 신학적인 이론으로 이뤄지지 않는다. 종교 개혁가들이 주창했으나 결국 실패했던 '개혁의 본질'을 다시 되살려 '오직 성경'으로, 그리고 '오직 예수'로 돌아가서 교회의 본질을 회복해야 한다.

1장 · '목사교회'는 '성경적인' 교회가 아니다

종교적 의존과 영적 자존

성경은 신구약을 통틀어 66권구약 39권, 신약 27권, 1,189장구약 929장, 신약 260장, 31,173절구약 23,214절, 신약 7,959절로 구성되었다. 이토록 많은 장절과 구문, 단어들로 구성된 성서에서 루터를 사로잡아 종교개혁 운동으로 이끌었던 구절이 바로 로마서 1장 17절이다.

> "복음에는 하나님의 의가 나타나서 믿음으로 믿음에 이르게 하나니 기록된 바 오직 의인은 믿음으로 말미암아 살리라"

이 구절을 읽으면서 마치 '천상에 오르는 감동'을 느낀 순간을 루터는 '탑의 체험'이라고 말하며, '깨달음의 순간', '회심의 순간', '구원의 순간'이라고도 말한다. 그로부터 "믿음으로 말미암아 구원을 얻는다"는 '이신 칭의득구'가 개신교의 제일공리로 우뚝 세워진다. 비단 루터만이 아니라 성경의 특정한 구절이나 그로 인한 개인의 특별한 영적 체험이 자신의 신앙을 결정짓는 경우를 종종 볼 수 있다.

그러나 개인의 영적 체험에 대해 각별히 경계해야 하는 이유는, 소위 정통 신앙만이 아니라 이단에서도 이런 경우를 흔히 만난다는 것이다. 즉, 정통과 이단의 경계가 모호할 수 있다는 말이다. 따라서 특정한 구절의 의미를 강조하며 자신의 논리를 주장하기 위해서는 해당 구절을 발췌해서 자의적으로 해석하며 본문의 의미를 섣불리 단정하기 전에, 그 구절이 성경 전체를 통하여 하나님이 전하시는 '메시지'와 모름지기 일관성을 지녀야 한다.

이는 바른 해석의 전제가 되는, 이른바 '텍스트의 일관성'totality에 관한 핵심 사안이다. 이단의 특징은 성경의 '통전적인' 뒷받침이 없이 특정한 구절의 '발췌 해석과 자의적인 '적용'에 기인한다. 요컨대 성경 해석과 적용의 오류에서 수많은 이단이 발생한다. 성경이 다양한 구절들과 사건들로 구성되었지만, 그것들 가운데 특별한 감동을 주는 구절이나 사건이 사람마다 다른가 하면, 같은 사람이라도 때와 상황에 따라 감동적인 구절이 변할 수 있기 때문이다.

나 자신을 돌이켜보면, 한동안 "나의 힘이 되신 여호와여, 내가 주를 사랑하나이다"라는 구절을 주문처럼 외웠던 시절이 있었다. 매우 견디기 힘들었던 상황에서 숨은 속내를 미처 깨닫지 못한 채 하나님의 은혜를, 도움을 갈망했던 때인 것 같다. 그때는 신약은 뒤로 한 채 구약에 깊이 빠져있었다. 전지전능하신 하나님의 은혜로, 그 분의 신비한 능력으로 고난에서 벗어나고 싶었던 마음이 고스란히 드러난 것이다.

시간이 한참 지난 다음에, 어떤 계기로 사역자가 되겠다고 굳게 마음을 먹은 뒤부터 큰 변화가 있었다. 그때부터 이전과 달리 오히려 신약에 심취했고, 특히 예수 그리스도의 삶과 계명을 기록한 사복 음서에 깊이 빠져들었다. 물론 성경의 핵심인 사복음서를 제대로 이해하고 복음의 진리를 바르게 깨닫기 위해서는 구약이 단단히 뒷받침되어야 하며, 바울의 서신들을 비롯한 신약성경 전체가 어우러져 '하나의 전체'로서 대 문맥macro-context이 되어야 한다. 따라서 어디 한 곳에 치우치지 않는 균형이 필요하겠지만, 그럼에도 나를 완전히 사로잡은 특정한 구절이 있다는 것을 부정하지 않는다. 다음 구절이다.

> "내 교회를 세우리라"마16:18

예수께서 하신 말씀으로, 주어가 예수이며 목적어는 '내 교회'다. 영역 성경을 보면 의미가 보다 분명해진다. I will build my church…! 내가 '아르케처치'를 주창하게 된 배경도 나를 완전히 사로잡았던 이 구절에서 비롯되었다고 해도 과언이 아니다. 주어가 예수이며 목적어가 내 교회예수교회라는 사실은 '교회'에 결정적인 의미를 부여한다.

성경적인 교회, 이를테면 참 교회는 목사나 어떤 특정한 '사람'이 앞장서서 세우고 지배하는 것이 아니라 예수께서 '친히' 세우시며, 다스리시고, 섬기는 것이다. 그 교회는 결코 '사제 교회'나 '목사 교회'가 될 수 없을 뿐만 아니라, 오직 예수 그리스도가 '머리'이시며 모든 성도가 '지체'가 돼서 오롯이 한 몸을 이루는 '예수교회'이다.

속속들이 타락한 한국교회, 그리스도 신앙의 의미와 가치가 완전히 변질된 한국교회는 예수께서 선언하신 '교회'의 본질과 능력을 잃었기 때문에 엄밀히 말해서 성경적인 교회라고 말할 수 없다. 다시 말하지만 성경에서, 그리고 예수의 계명에서 벗어난 교회, "그것은 교회가 아니다". 겉모습이 교회처럼 생겼다고 허투루 교회라고 말할 수 없다. 예수가 없는 교회, 그리스도의 성령이 떠나시고 그 자리에 종교권력자들의 탐심과 정욕이 득실대는 '강도의 소굴'을 감히 그리스도의 교회라고 말할 수 없지 않는가.

한국교회의 심각한 타락과 쇠퇴에 대해서 이런저런 말들이 분분하고, 나름대로 많은 대안들을 제시하지만, 그런 대안들은 마치 말기 암 환자에게 해열제 주면서 병의 치유를 기다리는 치명적인 '오진'처럼 실로 어리석기 이를 데 없는 짓이다. 진정 교회를 살리기 원한다면 무엇보다 먼저 예수께서 말씀하신 "내 교회를 세우리라"를 가슴에 새기고, 기존의 종교적인 타성과 관습에서 벗어나서 예수교회의 본질을 되찾아야 한다. 감히 사제나 목사가 교회의 주인이신 예수인 양 헛짓하지 말고, 교인들은 그들을 추종하며 괜히 헛심 쓰지 말라는 말이다.

개혁, 정화, 갱신, 혁명… 무슨 말을 사용하든지 상관없이 지금의 사이비 한국교회에 근본적인 변화가 필요하다고 생각한다면 가차 없이 목사사제 권력을 타파해야 하며, 교인들은 즉각 '목사 의존 신앙'을 버려야 한다. 그것들이야말로 오늘날 한국교회가 즉각 치워야 하는 '배설물'이기 때문이며, 그리스도 신앙의 본질을 상실한 외형적 종교주의의 오물이기 때문이다.

교회의 타락은 윤리나 제도의 지엽적인 문제 이전에, 특정한 종교지도자가 장악한 독재 권력에서 비롯되었다는 사실을 잊지 말라. 그리스도인으로서 우리가 가슴에 담아야 하는 보배는 이 같은 신앙의 배설물이 아니라, 우리가 그리스도와 연합하여 한 몸을 이룬다는 '영적 자존감'이다.

> "너희는 그리스도의 몸이요 지체의 각 부분이라" 고전12:27

그리스도의 몸이며 지체인 우리는 '거룩한 성도'로서 마땅히 교회의 운영 주체가 되어야 한다. 예수께서 생명 바쳐 세우신 교회에, 예수께서 성도들 새 언약의 백성으로 부르신 '새 성전'에 예수와 성도 외에 어떤 자인들 감히 '주체'가 될 수 없기 때문이다. 성도는 단순히 새 언약의 백성에 머물지 않는다.

성경은 신약시대의 성도를 일컬어 '왕 같은 제사장들'이라고 선언한다. 덧붙여 말하면, 베드로전서 2:9의 "너희는 왕 같은 제사장들이다"에서 왕 같은 제사장들의 정확한 의미는, 오늘날 목사처럼 마치 자신이 '교회의 황제'인 양 거들먹거리는 한 명의 특정한 제사장이라는 말이 아니라 성도가 지존하신 왕이신 하나님의 제사장들이라는 의미로 해석해야 한다.

신약시대 성도 개개인은 이처럼 '하나님의 제사장'이라는 본질적인 의미에서 왕 같은 제사장들이다. 하나님께 나아가기 위해서 예수 그리스도의 신약시대는 고대 이스라엘의 율법 시대처럼 제사장이 필요하지 않으며, 생명의 구원을 얻기 위해서 가톨릭의 교황이나 사제, 개신교의 목사가 따로 필요하지 않다. 다만 성도라는 거룩한 신분만으로 능히 하나님께 담대히 나아갈 수 있는 동시에, 예수를 믿음으로 말미암아 구원을 얻을 수 있는 새 언약의 백성이 이른바 그리스도인으로서 '성도'다.

이는 그리스도 신앙의 핵심인 동시에 성경의 진리이지만, 오늘날 성도는 자신의 영적 정체성을 올곧게 깨닫지 못하고 여전히 구약시대, 또는 중세 가톨릭 시대의 구습을 버리지 못한 채 헛되이 '목사'에게 맹종하고 있다. 단순한 무지를 넘어서 이것은 그리스도의 계명에 맞서는 명백한 불신앙이며 불순종이다. 예수를 올곧게 믿는 자는, 그래서 바른 그리스도 신앙을 지닌 자는 모름지기 자신의 영적 정체성을 분명히 깨닫고, 성도로서 자신의 역할을 오롯이 감당하는 자다.

예수께서 "천국은 침노하는 자의 것이다"라고 말씀하셨다. 수동적으로 맹종하는 '목사교인'이 아니라 주체로서 능동적으로 주께 나아가는 그리스도인에게 구원이 있다는 말씀이다. 목사 의존 신앙, 그것은 그리스도 신앙의 주체인 성도의 '영적 자존감'을 상실한 자의 비루한 맹신이며 구원의 열매를 맺을 수 없는 불임 신앙일 뿐이다. 열매를 맺지 못하는 무화과나무를 저주하신 예수의 음성을 기억해야 한다.

성도여, 목사의 헛된 중재 없이 주께 당당히 나아가라. 주께서 당신을 이미 '왕 같은 제사장들'의 하나로 세우시지 않았는가. 신약시대의 '거짓 제사장'인 목사를 무턱대고 따라가는 맹신이 예수께서 말씀하셨던 것처럼, '소경'을 따라가는 어리석은 맹종과 정녕 무엇이 다른가. 소경을 따라가다 죽음의 구덩이에 빠지지 말고 '오직 예수'를 따라 생명의 길로 나아가라. 당신의 내면에서 '세미한 음성으로' 인도하시는 그리스도의 성령에 귀를 기울여라. 그것이 구원에 이르는 거룩한 비밀이며 유일한 길이다.

목사牧師라는 직분

오늘날 목사가 교회의 주인처럼 온갖 권력을 독점하는 모습을 보면 어떤 사람인들 '목사 없는 교회'는 감히 상상조차하기 힘든 일이지만, 내가 이전에 썼던 책 '그것은 교회가 아니다'에서 이미 밝혔듯이 '목사'라는 직분은 흔히 생각하는 것처럼 성경에 기록된 '원형적인' 직분이 아니다. 신약성경에 18번에 걸쳐 예외 없이 '목자'로 번역했던 '포이멘'이 유일하게 에베소서에서만 '목사'로 옮겼을 뿐이다. 이를테면 개역성경에 등장하는 목사라는 이름은 헬라어 포이멘poimen을 한글로 번역하면서 잘못 옮긴 것이다.

한글성경만의 오역이 아니다. 예수께서 스스로 '선한 목자'good sheperd라고 말씀하셨던 것처럼 영어 성경에서도 포이멘을 빠짐없이 '목자'sheperd로 번역했지만 유독 에베소서 4장 11절에서만 '목사'pastor로 번역했다. 이는 목사가 처음부터 있었던 성경의 원형적인 직분이 아니라는 뚜렷한 반증이다. 목사는 종교개혁 이후에 중세 가톨릭의 사제주의에 맞서 개신교에서 '종교적인 이유 때문에' 새로 만든 직분으로, 목사라는 직분을 개신교의 새로운 성직으로 만들기 위해서 의도적으로 '포이멘'을 목사pastor로 변개한 것이다.

'그것은 교회가 아니다'에서 '목사는 성경의 원형적인 직분이 아니다'라는 제목의 글을 읽은 독자들은 마치 목사라는 직분 자체에 대한 전면적인 부정으로 오해했던 것 같다. 목사가 성경에 기록된 '원형적인 직분'이 아니라고 해서 '반성경적'이라고 섣불리 단정할 수 없다. 우리는 정통과 이단을 구별 짓는 기준으로 종종 통용되는 '성경적'이라는 용어에 대한 정의부터 분명히 정립해야 한다. 본질적인 의미에서 성경적이라는 말의 기준은 문자의 기록 여부를 가리키는 것이 아니라 성경의 원저자인 하나님의 뜻에 온전히 부합하는 것이기 때문이다.

성경의 명시적인 기록이 정통과 이단을 가름하는 잣대라면, 성경이 완성된 1세기 이후에 만들어진 종교적인 직분과 제도가 모두 성경의 일탈이나 왜곡으로 간단히 치부될 수 있다. 오랜 종교사를 살펴볼 것 없이 현대 교회만 해도 첨단 기술과 문명의 발달과 함께 새로운 사역들이 전면에 등장했다. 예를 들면 21세기에 등장한 sns를 이용해서 역동적으로 사역하는 교회에 대해서 단지 성경에 명시되지 않았다는 이유로 함부로 반성경적이라는 낙인을 찍을 수 없다는 말이다. 성경을 기록하던 시대에 존재하지 않았던 음향이나 영상, 기록에 관한 사역도 예외일 수 없다.

반면에, 성경에 분명히 기록되었지만 신약시대에 들어와서 더 이상 성경적일 수 없는 구약 시대의 규범들이 있다. 예를 들면 음식에 관한 율법이나 정결 예식, 절기나 풍습에 관한 옛 규범들이 성경에 명시되었기 때문에 오늘날에도 반드시 지켜야 한다는 주장은, 본질을 강조하는 예수 그리스도의 신약시대에 걸맞지 않게 문자에 천착하는 '극단적 근본주의자들'의 오류에 지나지 않는다. 요컨대 '성경적'이라는 말의 바른 정의는 문자의 기록 여부가 아니라 성경의 원저자인 하나님의 뜻에 부합하는지 여부에 달려 있다.

'성경적'이라는 말이 함축하는 문제들 가운데 무시할 수 없는 것은 의미의 왜곡뿐만 아니라 용어의 남용이다. 목사가 강단에서 설교할 때, 비단 화자뿐만 아니라 듣는 회중도 설교자가 성경적인 말씀을 전한다고 지레 짐작한다. 그도 그럴 것이 목사는 다만 한두 구절일망정 예외 없이 성경을 인용해서 설교하기 때문이다.

예컨대, '영적 아버지'를 자처하는 목사들은 자신들의 영적 권위를 주장하면서 줄곧 디모데전후서에 기록된 '나의 아들 디모데야', 또는 고린도전서의 '위에 있는 권세에 복종하라'는 구절을 자주 인용한다. 그런 구절들이 목사의 영적 권위를 입증하기 위한 전거典據, proof-texting로서 더 없이 좋은 빌미가 되기 때문이다.

그러나 당시에 바울과 디모데의 '특별한 관계'를 현대교회에서 목사와 교인들 사이의 일반적인 관계로 확대해석하는 것은 사실에서 벗어난 논리의 비약으로, 이른바 '자의적인 해석'에 지나지 않는다. 바울과 초대교회의 교인들 사이가 '영적인 부자관계'라면 바울은 나이 어린 디모데나 디도 외에 다른 교인들에게도 응당 '내 아들아'라고 불러야 했지만, 바울의 서신들 어디를 뒤져봐도 바울은 초대교회의 교인들을 아들이라고 부르지 않는다.

'위에 있는 권세에 복종하라'는 말도 마찬가지다. 이 구절은 세상 사람들과 함께 살아가는 그리스도인들이 이 세상의 합법적인 질서와 제도를 인정하라는 의미일 뿐, 교회에서 교인들이 목사에게 무턱대고 복종하라는 말이 아니다. 다시 말해 '권세'와 '권세를 지닌 자'는 의미상 동의어가 아니다. '권세에 복종하라'는 말이 권세를 지닌 자에게 무조건 복종하라는 일방적인 의미가 아니라는 말이다.

사회질서를 유지하기 위해서 권세는 사회가 존속하는 한 '지속적으로' 존재하는 제도이지만, 권세를 지닌 자는 '일시적으로' 존재하는 '인간'이기 때문이다. 오히려 하나님이 주신 권세에 바르게 복종하기 위해서는 권세를 지닌 자가 잘못 사용하는 권세, 이를테면 하나님의 뜻에서 벗어나서 인간의 욕망에 의해 타락한 권세에 치열하게 저항해야 한다. '위로부터 오는 권세'를 아래에 있는 사람이 단지 권세자라는 이름으로 함부로 남용하는 것은 하나님이 주신 권세를 훼손하는 것이기 때문이다. 성경적인 관점에서 볼 때 '교회의 일꾼'인 목사는 위가 아닌 아래에 있는 '종'이기 때문에 목사를 빗대서 '위로부터 오는 권세' 운운하는 자체가 이치에 맞지 않는다.

'성경적'이라는 말의 남용은 곳곳에서 나타난다. 성경의 실제 내용과 상관없이 목사들은 자신들의 설교가 성경에서 몇 구절을 인용했다는 구실로 당연히 '성경적'이라고 주장한다. 이 외에도 성경적인 근거라고 예문을 제시하면서 목사의 불의를 가리는 중대한 오류가 있다. '비판하지 말라', '너희 가운데 죄 없는 자가 먼저 돌로 치라', '하나님의 기름부음 받은 종을 해칠 수 없다'는 특정한 구절들을 자의적으로 해석해서, 목사들의 불의에 대한 교인들의 '비판의식'을 원천적으로 봉쇄하는 경우가 그것이다.

'비판하지 말라'는 구절을 수시로 들먹이며 불의에 맞선 정당한 비판마저 불신앙의 증거로 매도하지만, '옳고 그름을 구별하는' 정당한 비판의식이 없다면 바른 신앙도 있을 수 없다. 너나없이 '성경적'이라는 말을 사용하지만, 섣불리 오용하기 전에 그 말이 가리키는 진정한 의미를 먼저 깨달아야 한다.

사역자의 직분은 시대에 따라, 그리고 종교·문화적인 배경에 따라 얼마든지 새롭게 세워질 수 있지만 시간과 공간의 차이에 상관없이 사역자에게 반드시 적용되어야 하는 일반적인 원칙이 있다. 이를테면 목사를 비롯한 교회의 모든 사역자는 신약성경이 명시적·암시적으로 제시하는 사역자의 규범을 반드시 지켜야 한다.

'목사'는 성경적인 관점에서 정당한 직분인가에 대한 논란이 끊이지 않지만, 앞에서도 말했듯이 목사를 '가르치는' 직분으로 정의한다면 현대 교회에서 목사라는 직분은 마땅히 성경적인 직분에 해당한다. 성경은 '가르치기를 잘 하는 자'를 사역자의 기준으로 제시하기 때문이다. 목사라는 이름이 성경에 기록되지 않았다는 이유로 '가르치는 장로'로서 목사의 역할 자체를 부정하며 '반성경적인 직분'으로 섣불리 단정할 수 없다는 말이다.

그럼에도 "목사가 성경적인 직분이 아니다"라는 주장이 끊이지 않는 데는 나름대로 정당한 이유가 있다. 단지 처음부터 성경에 기록되지 않았기 때문이 아니라 교회의 사역자로서 오늘날 목사의 역할이 성경의 가르침에 좀처럼 부합하지 않기 때문이다. 종교개혁 이후에 개신교에서 새로운 '교회권력자'로 대두된 목사가 과연 예수께서 말씀하신 '사역자의 역할', 다시 말해 제자와 종의 사명에 부합하는지 여부를 분명히 가리는 것이 목사가 성경적인 직분인가를 가름하는 뚜렷한 기준이 될 수 있을 것이다.

신약성경은 예수 시대의 '새 부대'에 합당한 사역자의 공통적인 기준을 제시하고 있다. 따라서 이성적인 논리 이전에 성경에 근거해서 목사를 비롯한 오늘날 교회의 사역자들의 역할이 성경에서 제시하는 규범에 합당한지 가리는 것이 우선이다. 목사를 비롯한 사역자의 역할에 대한 성경의 지침은 분명하다. 스승과 제자라는 사제관계와 더불어 주인과 종의 주종관계에서 살펴볼 때, 교회의 사역자로서 목사는 예수의 계명을 준행해야 하는 '제자'인 동시에 '종'이다. 요컨대 목사는 교회의 주인이 아니라 종의 직분을 맡은 '낮은 자'이다.

예수께서 제자들에게 "너희는 나를 스승, 또는 주라고 부른다"라고 하시며, "인자가 온 것은 섬김을 받으려 함이 아니라 도리어 섬기려 하고 자기 목숨을 많은 사람의 대속 제물로 주려 함이니라"마20:28고 하셨다. 스승이며 주인인 예수가 '섬기기 위해서' 세상에 오셨다면, 그를 따르는 제자들은 마땅히 '섬기는 종'이라는 말씀이 아닌가. 그렇다면 결론은 간단하다. 주의 종이며 제자인 사역자는 어떤 경우에도 교회의 주인일 수 없으며, 교회를 지배하는 권력자가 될 수 없다. 따라서 스스로 '높은 자'를 자처한다면 목사는 결코 성경적인 직분일 수 없다.

세상에 속한 '집권자'는 사람들을 다스리기 위해서 '권세를 부리'지만,

교회에 속한 주의 종은 모름지기 주인의 뜻에 온전히 순종하기 위해서 섬기는 자가 돼야 하기 때문이다. '온유와 겸손'을 강조하신 예수는, 제자도를 미처 깨닫지 못하고 오히려 '크고 높은' 자가 되기 원했던 제자들을 꾸짖으시며 '종이 되라'고 말씀하셨다.

> "예수께서 제자들을 불러다가 이르시되 이방인의 집권자들이 그들이방인들을 임의로 주관하고 그 고관들이 그들이방인들에게 권세를 부리는 줄을 너희가 알거니와, 너희 중에는 그렇지 않아야 하나니 너희 중에 누구든지 크고자 하는 자는 너희를 섬기는 자가 되어야 하리라. 너희 중에 누구든지 으뜸이 되고자 하는 자는 너희의 종이 되어야 하리라"마20: 26

본문에서 말하는 '크고자 하는 자'와 '으뜸이 되고자 하는 자'가 무엇을 의미하는가? 제자들 가운데 진정 '큰 자', 이를테면 주의 뜻에 가장 합당한 자는 주께 온전히 순종하는 자이며, 온전히 순종하는 자는 예수께서 보이신 '겸손의 본'을 오롯이 따르는 자이다. 따라서 제자를 비롯해서 모든 사역자는 예수께서 말씀하신 대로 교만한 자의 탐심과 정욕을 버리고, '자기를 부인하며 자기 십자가를 지고' 예수를 따르는 겸손한 자가 되어야 한다. 예수께서 인간의 몸으로 세상에 오신 이유들 가운데 하나가 바로 인간으로서 섬김의 본을 보이기 위함이다. "나는 너희에게 본을 보이려 하노라"

전지전능의 초월적인 신성에 눈이 가려져 예수의 특별한 인성을 보지 못한다면 예수께서 육신을 입으시고 세상에 오신 이유를 절대로 깨닫지 못한다. 예수는 제자들의 발을 일일이 씻어 주시면서 '종'으로서 섬김의 본을 보이셨다. 예수로부터 섬김의 본을 받은 제자들은 마땅히 섬기는 자가 되어야 한다.

목사가 성경적인 직분이 아니라고 거세게 비난하는 이유는, 교회권력에 탐닉하는 목사들이 '종이 되라'는 예수의 계명을 어기며, 예수의 명령에 따라 '섬기는 자'가 아니라 자기 욕망에 따라 섬김을 받는 자로 교회에 군림하기 때문이다. 결국 목사에 대한 날선 비난은 오늘날 한국교회 목사들이 섬김의 본을 보이지 못하고 교만한 자의 자리에 섰기 때문에 일어난 자업자득의 당연한 결과이다. 그들은 예수의 계명을 지키기는커녕 예수의 몸 된 '교회'를 제멋대로 통치하며 마치 제왕처럼 교인들을 지배하기 때문에 목사가 반성경적인 직분이라는 참담한 비난을 듣는 것이다.

간단히 말해서 목사는 교회의 주인도, 지배자도, 권력자도 아니다. 예수께서 그랬듯이 '섬기는' 사역자로서 목사는 생명을 바쳐 교회를 섬기는 종이다. 그리고 충성스러운 종에게 요구되는 것은 재물이나 권력, 명예를 위한 탐욕과 교만이 아니라 섬김을 위한 희생과 헌신이며 겸손이라는 것을 분명히 알아야 한다.

목사를 성경적인 직분이라고 당당히 말하려면 목사는 자신의 모습을 뒤돌아보고, 자신의 언행이나 의식이 주의 종이며 제자로서 거리낌이 없는지 살펴봐야 한다. 단지 성경에 기록되지 않았다는 이유로 목사가 성경적인 직분이 아니라고 섣불리 단정할 수는 없지만, 겸손한 종의 자세를 저버린 목사에게 '반성경적'이라고 말하는 것은 정당한 비판이다.

개신교의 목사, 특히 메가 처치의 '배부른' 목사들이 성경에서 벗어난 직분이라고 호되게 비난을 받는 이유는 지극히 간단하다. 목사가 섬기는 종의 자세를 버리고 섬김을 받는 주인인 양 행세하며, 권력을 독점한 채 교회를 제멋대로 좌지우지하는 교회권력자로 군림하고 있기 때문이다.

모름지기 목사는 종이다. 종은 결코 주인이 맡긴 '양'의 털을 벗겨 자기 몸을 따뜻하게 할 수도, 양의 살을 찢어 제 배를 채울 수 없는 '낮은' 신분이다. 교회의 영적 질서를 주장하면서 섣불리 목사권력을 정당화하지 말라. 목사는 권력자가 아니며 교회는 권력이 지배하는 세상과 구별되어야 한다.

주인이 주인의 자리에, 그리고 종이 종의 자리에 있는 것이 '주의 몸 된' 교회를 바로 세우는 진정한 질서다. 그렇다면 목사의 자리는 어디가 돼야 하며, 목사가 제자리에 바로 서기 위해서 교회는 무엇을 개혁해야 하는가?

무엇을 개혁해야 하는가?

오늘날 그리스도인에게 '교회 개혁'은 시대의 화두이며 더 이상 미룰 수 없는 소중한 사명이다. "개신교 역사상 가장 타락했다"는 한국교회의 참담한 현실에 대해서 가만히 침묵할 수 없는 지경에 이르렀기 때문이다. 개혁의 진정한 의지와 상관없이, 진보와 보수의 차이 없이, 심지어 개혁의 주체가 아닌 대상에 이르기까지 소리 높여 개혁을 외치지 않는 사람이 없다. 종교개혁 이후에 개신교는 사제주의를 비판하며 교회가 분명히 개혁되었지만, 칼뱅이 말했듯 "개혁교회는 계속 개혁해야" 한다. 개혁이 멈춘 교회는 생명이 멈춘 교회와 같기 때문이다. 이처럼 개혁의 당위성과 필요성에는 대부분 공감하지만, 개혁의 주체와 대상에 대해서는 각자가 처한 입장에 따라 의견이 분분하다.

그렇다면 수없이 많은 개혁의 과제들 가운데 그리스도인들은 도대체 무엇을 먼저, 그리고 반드시 개혁해야 하는가? 교회를 타락시킨 요인들은 수없이 많지만, 개혁의 핵심이 목사에 의한 교회의 타락과 부패라는 사실에 이의를 제기하는 사람은 거의 없다.

목사가 사실상 교회의 전권을 장악한 오늘날 한국교회의 타락한 모습을 보면, 목사에게 집중된 교회의 변질된 권력구조를 타파하지 않고서 어쭙잖게 교회 개혁을 말하는 것은 쓸 데 없는 말장난에 지나지 않는다. 자기가 있어야 하는 본래의 자리에서 벗어나서 목사가 교만한 자의 자리에 앉아 지배자를 자처하면서 마침내 교회는 '독재 권력'을 장악한 목사와 더불어 타락할 수밖에 없다.

지금 한국교회는 과거에 상상조차 할 수 없었던 절체절명의 위기에 처했다. '회복이 불가능할 만큼 극도로 타락한 한국교회', '세상의 거센 비난이 빗발치는 한국교회', '나날이 죽어가는 한국교회'를 바로 세우기 위해서 이제 근본적인 개혁이 절실한 것이다. 그러나 섣불리 개혁을 논하기 전에 개혁에 관한 목적의식과 방향을 분명히 설정해야 한다.

흔히 보듯이 목사들의 윤리 의식 제고에 모든 초점을 맞추는 한, '개혁을 위한 개혁'의 맹목적인 담론에 치우치면서 교회개혁은 뚜렷한 목적의식을 상실하게 된다. 죄의 본성을 지닌 인간은 결코 완전할 수 없기 때문에 윤리의식의 제고를 주장하는 피상적인 개혁론은 성공할 수 없다. 사역자들의 윤리의식 함양과 바람직한 제도 개선을 꾸준히 추진하되 '교회 개혁'의 진정한 방향은 교회를 바로 세우기 위한 영적 운동으로 나아가야 하며, 모름지기 그리스도 신앙의 온전한 회복이 되어야 한다.

한국교회에 개혁이 절실한 이유가 무엇인가? "기독교 역사상 가장 타락했다"는 한국교회의 윤리적인 문제를 해결하기 위한 방안인가? 실제로 한국교회 전반에 걸쳐서 목사들의 윤리적인 문제가 심각하게 대두되었다. 개혁 단체들의 조사에 따르면, "한국교회의 타락이 사실상 목회자들에게서 비롯되었다"는 의견이 대부분을 차지하고 있다. 이는 목사의 부정과 불의가 교회의 타락과 직접 맞물려있다는 방증임에 틀림없다.

그럼에도 교회개혁은 목사의 윤리적인 타락에 앞서 보다 근본적인 차원에서 문제의 본질에 접근해야 한다. 윤리가 물론 신앙이 중요한 덕목이지만 그 자체가 신앙의 본질은 아니기 때문이며, 목사의 윤리적인 타락이 한국교회를 쇠락의 길로 접어들게 만든 중대한 요인이지만 그것은 현상이며 핵심이 아니기 때문이다. 요컨대 진정한 개혁을 위해서는 깃털이 아니라 타락의 몸통을 잡아야 한다는 말이다.

유대 율법주의의 불의를 거세게 비판하면서 "돌 위에 돌 하나도 남지 않고 모두 무너뜨려지리라"며 성전 시대의 종말을 선언했던 예수는 율법주의의 타락을 단지 윤리적인 차원에서 바라보지 않았다. 선민의식을 지닌 유대인들은 "내가 거룩하니 너희도 거룩하라"는 하나님의 준엄한 명령에 따라 거룩한 선민으로서 무엇보다 '정결'을 중시했다.

따라서 '정결법'으로 무장한 유대인들은 남다른 윤리의식을 지닌 자들이었으며, 특히 율법주의의 선봉장인 바리새인들은 남달리 '경건'을 강조했다. 비록 겉과 속이 다른 유대인들의 신앙에 심각한 문제가 있었을망정, 성전에서 기도하는 바리새인의 예를 통해서 볼 수 있듯이 그들의 치명적인 문제는 윤리의식이나 도덕적 결함이 아니었다.

> "바리새인은 따로 서서 기도하여 이르되 하나님이여 나는 다른 사람들 곧 토색, 불의, 간음을 하는 자들과 같지 아니하고 이 세리와도 같지 아니함을 감사하나이다. 나는 이레에 두 번씩 금식하고 소득의 십일조를 드리나이다 하고"눅18:11-12

바리새인들은 이방인과 죄인에 비해 윤리적인 우월성을 자랑했지만, 예수는 그들을 칭찬하기는커녕 유대 사회에서 윤리적으로 가장 타락했던 "세리나 창녀가 먼저 하나님 나라에 들어갈 수 있다"마21:31-32고 했을 뿐만 아니라, 거룩한 백성이라며 영적 자만심에 가득 찼던 바리새인들에게 오히려 "화 있을진저!"라며 저주를 마다하지 않았다. 윤리적인 우월성이 결코 영적 우월성이 될 수 없다는 것이다.

현대 교회, 특히 대형교회 목사들의 윤리적인 타락은 교회를 부패시키고 교인들을 영적인 죽음으로 몰아가는 심각한 죄악이지만, '성직자'의 윤리적인 타락은 오늘날 한국교회만의 특별한 문제가 아니었다. 초대교회의 불공정한 재정사용과 성적 타락에서부터 중세가톨릭의 도덕적인 타락과 면죄부 판매에 이르기까지, 교회를 갈등의 수렁으로 내몬 요인들을 살펴보면 교회 안에서 벌어졌던 재정전횡과 윤리적인 타락은 차라리 교회의 일반적인 현상이었다.

종교의 타락은 신약 시대 이전이라고 다르지 않았다. 예수께서 예루살렘 성전을 '강도의 소굴'이라고 비난하고, 제사장과 더불어 성전의 상인들을 싸잡아 '독사의 새끼들'이라고 질타했는가 하면, '돈을 사랑하는 바리새인'이라며 유대 종교지도자들의 불의를 엄히 꾸짖었다. 예수께서 유대 율법주의의 본산인 예루살렘 성전이 "돌 하나도 돌 위에 남지 않고 모두 무너뜨려지리라"며 성전의 붕괴를 선언하신 것은 타락한 유대인들에 대한 도덕적인 비난에 머문 것이 아니었다.

그것은, 하나님의 말씀인 율법의 본질에서 벗어나 인간의 종교이념인 '율법주의'로는, 다시 말해 왜곡된 신앙으로는 결코 하나님 나라에 들어가지 못한다는, 구원에 관한 영적 선언이었기 때문이다. 윤리적인 타락이 '실족'의 중대한 요인이지만, 윤리와 거리가 먼 "세리나 창녀가 먼저 하나님 나라에 들어간다"는 말씀을 기억해야 한다.

윤리적인 타락을 소홀히 대하는 것이 아니다. 예수는 "바리새인의 의보다 너희 의가 낫지 못하면 하나님 나라에 들어가지 못한다"고 말씀하셨다. 문제의 핵심은, 선행으로 말미암아 구원을 얻는 것이 아니라 '믿음으로 말미암아' 자신이 변화돼서 하나님의 뜻에 따르는 자가 성령의 열매를 맺어 선행을 실천하는 것이다. 윤리에 앞서 '올바른 믿음'을 회복하고, 의식하는 신앙에 맞서 '하나님 나라의 구원'이라는 그리스도 신앙의 우선순위를 지켜야 한다.

교회의 전권을 장악한 목사의 타락에 맞서 제도적인 문제를 개혁하자는 주장은 마땅하지만, 엄밀히 말해서 교회와 목사의 타락상은 '본질'이 아니라 '현상'이다. 외적인 현상에 앞서 내적 근원인 '신앙의 변질'과 타락한 '교회권력'에 주목해야 한다. 물이 고이면 썩듯이 권력이 한 곳에 집중되면 반드시 타락하기 마련이다. 교회의 전권을 장악한 목사가 타락하는 것은 차라리 필연적인 귀결이다. 목사의 타락은 윤리적인 의식의 문제가 아니라 목사에게 집중된 권력 때문이며, 목사에게 권력이 집중된 배경은 성서적 근거가 없는 거짓 신앙, 이를테면 외식과 허튼 교만에 기인한다.

외식外飾은 거짓 신앙이다

목사에게 집중된 권력, 다시 말해 '사람'의 탐욕에 의해 부패한 권력이 그리스도 신앙의 본질을 왜곡하며 교회를 타락시킨 근원이지만, 목사에게 권력이 집중된 데는 나름대로 '명분'이 있었다는 사실에 주목해야 한다. 그럴듯한 전거를 제시하며 마치 목사에게 부여하는 권력에 성경적인 근거가 있는 것처럼 호도되었기 때문이다.

사제나 목사 같은 성직자가 교회권력을 장악한 배경에 '성속이원론'에 따른 성직(자)주의가 있었으며, 성직주의의 배경에는 '자기 의'를 내세우며 교만을 일삼았던 종교인의 외식이 있었다. 구원 신앙을 지키기 위해서 그리스도인이 추구해야 하는 개혁의 우선순위는 다른 무엇보다 그리스도 신앙을 가장한 사이비 신앙, 이른바 '거짓 신앙'의 외식에 단호하게 맞서는 것이다. 유대 종교지도자들의 거짓 신앙에 대해 예수는 "화가 있을 것이다, 너희 외식하는 자여"라고 분명히 말했다.

구원에 이르지 못하는 자들의 전형적인 오류가 바로 외식外飾이다. 그들은 입으로는 하나님을 믿는다고 하면서 마음은 하나님에게서 멀리 떠난 자들이었다. 하나님을 사랑하는 것이 아니라 '자기 배를 불리기 위하여' 하나님을 도구로 이용하기 때문이다. 예수는 '외식하는 자'에게 구원이 없다고 분명히 말한다. 마태복음 23장 전체에서 예수께서 7화禍를 선포하며, 유대인들의 외식을 강하게 비판했다는 사실을 분명히 기억한다.

> "화있을진저 외식하는 서기관들과 바리새인들이여 너희는 천국 문을 사람들 앞에서 닫고 너희도 들어가지 않고 들어가려 하는 자도 들어가지 못하게 하는도다" 마23:13

가차 없이 예수는, "외식하는 자는 '천국 문'을 들어갈 수 없다"고 말한다. 이는 외식하는 자에게 구원이 없다는 무서운 선언이 아닐 수 없다. 입으로 하나님을 열심히 공경하지만 끝내 구원에 이르지 못하는 '죽은 신앙', 즉 외식하는 신앙은 어떤 신앙인가? 외식의 문자적인 의미는, 가면으로 본래의 얼굴을 숨기고 다른 모습으로 변장한 상태를 말한다. '양의 탈을 쓴 늑대처럼' 외식은 실상이 아니라 거짓을 의미한다.

진실이 아닌 거짓 신앙, 입으로는 하나님을 부르짖고 종교 행위를 통해 열심히 하나님을 숭배하지만 정작 마음으로 하나님을 사랑하지 않기 때문에 실제로 몸과 마음이 하나님의 뜻을 오롯이 따르지 않는 '거짓 신앙'이 바로 외식하는 신앙이다. 외식은 자기 의에 사로잡힌 자의 교만이며, 자신이 목적이 되어 신앙을 축복의 도구로 악용하는 자가 즐겨 쓰는 '탐욕의 가면'이다.

외식은 실제 모습을 숨긴 거짓에 머물지 않는다. 외식의 가면을 쓰는 이유가 무엇인가? 외식은 자기를 높이고 다른 사람보다 자신을 낫게 보이려는 교만과 가식에서 비롯되며, 외식하는 자는 상석에 앉기 원하고, 다른 사람을 지배하기 위해서 마침내 권력을 탐한다. 이처럼 외식하는 신앙은 개인의 교만과 탐욕, 그리고 종교권력과 불가분의 속성을 지니고 있다.

예수는 '외식'의 구체적인 모습에 대해서 마태복음 23장 4절에서 12절에 걸쳐 자세히 설명한다.

"그러므로 무엇이든지 그들이 말하는 바는 행하고 지키되 그들이 하는 행위는 본받지 말라. 그들은 말만 하고 행하지 아니하며 또 무거운 짐을 묶어 사람의 어깨에 지우되 자기는 이것을 한 손가락으로도 움직이려 하지 아니하며, 그들의 모든 행위를 사람에게 보이고자 하나니 곧 경문 띠를 넓게 하며 옷술을 길게 하고 잔치의 윗자리와 회당의 높은 자리와 시장에서 문안 받는 것과 사람에게 랍비라 칭함 받는 것을 좋아하느니라" 마23:4-12

"그러나 너희는 랍비라 칭함을 받지 말라. 너희 선생은 하나요, 너희는 다 형제니라. 땅에 있는 자를 아버지라 하지 말라. 너희의 아버지는 한 분이시니 곧 하늘에 계신 이시니라. 또한 지도자라 칭함을 받지 말라. 너희의 지도자는 한 분이시니 곧 그리스도시니라. 너희 중에 큰 자는 너희를 섬기는 자가 되어야 하리라. 누구든지 자기를 높이는 자는 낮아지고 누구든지 자기를 낮추는 자는 높아지리라" 마23:8-12

그릇된 자기 의와 교만에 사로잡혀 자기를 높이려는 '탐심과 정욕'이 외식하는 신앙의 전형적인 모습이다. 외식하는 자들은 세상 사람들이 자신들을 일컬어 랍비, 지도자, 아버지라고 부르기를 원했다. 성경은 마태복음 23장 13절에서 36절의 문맥 안에서 무려 일곱 번에 걸쳐 외식하는 자에 대한 준엄한 심판을 반복해서 강조하고 있다. 이른바 7화禍의 무서운 심판이다. "화있을진저, 너희 외식하는 자들이여." 마23:13-36

예수께서 '외식하는 자'라고 질책하신 것은 짐짓 거룩한 신앙을 가장하고 높은 자리에 서려는 교만을 무섭게 질타하신 것이며, 외식의 배경에는 자기 의와 교만이 짙게 깔려있다. 예수는 제자들에게 외식을 버리고 겸손한 종의 자세를 지니라고 명령한다. 외식하는 자는 교만한 자로서 섬김을 받으려는 자인 반면에 그리스도의 제자들은 모름지기 자기를 낮추고 다른 사람을 섬기는 겸손한 자이기 때문이다.

또한 자기를 높이기 위해서 외식하는 자는 회당의 높은 자리와 잔치의 상석에 앉기를 탐하며, 다른 사람들의 위에 서려는 교만과 탐욕에서 좀처럼 벗어나지 못한다. 그들은 자기를 높이기 위해서 다른 사람을 '멸시하며', 자신들의 '의'에 특별한 의미와 가치를 부여한다. 즉, 자신들은 특별히 선택받은 선민이라는 차별의식을 지니고 있다. 그것이 바로 성전에서 기도하는 바리새인의 모습인 동시에 '외식하는 자들'의 전형적인 모습이다.

> "자기를 의롭다고 믿고 다른 사람을 멸시하는 자들에게 이 비유로 말씀하시되 두 사람이 기도하러 성전에 올라가니 하나는 바리새인이요 하나는 세리라. 바리새인은 따로 서서 기도하여 이르되 하나님이여 나는 다른 사람들 곧 토색, 불의, 간음을 하는 자와 같지 아니함을 감사하나이다. 나는 이레에 두 번씩 금식하고 또 소득의 십일조를 드리나이다 하고 세리는 멀리 서서 감히 눈을 들어 하늘을 쳐다보지 못하고 다만 가슴을 치며 이르되 하나님이여 불쌍히 여기소서. 나는 죄인이로소이다 하였느니라. 내가 너희에게 이르노니 이에 저 바리새인이 아니고 이 사람이 의롭다 하심을 받고 그의 집으로 내려갔느니라. 무릇 자기를 높이는 자는 낮아지고 자기를 낮추는 자는 높아지리라 하시니라"눅18:9-14

두 사람의 기도를 들으신 예수께서 "이에 저 바리새인이 아니라 이 사람이 의롭다 하심을 받았다"고 하신 말씀에 주목해야 한다. "의롭다 하심을 받았다"는 말은 결국 '칭의'의 구원을 받았다는 것을 가리킨다. 예수는, 자신이 죄인임을 고백한 겸손한 세리에게 구원이 있었던 반면에 자기 의를 자랑하던 바리새인, 이를테면 자기를 높이고 자기 의를 드러내며 다른 사람을 멸시하는 교만한 자에게 구원이 없다고 말씀하셨다.

이것이 바로 외식의 치명적인 문제이다. 자기를 높이기 위해서 다른 사람을 멸시하며, 자기 의를 강조하기 위해서 다른 사람의 죄를 드러내는 외식은 자기중심의 이기적인 신앙이며, 하나님과 이웃을 마음을 다해 사랑하라는 율법의 강령을 철저히 저버리는 것이다. 외식하는 자에게 구원이 없다는 예수의 말씀은, 그들의 신앙이 구원에 이르는 진정한 신앙이 아니라 멸망에 이르는 거짓 신앙이라는 무서운 경고이다. 자신이 미처 깨닫지 못하는 사이에 '외식'에 깊이 빠져있는 오늘날 교인들도 두려운 마음으로 가슴에 담아야 하는 준엄한 명령이 아닐 수 없다.

왜곡된 '선민의식'

다른 사람을 '멸시하며', 자기 의를 자랑하는 종교적인 외식이 "내가 거룩하며 너는 타락했다"는 차별적인 '성속이원론'의 뿌리이며, 교권주의에 의해 교회를 타락으로 이끈 '성직주의'의 근원적 배경이다. 유일하신 하나님을 믿는 일신교의 성직주의는 유대 율법주의 선민의식의 왜곡에서 비롯되었으며, 가톨릭의 '사제 성직주의'를 거쳐 개신교에서는 마침내 '목사 성직주의'로 이어진다. 이처럼 '성직주의'는 특정한 시대의 한시적인 종교이념이 아니라 인간이 만든 종교의 일반적인 속성이다.

개인적인 차원의 '자기 의'를 넘어서 그것이 교회 안에서 조직적으로 발전할 때 차별적인 의미의 '성속이원론'이 형성된다. '거룩함'의 본래 의미는 더러움에서 '구별'되는 것이다. 따라서 "너희는 거룩하라"는 하나님의 명령에 따라 정결과 부정을 구별하고, 하나님의 자녀와 달리 우상을 섬기는 이방인을 구별하며, 거룩한 교회와 타락한 세상을 구별하는 것은 성서적인 가르침이다.

그러나 '성속의 구별'이라는 본래 의미에서 벗어나서 종교이념적인 성속이원론은 교회 안에서 성직자와 평신도를 차별하는 계급주의적 성직주의의 빌미가 되었다. 성직자와 평신도의 차별적인 종교 계급을 합리화하는 이론적인 배경으로 변질된 성직주의는 결국 반성경적인 교권주의를 지지하며 교회의 본질을 훼손하는 근본 원인이 된다. 교회의 영적 질서가 하나님의 계명이 아닌 '종교계급'에 의존하면서 마침내 그리스도 신앙의 근본을 훼파하기에 이르렀다.

이는 개신교나 현대 교회에 국한된 돌발적인 문제가 아니다. 유일신 종교에 한정해서 말한다 해도 성직주의의 불씨는 이미 고대 율법시대부터 지피고 있었다. '율법'과 '율법주의'는 분명히 다르다. 율법은 하나님의 말씀이지만, 율법주의는 인간이 인위적으로 만든 종교이념이기 때문이다. 예수께서 분명히 말씀하셨듯이 율법의 강령은 율법주의의 근간인 '차별'이 아니라 '사랑'이다.

> "예수께서 이르시되 네 마음을 다하고 목숨을 다하고 뜻을 다하여 주 너의 하나님을 사랑하라 하셨으니 이것이 크고 첫째 되는 계명이요 둘째도 그와 같으니 네 이웃을 네 자신 같이 사랑하라 하셨으니 이 두 계명이 온 율법과 선지자의 강령이니라." 마22:37-40

예수는 율법의 강령이 사랑이라고 말했지만 유대 율법주의자들에게 율법은 자신들의 지위를 강화하는 욕망의 도구로 전락한다. 결국 외식에 사로잡힌 종교지도자들의 교만과 탐욕이 차별적인 성직주의를 태동했으며, 성직주의는 사랑이 절대계명인 '하나님 나라'의 본질을 왜곡하는 원인이 되었다. 세상의 약한 자를 부르셔서 하나님의 뜻을 이루시는 '선민사상'의 본뜻을 왜곡한 유대인들의 외식을 통렬히 비판하면서 예수는 '율법의 마침'을 선언하셨다. 율법의 의로는 하나님 나라에 들어갈 수 없으며, 오직 온전한 믿음으로 말미암아 구원을 얻을 수 있다고 강조하신 것이다.

보다 근본적인 문제는, 율법주의의 왜곡된 선민의식이 타락한 성직주의의 뿌리가 된다는 것이다. 성전에서 기도하는 두 사람, 이를테면 '선민' 바리새인과 '죄인' 세리의 다른 기도와 다른 신앙에 주목하며, 그 비유를 통해서 예수께서 우리에게 주시는 메시지를 가슴에 새겨야 한다. 죄인들과 달리 악행을 저지르지 않았고, 십일조와 금식 등 종교 행위에 열심을 다했던 바리새인은 세리를 멸시하며 자기 의를 자랑하지만, 예수는 죄인을 멸시하며 자기 의를 과시하는 자, 이를테면 외식하는 바리새인이 아니라 죄를 통회하는 세리에게 오히려 하나님 나라의 구원이 있다고 말씀하신 것은 그리스도 신앙을 바르게 이해하기 위해서 매우 중요한 의미를 지닌다.

완전한 선민은 없다. 예수께서 "길가에 구르는 돌들로도 아브라함의 자손이 되게 하신다"고 하신 것은 완전한 선민도, 완전한 죄인도 없다는 말씀이며, 성직자와 속인의 차별, 즉 성속이원론에 따른 성직주의 또한 성경적인 근거가 없다는 말씀이다. 성경은 선민 이스라엘의 '혈통'에 영생의 구원이 있는 것이 아니라 믿음으로 말미암아 '선택받은' 언약의 백성에게 구원이 있다고 밝히 기록한다. 따라서 오늘날 교회 개혁도 외식하는 신앙, 반성경적인 거짓 신앙에서 돌이켜서 그리스도 신앙의 본질을 회복하는 영적인 운동이 되어야 한다.

'목사 성직주의'의 오류

예수께서 제자들에게 말씀하신 섬김의 제자도, 이른바 온유와 겸손의 '멍에'에서 벗어나서 종교지도자들이 신약성경 어디에도 존재하지 않는

'성직주의'를 내세우며 교회를 제멋대로 지배하는 빌미는 도대체 어디에서 비롯되었을까? 하나님은 거룩하시기 때문에 하나님의 일을 하는 사람은 거룩한 직분, 이른바 성직을 맡은 자로서 응당 '성직자'라는 이름을 붙이는 것이 타당하다는 반론이 있을 수 있다. 그러나 둘 사이에 중대한 차이가 있다.

언뜻 생각하기에 성직주의는 하나님의 일을 맡은 성직을 강조하는 이름처럼 들리지만, 율법이 율법주의와 다른 것처럼 성직은 엄연히 성직주의와 다르다. 성직은 하나님의 일, 이를테면 예수 그리스도의 일을 수행하는 직분으로서 신약시대로 말하면 '성도'의 직분을 일컫는 말이다. 반면에 성직주의는 중세 가톨릭의 사제나 개신교의 목사처럼 특정한 종교권력자들만을 '성직자'로 지칭하는 배타적이며 차별적인 종교이념이다.

하나님의 거룩한 말씀으로서 율법이 종교적인 율법주의에 의해서 '인간의 종교이념'으로 타락했던 것처럼 성직주의는 교회 안에서 차별적인 계급을 정당화하는 빌미이며, 결코 성경적인 가르침이 아니다. 요컨대 성직주의는 소수의 성직자가 다수의 평신도를 지배하는 자의적인 종교이념에 지나지 않는다. 성직주의의 주장은 하나님의 일이 거룩하다는 것이 아니다. 성직자의 중재 없이는 구원을 받을 수 없다는 섣부른 주장으로, 이는 '만인제사장주의'를 강조하는 신약성경을 근본부터 왜곡하는 치명적인 오류다.

예컨대, 중세 가톨릭의 교리에 따르면 사제가 아니면 성례전을 집전할 수 없으며, 성례전을 통해서 '가시적인' 은혜를 쌓지 않으면 구원을 받을 수도 없다. 이것이 바로 사제가 중심인 가톨릭의 공덕 신앙이며, 공덕 신앙의 중심은 사제가 집전하는 성례전이기 때문에 필연적으로 '사제 성직주의'가 작동하는 것이다.

중세가톨릭의 타락은 면죄부 판매로 절정에 달했다. 면죄부를 사는 자의 죄를 그리스도의 대리인인 교황의 이름으로 사해준다는 것이 면죄부이지만, 그 배경에 이처럼 사제 성직주의가 도사리고 있다. 특정한 종교인이 '중재자'로 나서는 사제 성직주의는 모든 성도가 '지체'로서 교회의 운영주체가 되는 신약성경의 근본적인 가르침을 왜곡한 것이며 그리스도 신앙의 명백한 일탈이다.

> "너희는 택하신 족속이요 왕 같은 제사장들이요 거룩한 나라요 그의 소유가 된 백성이니 이는 너희를 어두운 데서 불러내어 그의 기이한 빛에 들어가게 하신 이의 아름다운 덕을 선포하게 하려 하심이라" 벧전2:9

"믿음으로 말미암아 구원을 받는다". 이른바 '이신칭의'를 제일공리로 내세운 개신교는 사제가 집전하는 성례전을 통해서만 비로소 구원을 받을 수 있다는 중세 가톨릭의 사제 성직주의와 분명히 구별되어야 한다. 루터는 중세 가톨릭의 타락한 사제 성직주의에 맞서 성경에 근거한 만인사제주의를 주창하며 종교개혁을 주도했다. 그리고 오늘날 개신교는 종교개혁의 소중한 열매이다. 그렇다면 개신교는 과연 사제 성직주의에서 벗어나 '만인사제주의'를 제대로 지켰는가?

종교개혁의 최대 공적은 사제 성직주의에 맞서 만인사제주의를 주창하고, 사제나 소수의 귀족들이 장악했던 라틴어 성경을 당대의 '현대어'로 번역해서 평신도의 손에 돌려주었다는 점을 들 수 있을 것이다. 그러나 초기의 순수했던 의도와 달리 개신교도 사제 성직주의와 다름없이 '종교권력'에 천착하며 새로운 성직주의로서 목사 성직주의를 태동시켰다. 가톨릭의 사제 성직주의에서 외형과 이름을 바꾸고 권력을 한층 강화한 '목사 성직주의'가 오늘날 개신교 교회의 전면에 등장한 것이다.

『이교에 물든 기독교』프랭크 바이올라·조지 바나 지음, 이남하 옮김, 대장간 출판을 인용해서 내용을 간단히 요약하면, 종교개혁의 모토로 '만인사제주의'를 전면에 내세웠던 종교 개혁가들도 시간이 지나면서 가톨릭의 사제처럼 '안수 받은 사역자'만 설교하고, 침례주고, 주의 만찬을 인도할 수 있다고 주장했다. 결국 중세 가톨릭의 성례전이 사제에서 목사로 집전자가 바뀌었을 뿐이다. 중세 가톨릭에서 예배의 중심인 성례전의 자리에 '설교'를 배치하고, 설교권을 독점한 목사가 마침내 성례전까지 포함해서 교회의 전권을 장악하기에 이르렀다. 종교개혁가 칼뱅은, "태양과 음식과 물이 생명을 유지하기 위해서 필요한 것 이상으로 목사의 직책이 지상에서 교회를 보존시키는 데 더 필수적이다"라고 말하는가 하면, 심지어 일부 개혁가들은 "목사가 신적 능력과 권위를 소유한다"고까지 주장했다. 따라서 목사는 자기 이름으로 말하지 않고 하나님의 자격으로 말한다는 것이다. 심지어 목사가 "천국열쇠의 능력을 부여받았다"고 주장하는가 하면, 오직 안수 받은 목사만이 설교와 성례 집전, 그리고 성서 봉독을 할 수 있다고 선언했다.

가장 먼저 만인사제주의를 주창했던 루터도 다르지 않았다. 그는 "천국열쇠는 모든 신자에게 속했다"고 말했지만, "그것의 사용은 교회에서 직책을 맡은 사람들에게 국한된다"고 주장했다. 물론 여기서 말하는 '직책을 맡은 사람'은 안수를 받은 사역자로서, 다름 아닌 개신교의 목사를 가리키는 것이다.

무슨 뜻인가? 소유했지만 사용할 수 없다면 모든 신자에게 주어진 천국열쇠는 사실상 무용지물이다. '매면 매이고 풀면 풀리는' 천국열쇠는 죄사함의 권세를 상징하는데, 사용할 수 있는 권한이 오직 '신적 능력과 권위'를 지닌 목사에게 있다면 그것이 바로 성직주의가 아니고 도대체 무엇인가.

중세가톨릭의 사제 성직주의가 종교혁명 이후에 개신교에서 '만인사제주의'로 돌아왔다고 하지만, 개신교 역시 겉으로는 '만인사제주의'를 내세우면서 사실은 목사 성직주의로 겉옷만 바꿔 입었을 뿐이다. 다른 것이 있다면, 중세가톨릭의 7대 성례전을 개신교에서 침례와 성찬 두 가지만 남기고, 가톨릭의 성례전 대신에 개신교는 목사가 독점하는 설교가 예배의 중심이 되었다는 정도이다.

사제 성직주의의 철폐를 외치며 성도가 중심이 되는 교회의 본질로 돌아가자던 종교 개혁가들은 사실상 구원에 관해서는 만인사제주의를 받아들였지만, 교회의 운영에 관해서는 여전히 성직주의sacerdotalism을 고수한 것이다.

"믿음으로 말미암아 구원을 얻을 수 있다"는 개신교의 제일공리 '이신칭의'는, "믿음은 들음에서 나며 들음은 그리스도의 말씀으로 말미암는다"는 구절과 '의미론적 병행'을 이룬다. '오직 성경'을 외치며 그리스도의 말씀에서 비롯되는 믿음으로 말미암아 구원을 얻을 수 있다는 개신교의 절대교리에 따라서 '교인들에게 말씀을 전하는' 설교는 개신교 예배에서 가장 중요한 위치를 차지한다. '안수 받은 사역자'의 자격으로 설교권을 독점한 목사는 침례와 성찬으로 축약된 개신교의 성례까지 독점하면서 명실공히 교회의 전권을 장악하게 된 것이다.

이로 인해 '만인제사장'인 성도가 뒷전에 밀린 채 목사가 교회의 중심이 되는 '목사교회'가 탄생하게 된다. 오늘날 개신교의 타락은 목사들에게 교회의 모든 권한이 집중되면서 발생하는 필연적인 결과다. 다시 말하지만 권력은 한 곳에 집중되면 반드시 타락하고 부패하는 필연적인 속성을 지니고 있다.

설교가 중심이 되는 예배와 더불어 개신교의 성례, 여기서 더 나아가 행정과 인사, 재정에 이르기까지 교회의 전권을 장악한 목사들이 재물과 명예를 탐하며 타락의 깊은 수렁에 빠진 것은, 그들에게 처음부터 윤리적인 문제가 있었기 때문이 아니라 목사가 '성직자'라는 이름으로 교회의 모든 권력을 장악했기 때문이다. 오늘날 개신교의 위기는 한 때의 돌발적인 상황이 아니라 이처럼 뿌리 깊은 '성직(자)주의'가 근본적인 원인이다.

믿음은 말씀에서 비롯된다는 성경 중심의 교리가 절대적인 위세를 떨치는 개신교회에서 설교권을 장악한 목사는 가히 '신성불가침'의 성역이 되었다. 목사 없는 교회를 상상이나 할 수 있는가? 교회를 말할 때 예수와 성경이 떠오르는 것이 아니라 목사와 목사가 지은 교회의 이름이 먼저 떠오르는 세상이 되었다. 은연중에 교회는 '목사의 소유'라는 인식이 개신교에서, 특히 한국교회에서 떠나지 않기 때문이다.

오늘날 한국교회의 타락은 중세 가톨릭을 멀찍이 앞선다. 오죽하면 가톨릭은 한 명의 교황이 있지만 한국교회에는 교회의 숫자만큼 교황이 있다는 말이 공공연히 회자되겠는가? 권력이 집중되면 부패한다는 명제는 뚜렷한 역사적 진실이다. 개신교 역사상 가장 타락했다는 한국교회의 참상은 목사가 교회의 절대 권력자로 군림하는 순간부터 충분히 예견된 결과다.

현대 교회는 천국열쇠의 영적 권세를 지닌 '새 성전'이 아니라 교회의 전권을 장악한 새로운 성직자 목사가 목사교회의 제왕으로 교인들을 통치하는 종교왕국으로 전락하고 말았다. 성직주의의 폐해는 단지 종교적인 이념의 문제가 아니라 교회의 존재이유와 목적을 말살하는 참담한 지경에 이른 것이다. 오늘날 한국교회는 차라리 '목사교회'라는 이름이 어울릴 만큼 성도가 아니라 목사와 교회가 하나가 되었다. 그러나 목사가 결코 예수일 수 없는 것처럼 목사교회는 결코 예수께서 "내 교회"라고 말씀하셨던 성경적인 교회일 수 없다.

'종교개혁'의 공로와 과실

여기서 우리는 기독교 역사에 새로운 지평을 열었던 16C 종교개혁의 공로와 과실을 언급하지 않을 수 없다. 우선 공에 대해서 말하자면 'Ad Biblia', 즉 "성경으로 돌아가자"는 운동을 전개하면서 그때까지 가톨릭 사제들이 독점했던 라틴어 성경을 당시의 현대어로 번역해서 일반 평신도들에게 돌려주었다는 위대한 공적을 언급하지 않을 수 없다. 그리고 중세가톨릭을 치명적인 타락으로 이끌었던 사제 성직주의와 성례전 중심주의에 맞서 '오직 믿음으로 말미암아' 모든 사람이 구원을 받을 수 있다는 '이신칭의'의 교리를 전면에 내세운 점 또한 결코 간과할 수 없다.

이와 더불어 성례를 집전하는 사제의 중재 없이 '성도'가 오직 믿음으로 구원에 이를 수 있다는 '만인사제주의'를 주창하며 중세 가톨릭의 타락한 사제주의 권력과 결연히 맞섰다는 사실에 주목한다. 요컨대 기독교 신앙의 핵심인 성경을 평신도에게 돌려준 것과 더불어, 사제성직주의와 성례전에 집중하는 가톨릭의 공덕신앙에 맞선 '프로테스탄티즘'은 분명히 16C '종교개혁'의 찬란한 공이다.

반면에 과過를 말한다면, 오직 믿음으로 말미암아 구원을 받을 수 있다는 이신칭의의 교리를 강조하면서 사제 성직주의에 매몰된 중세 가톨릭의 오류를 정확히 지적했지만, 그와 동시에 예수 시대에 '새 언약'의 백성을 위한 구원의 핵심으로서 교회의 존재이유와 가치를 경시하는 중대한 오류를 낳았다.

예수를 믿기만 하면 은혜로 말미암아 구원을 받을 수 있다면 오직 '믿음' 외의 다른 것은 사실상 부수적인 것에 지나지 않는다. 그리고 구원이 하나님의 '일방적인' 은혜로 말미암아 이미 예정되어 있다면, 교회에 속한다는 것과 교회에 속한 자로서 계명을 지키는 것은 구원의 조건이 아니라 임의적인 선택에 지나지 않는다. 요컨대 바울 신학의 '이신칭의'를 좁은 관점에서 해석하면서 구원의 공동체인 교회의 존재이유와 가치를 뿌리부터 뒤흔든 것은 종교개혁의 중대한 과실이 아닐 수 없다.

이신칭의의 구원론이 개신교의 제일공리인데 개신교의 구원론에서 벗어나서 시대에 뒤떨어진 '교회론'을 새삼 강조하는 이유는 무엇인가? 한국교회가 처참하게 부패하고 교인들의 신앙이 걷잡을 수 없이 타락한 근본적인 이유가 바로 예수 그리스도의 몸 되신 교회의 근본이 붕괴되었기 때문이다. 신약시대의 성경적인 관점에서 살펴볼 때 구원론은 결코 교회론, 그리스도론과 분리될 수 없다. 그러나 교회를 배제한 왜곡된 구원론으로 말미암아 교회가 신앙공동체로서의 본질적인 의미와 가치가 훼손되었기 때문에 기독교 신앙은 필연적으로 변질되고 타락하지 않을 수 없었던 것이다.

이신칭의의 구원론, 이른바 '믿기만 하면' 구원을 얻을 수 있다면 개신교의 교리는 필연적으로 개인구원으로 치닫는다. 자기 구원이 신앙의 목적이며, 이타적인 신앙을 전제하는 그리스도 신앙의 공동체적 가치를 퇴색시키기 때문이다. 더불어 살아가는 공동체를 전제하지 않는다면 기독교 신앙은 결국 이기적인 자기 구원의 좁은 함정에서 벗어나지 못한다. 물론 종교개혁 이후에도 교회는 굳건히 존재했을 뿐만 아니라 양적으로 더욱 부흥하고 성장했지만, 공동체로서 교회의 본질을 잃은 개신교는 공동체성을 상실하면서 점점 타락의 수렁에 깊이 빠져들지 않을 수 없었다.

종교개혁이 본질상 개인 구원에 치우칠 수밖에 없는 이신칭의의 좁은 수렁에 빠지면서 결과적으로 교회의 근본적인 가치를 경시하는 오류를 낳았다. 믿음으로 구원을 받는다는 구절의 좁은 해석으로 인해 교회가 무시되면서, 예수께서 말씀하신 교회는 너 이상 구원을 약속 받은 새 언약의 백성도 아니며 구원의 은혜를 입은 성도도 아니다. '개인'이 믿기만 하면 구원을 받을 수 있다는 왜곡된 신앙 때문에 교회는 믿음의 공동체가 아니라 개인구원을 위한 이기적인 종교 집단으로 전락하고 말았다.

교회의 절대 가치가 붕괴되면서 성도중심의 신앙공동체가 무너지고, 마침내 중세 가톨릭의 사제주의에서 이름만 바뀐 '목사 성직주의'가 부활한다. 목사 성직주의는 오늘날 타락한 교회의 싱징인 '목사 교회'를 만든 장본인이다.

종교개혁은 분명히 중세 가톨릭의 사제 성직주의에 반대하며 '만인사제론'을 주창했지만, 시간이 지나면서 개신교 역시 목사중심의 성직주의로 변질되면서 결국 중세 가톨릭보다 더욱 타락했다고 비난받는 개별교회주의를 낳았다. 가톨릭에는 한 명의 교황이 있지만 개신교에는 개별교회의 수만큼 많은 교황들이 있고, 개신교 목사들은 개별교회의 교주라는 조롱이 들리지 않는가?

한국교회의 치명적인 문제점들을 지적하며 비리 목사들의 불의를 거세게 비판하는 것에 대해서 적지 않은 사람들이 교회를 파괴하는 악한 행동이라며 비난과 조롱을 퍼붓는다. 그러나 교회를 파괴한다고 허투루 비난하기 전에 이미 "한국교회는 죽었다"는 외침이 곳곳에서 들리고 있다는 사실을 기억해야 한다.

물론 한국교회에도 수많은 교인들이 있고, 화려한 예배당이 있으며, 성경을 읽고, 교인들을 인도하는 전문 사역자가 있다. 그러나 그런 것들은 '외형'이며 결코 교회의 본질이 아니다. 교회의 외형은 모두 갖췄지만 정작 교회의 생명인 본질이 없기 때문에 "한국교회는 죽었다"고 소리치는 것이다.

목사가 교회의 전권을 장악하고 교회의 지배자로 군림하는 한국교회에 "너희는 섬기는 자가 되라"는 예수의 거룩한 계명은 흔적도 없이 사라졌다. 예수가 없기 때문에 그의 거룩한 가르침은 문서로 남은 장식일 뿐 반드시 지켜야 하는 계명이 아니다. 하지만 교회는 그리스도의 몸이며, 교회의 머리는 예수가 아닌가? 예수가 없는 교회, 예수가 다스리지 않는 교회는 예수께서 말씀하신 '교회'가 아니다.

교회에 예수의 영성이 살아있다는 것은 예수의 계명을 지키는 온전한 믿음이 살아있다는 것이며, 그로 인해 예수를 믿음으로 말미암아 구원을 얻을 수 있다는 것이다. 반면에, 교회에 예수가 없다는 것은 예수의 계명을 지키지 않을 타락의 자유가 있는 반면에 구원의 능력이 없는 것이다. 예수가 없고 구원이 없는 교회, 따라서 예수의 영성이 사라지고 구원의 능력을 상실한 한국교회의 치명적인 문제가 마침내 총체적인 위기를 부른 것이다.

2장·내 교회를 세우리라I will build my church

'내 교회'가 키워드다

마치 성경에 실제로 명시된 성직주의의 전거典據, proof-texting인 양 많은 사람들이 마태복음 16장을 인용하며, '천국열쇠'를 부여받은 베드로부터 '사도권의 계승'이 끊임없이 후대 교황에게 이어졌다고 주장한다. 이를테면 로마의 '초대교황'인 베드로부터 시작되어 후대 교황들이 '그리스도의 대리인'에게 주어지는 특별한 영적 권세로서 '사도권'을 계승한다는 것이다. 그리고 교황으로부터 권세를 위임받은 사제가 성례전을 집전하며 가톨릭의 성직자로 굳건히 자리 잡는다.

베드로의 '사도권'은 가톨릭만의 고유한 주장이 아니다. 개신교에서조차 주요 교단의 헌법에 따르면, 주께서 베드로의 고백 위에 교회를 세우셨을 뿐만 아니라 죄 사함의 권세를 상징하는 천국열쇠까지 주셨기 때문에 마땅히 베드로는 그리스도의 대리인으로서 특별한 영적 존재이며, 그로부터 '성직'이 목사처럼 '기름부음 받은' 성직자에게 계승된다는 주장이다.

이처럼 오늘날 한국교회에서도 성직과 성직주의가 거침없이 통용하지만, 과연 신약성경 어딘가에 '성직주의'에 상응하는 근거가 있는가? 만약에 성직주의를 지지하는 성경적 근거가 있다면 그리스도인은 응당 성경에 따라 성직주의를 받아들여야 한다. 기독교는 성경의 종교이며, 그리스도인은 성경의 사람man of the Book이기 때문이다. 이를 확인하기 위해 교회에서 성직주의의 전거典據로 제시되는 대표적인 구절을 살펴본다.

> "시몬 베드로가 대답하여 이르되 주는 그리스도시오 살아 계신 하나님의 아들이시니이다. 예수께서 대답하여 이르시되 바요나 시몬아 네가 복이 있도다. 이를 네게 알게 한 이는 혈육이 아니요 하늘에 계신 내 아버지시니라. 너는 베드로라. 또 내가 이 반석 위에 내 교회를 세우리니 음부의 권세가 이기지 못하리라. 내가 천국열쇠를 네게 주리니 네가 땅에서 매면 매일 것이요 네가 땅에서 무엇이든지 풀면 풀리리라 하시고" 마16:16-19

가톨릭의 사제와 개신교의 목사가 교회권력을 장악하게 된 배경은 다양하지만, 종교사적인 관점으로 바라보기 전에 성경적인 관점에서 살펴본다. '성경으로 돌아가라'ad Biblia는 주장은 이미 종교 개혁가들이 모토로 사용했기 때문에 '프로테스탄트'에게 진부한 문장이 되었다.

물론 그리스도 신앙은 '온전한 계시'인 성경에서 벗어날 수 없기 때문에 성경으로 돌아가자는 구호는 언제나 정당하다. 문제는, "성경으로 돌아가자"는 주장이 성경의 원저자이신 하나님의 말씀으로 돌아가는 것이 아니라 종교권력을 장악한 성직자들의 자의적인 주장이나 '교리', 또는 종교적인 전통과 관습으로 돌아가는 것이다.

예수께서 마태복음 16장 18절에서 "내 교회를 세우리라"고 말씀하신 그 교회는 사제나 목사의 교회가 아니라 '내 교회'로서 예수 그리스도의 교회이다. 그것은 사제나 목사에게 그들의 뜻에 따라 '세우라'고 전권을 위임하신 교회가 아니라 예수께서 친히 '세우리라'I will build my church고 선언하신 '내 교회'로서, 예수가 교회의 설계자인 동시에 건축자라는 의미이다.

제자들이 자신들의 권위로 교회를 세우는 것이 아니라 예수께서 "내가 내 교회를 세우겠다."I will build…고 선언하셨다는 사실은 교회의 본질을 이해하는 핵심적인 단서이다. 너나없이 입으로는 예수가 중심인 교회라고 간단히 말하지만 오늘날 한국교회는 목사가 세우는 교회, 이를테면 '소명'을 받았다고 주장하는 목사가 자신의 목회철학과 신념에 따라 교회의 이름을 정하고, 건물을 짓고, 강령을 제정하는 '목사교회'로 변질되고 말았다.

예수께서 "내 교회를 세우리라"고 말씀하신 구절의 바른 해석과 적용은 '성경적인 원형교회'로서 아르케처치를 이해하는 중요한 단서가 된다. 본문에 대한 해석과 적용의 오류가 성직주의에 그릇된 빌미를 제공하면서 마침내 성직자를 자처하는 사제나 목사에게 절대 권력을 부여하는 치명적인 오류가 발생했으며, 소수 종교인에게 집중된 권력으로 말미암아 교회는 타락하지 않을 수 없었다.

이것이 '오류'라고 주장하는 이유는, 예수의 계명에 따라 성도 중심의 성경적인 교회를 세우기 위한 전제조건은 결국 교권주의에 다름 아닌 성직주의를 폐지하는 동시에 성직자들이 장악한 권력을 타파하는 것이기 때문이다. 그때 비로소 "나는 섬기기 위해서 세상에 왔다"고 하신 예수께서 세우리라고 선언하신 교회, 이른바 '성경적인 원형교회'의 모습이 오롯이 살아날 수 있다.

마태복음 16장 16-18절을 읽은 독자들은 너나없이 '베드로의 찬란한 신앙고백'을 먼저 떠올린다. 그리고 교회는 베드로의 신앙고백 위에 세워졌다고 생각하며, '교회는 신앙을 고백하는 공동체'라는 주장을 서슴지 않는다. 물론 성경은, "입으로 시인하는 자라야 하나님 나라에 들어갈 수 있다"고 기록했고, 신앙을 고백하지 않는다면 사실상 신앙이 없는 것과 다르지 않다. 그러나 신앙고백의 진정한 의미는, 흔히 생각하는 것처럼 '입으로 주여, 주여' 하며 입술로 고백하는 '종교의식'에 머물지 않는다. 진정한 신앙고백은 '믿음의 순종'을 통한 고백으로, 자신의 몸과 마음을 다해 그리스도의 신앙을 밝히 드러내는 '본질'이 되어야 한다.

본문을 언뜻 읽으면, "주는 그리스도이시며 살아계신 하나님의 아들이십니다"라는 베드로의 특별한 신앙고백을 들으시고 예수께서 베드로에게 "교회를 세우라"고 말씀하신 것처럼 보인다. 그리스도인이라면 익히 알고 있는 구절이지만, 본문의 왜곡된 해석과 적용이 성직주의의 빌미가 되고, 마침내 성직자의 절대 권력에 의해 교회가 타락하는 근본적인 원인이 된다.

성경에서 벗어나 종교권력의 빌미가 되는 성직주의는 교회를 섬기는 종의 겸손한 순종이 아니라 교회를 지배하는 권력을 정당화하면서 마침내 성직자의 독점적인 권력에 의해 예수가 말씀하신 '내 교회'가 아니라 '종교권력자의 교회'로 타락하는 근본적인 배경이 되기 때문이다.

본문의 해석과 적용에서 우리는 세 가지 측면에서 중대한 오류를 지적할 수 있다. 우선, "주는 그리스도시며 살아계신 하나님의 아들이십니다."라는 베드로의 고백에 특별한 의미를 부여하면서, 예수께서 베드로의 고백에 근거해서 교회를 세웠다는 주장이다. 즉, 베드로의 신앙고백을 들으시고 그에게 교회를 세우게 하셨으며, 교회는 예수를 감동시킨 베드로의 '찬란한 신앙고백'처럼 "주는 그리스도이시며 하나님의 아들이십니다"라고 고백하는 신앙공동체라는 것이다.

그런 주장은, 교회의 정의를 '신앙을 고백하는 공동체라'는 섣부른 단정으로 이어진다. 예수를 영접하겠다는 입술의 고백으로 '영접기도'를 마치는 순간 구원을 받았다고 선언하는 구원파나 복음주의자들의 대중 집회에서 흔히 보는 모습이다. 그러나 예수는 "입으로 주여, 주여 한다고 하나님 나라에 들어가는 것이 아니다"라고 분명히 말씀하셨다. 이는 입술의 고백만으로 '믿음'을 입증할 수 없다는 말씀이 아닌가. 우리는 신앙고백의 진정한 의미를 먼저 깨달아야 하며, 나아가 베드로의 고백이 과연 교회를 세울 만큼 특별하며 완전한 고백인가 하는 문제를 주의 깊게 살펴보아야 한다.

두 번째는 "너는 베드로라. 나는 이 반석 위에…"라는 구절에 대한 해석의 오류이다. 이 구절에 대해 대부분의 독자는 베드로페트로스라는 이름이 '반석'을 의미하기 때문에, "이 반석 위에 내 교회를 세우리라"는 말씀을 "베드로 위에 교회를 세운다"는 의미로 지레 짐작한다. 따라서 베드로와 교회를 일치시키며 베드로가 지상교회의 창시자라고 주장하게 되는 것이다.

그런 주장의 이면에는 예수께서 말씀하시는 '내 교회'는 사실상 천상 교회를 가리키는 반면, '그리스도의 대리인'으로서 베드로가 세운 교회가 비로소 지상교회의 원형이라는 생각을 담고 있다. 이를 빌미로 로마 가톨릭교회의 '초대교황' – 가톨릭이 '세계화'되기 전에 교황이라는 이름이 과연 정당한가에 대한 의문이 있지만 – 인 베드로가 예수 그리스도의 대리자이며, 후대 교황들은 베드로로부터 사도권을 계승받은 '무류한 성직자'로서 교회의 전적인 통치권을 부여받는다고 공언한다.

이어, '사도권'을 계승한 교황이 가톨릭교회의 사제들에게 영적 권세를 위임하면서 사제는 교황을 대리해 성례전을 집전하며 마침내 교황으로부터 계승되는 성직주의가 태동한다. 이처럼 기독교 성직주의의 시작은 결국 베드로를 잇는 '거룩한 성직자'와 성직에서 벗어난 '속된 평신도'의 근본적인 차별에서 비롯된다.

그러나 예수는 천상이 아닌 세상에서 "내가 내 교회를 세우겠다"고 말씀하셨으며, 세상에 세워지는 지상 교회에 성령을 보내 영적 권세를 주셨고, '매면 매이고 풀면 풀리는' 죄 사함의 천국열쇠를 주셨다.마18:18 교회의 원형인 '천상교회'가 따로 있지 않다. '천상교회'라는 말이 도대체 무슨 의미가 있는가? 천상은 이미 그 자체로 거룩한 곳이다. 하나님 나라에 교회와 세상의 구별이 있는 것이 아니라면 거룩한 하나님 나라에 새삼 '천상교회'를 세울 이유가 있는가? 완전하며 거룩한 하늘나라에 새삼 교회를 세운다는 주장은 분명한 오류다.

세 번째는 베드로에게 "천국열쇠를 주겠다"고 말씀하신 구절에 대한 그릇된 해석이다. 베드로가 죄 사함의 천국열쇠를 받았기 때문에 베드로와 그를 계승한 후대 교황들이 '죄 사함'의 신적 권세를 지닌 '무류無謬한' 성직자라는 주장이다. 뒤에서 자세히 살펴보겠지만, 천국열쇠는 베드로만의 전유가 아니며 베드로에게 천국열쇠를 주신 것은 '개인의 영적 권세'와 전혀 다른 관점에서 해석해야 한다.

신약시대의 영적 교훈에 반하는 성직주의의 폐해는 비단 가톨릭만의 문제가 아니다. 앞에서 간단히 말했지만, 사제 성직주의에 맞서 만인사제주의를 내세웠던 루터와 종교 개혁가들도 결국 "목사가 신적 능력과 권위를 소유한다"고 주장하면서 마침내 목사가 성직자로서 특별한 영적 권위를 부여받았다고 주장한다.

나아가 루터는, "천국열쇠는 모든 신자에게 속하지만 그것의 사용은 오직 교회에서 직책을 맡은 사람, 이른바 목사제사장에게 국한됐다"고 말한다. 어불성설이 아닐 수 없다. 사용하지 못하는 천국열쇠가 도대체 무슨 가치와 의미가 있는가. 목사만이 죄 사함의 천국열쇠를 사용할 수 있다는 주장은 사실상 개신교의 새로운 성직주의로서, 이른바 '목사 성직주의'를 주창하는 것과 다르지 않다.

결국 종교개혁은 '구원론'에서는 분명히 진일보했지만 '교회론'에서는 다시 성직주의로 되돌아가면서 타락한 중세 가톨릭과 다름없이 '목사 성직주의'를 지지한다. 개신교 목사가 설교를 비롯해서 성찬과 침례의 개신교 2대 성례까지 독점하면서 가톨릭 사제와 다름없이 성직자로서 교회권력을 장악하게 되는 것이다.

마태복음 16장 16절부터 18절에 대한 섣부른 해석들이 성직주의의 빌미가 되고, 성직자의 절대 권력에 의해서 교회가 타락하는 배경이 되었다. 이는 성경적인 '사실'이 아니라 해석과 적용의 중대한 오류이다. 이에 대한 해석의 오류를 지적하는 것은 단순히 해석의 문제를 지적하는 차원을 넘어서 교회를 타락의 길로 이끈 성식주의의 왜곡을 바로 잡는 계기가 된다.

"내 교회를 세우겠다"는 핵심문장으로 구성된 문맥에서 중요한 핵심어는 베드로도, 그의 '찬란한 신앙고백'도, 그에게 주신 '천국열쇠'도 아니다. 유일한 키워드는 주께서 말씀하신 '내 교회'로서 예수 그리스도의 교회이며, 예수는 구약 시대와 구별되는 신약시대의 '새 성전'으로서 '새 언약의 백성을 위한' 성경적인 원형교회를 선언하신 것이다.

베드로의 '찬란한 신앙고백'?

마태복음 16장 16-18절의 본문을 일일이 분석하면서 해석과 적용의 전통적인 오류를 지적한다. 우선, 본문 전체에 대한 일반적인 해석은 "주는 그리스도이시며 살아계신 하나님의 아들이십니다"라는 구절을 '베드로의 찬란한 신앙고백'으로 허투루 단정하는 오류부터 시작된다. 예수께서 그의 신앙고백을 듣고 교회를 세우게 하셨고, 그에게 천국열쇠를 주시면서 죄사함의 신적 권세를 비롯한 모든 영적 권세를 주셨다는 것이다. 그리고 베드로의 뒤를 이어 가톨릭 교황들이 '사도권'을 계승하고, 교황은 사제들에게 권세를 위임하면서 정당한 종교적 절차에 의해 성직주의가 전래된다고 주장한다.

신약성경의 가르침에서 뚜렷이 벗어난 성직주의는 가톨릭만의 문제가 아니다. 사제 성직주의의 타도를 외쳤던 종교개혁 이후의 개신교에서도 사실상 사제에서 목사로 이름만 바뀌었을 뿐 성직주의의 본질은 변하지 않았기 때문이다.

만약에 특정한 인물에게 성직자의 영적 권세를 주었다는 본문의 전통적인 해석이 옳다면 성직자, 이를 테면 교황이나 사제, 목사에게 교회의 절대권력을 부여하는 것에 대해서 무턱대고 틀렸다고 말할 수 없을 것이다. 죄사함의 권세, 이를테면 예수 그리스도의 '신적 권위'를 위임받은 성직자에게 교회의 전권을 부여하는 것은 차라리 당연한 일이기 때문이다. 그러나 본문의 해석, 특히 가톨릭과 개신교를 가릴 것 없이 기독교 전반의 종교적인 해석은 신약성경의 본질, 이른바 예수 그리스도의 본뜻을 제대로 깨닫지 못한 치명적인 오류에 지나지 않는다.

우선, "주는 그리스도시오, 살아있는 하나님의 아들이십니다"라고 베드로가 남다른 신앙을 고백했기 때문에 예수께서 그에 근거해서 교회를 세운 것도, 그에게 천국열쇠를 주신 것도 아니다. 베드로의 "주는 그리스도이시며 하나님의 아들이십니다"라는 고백은 그만의 '유일한' 고백이 아니며, 흔히 생각하는 것처럼 특별한 영적 의미를 지닌 고백도 아니다.

사실은 베드로뿐만 아니라 마르다도 베드로와 토씨 하나 다르지 않게 "주는 그리스도이시며 세상에 오시는 하나님의 아들이신 줄 내가 믿나이다"요11:24-27라고 고백했을 뿐만 아니라, 예수의 부활을 믿지 않았던 도마도 마침내 "나의 주님이시며 나의 하나님이십니다."요20:28라고 말했다. 심지어 귀신들마저 예수를 하나님의 아들이라고 말하지 않았는가.

그들보다 베드로가 먼저 고백했기 때문에 베드로에게 '우선권'이 있다고 주장할 수 있겠지만, 베드로, 마르다, 도마 이전에 예수께서 공생애 사역을 시작하기에 앞서 이미 세례 요한은 "내가 보고 그가 하나님의 아들이심을 증언하였노라"요1:34고 선언했다는 사실을 기억해야 한다.

예수는 그들의 이름으로 교회를 세우기는커녕 오히려 마르다와 도마를 엄히 질책하셨다. 세례 요한에게도 "율법은 요한의 때까지"라고 말씀하시면서, "요한은 큰 자이나 하나님 나라에서 가장 작은 자도 요한보다 크다"

라고 하시며 그가 '새 언약의 백성'이 아니라고 분명히 말씀하셨다.

요컨대 베드로의 신앙고백 위에 교회가 세워졌기 때문에 베드로가 '사도권'을 위임받아 교회의 전권을 장악한 '교황'이 된다는 주장은 섣부른 해석인 동시에 명백한 오류다. 베드로의 신앙고백은 특별한 영적 의미를 지닌 것이 아니라 예수를 '유대 메시아'라고 믿었던 제자들과 무리 모두의 일반적인 고백에 지나지 않는다.

예수의 신비한 표적을 보았던 사람이 예수를 메시아그리스도라고 고백하는 것은 특별한 믿음이 아니다. 당시에 제자들이 사용했던 '그리스도'라는 말은 삼위일체 하나님을 가리키는 영적인 의미가 아니라, '기름부음 받은' 자라는 의미에서 '메시아'의 헬라어 번역에 지나지 않았기 때문이다.

만약에 "주는 그리스도이시며 하나님의 아들이십니다"라는 베드로의 고백이 예수께서 '교회'를 세울 만큼 중요한 고백이었다면 일찌감치 예수는 베드로 이전에 세례 요한의 고백 위에 교회를 세웠어야 한다. 베드로의 고백은 분명히 중요한 의미와 가치를 지니지만, 그것은 예수의 신성을 인정한 영적 고백이 아니며 유일하지도 특별하지도 않았다. 이렇게 고백했던 베드로는 시간이 조금 지난 뒤에 십자가 처형을 앞둔 예수를 세 번이나 부인했다. 유대인들이 하나님을 부인할 수 없듯이 베드로가 예수를 하나님의 아들이신 그리스도라고 믿었고, 삼위일체 하나님을 온전히 믿었다면 베드로는 감히 예수를 부인할 수 없지 않았을까.

베드로는 '메시아 대망론'에 따라 유대인들이 기다렸던 '정치적인 메시아'가 예수라고 믿었을 뿐, '영적 메시아'로서 예수의 온전한 신성을 알지도 믿지도 못했다. 그의 고백은 영생의 구원자로서 하나님이신 예수 그리스도의 신성을 인정한 고백이 아니었다. 베드로를 비롯한 제자들이 예수의 온전한 신성을 믿었던 것은, 뒤늦게 "주는 나의 하나님입니다"라고 고백했던 도마의 경우에서 보듯이 예수의 부활을 두 눈으로 보고 난 다음이었다.

여기에 중요한 반전이 있다. 베드로를 비롯한 제자들은 예수의 부활 이전에는 예수가 단지 '유대 메시아'라고 믿었던 것이며, 그에게서 세상의 구원자로서 '그리스도 예수'를 보았던 것이 아니기 때문이다. 메시아라는 이름은 '기름부음 받은 자'라는 의미로서, 구약시대의 왕, 제사장, 선지자가 모두 기름 부음 받은 자이기 때문에 단수가 아닌 복수로서 유대 메시아들이다.

반면에 '그리스도'는 형식상 메시아의 헬라어 번역이지만 신약시대에 들어와서 의미가 전이된다. 구약시대의 '기름부음 받은 자'로서 더 이상 메시아들이 존재하지 않는 신약시대의 '그리스도'는 온 세상을 구원하시는 하나님의 유일하신 독생자 아들로서 고유명사 '그리스도'Christus이기 때문이다. 베드로의 찬란한 신앙고백을 섣불리 폄훼하려는 것이 아니다. 그러나 베드로의 신앙고백이 지나치게 강조되면서 마침내 성경이 제시하는 본질에서 벗어났기 때문에 지적해야 한다.

한 가지 덧붙이면, "주는 그리스도이십니다"라는 베드로의 신앙고백은 마태복음뿐만 아니라 마가복음에도 기록되었다. 그러나 마가복음에서는 베드로의 고백에 이어 마태복음처럼 베드로의 고백에 이어 "교회를 세우리라"는 말씀은 존재하지 않는다. 신약시대의 '새 성전'으로서 교회의 절대적인 중요성을 생각할 때, 만약에 베드로의 고백 위에 교회를 세운 것이 사실이라면 예수께서 베드로의 고백을 들으시고 "교회를 세우겠다"고 말씀하신 구절이 마태복음 외에 다른 성경에는 기록되지 않았다는 사실은 결코 간과할 내용이 아니다.

'최초의 복음서' 마가복음에서 베드로의 고백을 들으신 예수께서 그를 칭찬하시며 "교회를 세우겠다."고 하시기는커녕, 같은 문맥 안에서 예수에게 '항변'하는 베드로에게 심지어 "사탄아, 물러가라"막8:33며 엄히 꾸짖으신다. 그 순간은 십자가의 고난을 예고하는 긴박한 순간이었다. "주는 그리스도이시며 살아계신 하나님의 아들이십니다"라는 베드로의 고백이 마가복음에서는 교회와 연관해서 전혀 의미를 지니지 않았다는 사실을 어떻게 해석해야 하는가.

"주는 그리스도이시며 하나님의 아들이십니다"라는 구절에서 보는 것처럼 성경해석의 기본 가운데 하나는, 성경에 반복해서 기록된 병행문장, 또는 '변형체'의 내용들에 대해서 특정한 구절을 내세워 일방적으로 의미를 단정할 수 없다는 것이다. 다시 말해, 마태복음만의 기록을 유일한 전거로 내세우며 "베드로의 고백 위에 교회를 세웠다"는 주장은 섣부른 단정이다. 그 말은 결국, 그리스도의 완전한 교회가 베드로의 불완전한 고백 위에 세워졌다는, 다시 말해 예수께서 말씀하신 '내 교회'가 '불완전한 교회'라고 주장하는 결정적인 모순이 아닌가.

'베드로의 교회'인가?

"너는 베드로라, 나는 이 반석 위에 내 교회를 세우리라"는 구절의 일반적인 해석에도 심각한 오류가 있다. 베드로는 헬라어 '페트로스'의 한글 음역이며 베드로페트로스는 '반석'을 의미한다. 따라서 이 문장을 흔히 "너는 베드로페트로스라, 나는 '반석인 너, 베드로페트로스 위에 교회를 세우리라"는 의미로 간단히 해석한다. 따라서 교회가 베드로의 터 위에 세워졌기 때문에 예수께서 말씀하신 교회는 '베드로의 교회', 또는 베드로가 '중심'인 교회라고 지레 판단하는 오류다.

그러나 본문을 "베드로 위에 교회를 세웠다"고 해석하려면, 성경은 응당 "너는 '베드로'라, 나는 '베드로' 위에 교회를 세우리라"고 기록됐어야 한다. 그러나 베드로 위에, 또는 베드로라는 인물 위에 교회를 세운다는 말은 성경 어디에도 없다. 다시 말하지만 '베드로'는 헬라어 '페트로스'의 한글음역이다. 그렇다면 베드로 위에 교회를 세운다는 문장을 원어 그대로 번역하면 마땅히 "너는 페트로스다. 나는 페트로스 위에 교회를 세우리라"가 되어야 한다.

그러나 성경 원문은 분명히 "너는 '페트로스'다. 나는 '페트라' 위에 교회를 세우리라"이다. 여기서 페트라는 베드로라는 이름의 고유명사가 아니라 보통명사로서 반석을 가리킨다는 사실에 주목해야 한다. 다시 말해 베드로페트로스라는 인물이 아니라 '페트라'반석 위에 교회를 세운다는 것이다. 페트로스와 페트라는 의미상 유사하지만, 음이 다른 두 단어는 '같은 사람'을 가리키는 것이 아니다. 사람의 이름은 의미가 아니라 소리로 구별하기 때문이다. 즉, 예수께서 베드로라는 특별한 사도의 이름 위에 교회를 세운다는 것이 아니다. 베드로를 비롯한 모든 제자들, 이를테면 성도의 믿음이라는 굳건한 '반석' 위에 교회를 세운다는 말씀이다.

또한 성경적인 관점에서 '반석'의 의미를 제대로 파악하는 것이 이 구절을 바르게 해석하는 중요한 단서가 된다. 예수는 "듣고 행함이 있는 믿음을 반석 위에 세운 집과 같다"고 말씀하셨다. 따라서 믿음의 반석은 말씀을 듣고 행하는 온전한 신앙을 의미한다. 그렇다면 처음부터 본문은 베드로의 고백 위에 교회를 세운다고 하신 것이 아니라 '믿음의 반석' 위에 교회를 세우겠다고 말씀하신 것으로 올곧게 해석해야 한다.

더욱 중요한 것은, 본문을 읽으면서 "이 반석 위에 교회를 세운다"는 문장으로 간단히 지나치는 오류다. 예수는 베드로 위에, 또는 반석 위에 '어떤 교회'a church를 세운다고 하신 것이 아니라 '내 교회'my church를 세운다고 하셨다. 그것은 예수께서 세우겠다는 교회가 베드로의 교회, 나아가 사제 교회나 목사 교회가 아니라 '예수교회'라는 뚜렷한 선언이다.

기독교의 태동과 더불어 오늘날에 이르기까지 교회가 타락한 배경에 성직자에게 집중된 권력이 있었으며, 이는 교회의 '주인'에 대한 치명적인 무지와 오류에서 비롯되었다. 교회의 주인은 교황, 사제, 목사가 아니다. 예수는 분명히 '나의 교회'를, 그리고 '내가' 세우겠다고 선언하셨기 때문에 오직 예수가 교회의 유일한 주인이다. 그래서 성경은 교회를 그리스도의 몸이라고 하고, 예수를 교회의 '머리'라고 밝히 기록한 것이다.

"내 양을 치라"

예수께서 말씀하신 '내 교회'의 심층적인 의미를 정확히 알기 위해서는 이와 병행하는 구절로서 '내 양을 치라'고 하신 말씀을 깊이 살펴보는 것이 좋다. 대부분 독자들은 예수가 베드로에게 '양을 치라'고 하시면서 그에게 양의 상징인 교인들을 다스리는 '목양권'을 주셨다고 이해한다. 그러나 예수께서 '어떤 교회'를 세운다고 하신 것이 아니라 예수교회로서 '내 교회'를 세운다고 하셨던 것처럼, 베드로에게 불특정한 "양을 치라"고 하시지 않고 "내 양을 치라"고 하셨다는 구체적인 표현에 주목해야 한다.

토씨 하나의 차이처럼 보이지만 의미상 깊은 차이가 있다. 베드로가 양의 주인이 아니라 예수가 양의 주인이며, 베드로는 다만 주인이신 예수의 양을 돌보는 종이라는 의미이기 때문이다. 달리 말해 예수는 사역자에게 '왕처럼' 교인들을 통치하고 지배하라고 하신 것이 아니라 '종처럼' 주인의 소유를 섬기라고 명령하신 것이다.

성경에 근거하는 그리스도의 종교라면 개신교라고 차이가 있을 수 없다. 종인 목사는 양을 자기보다 '열등한' 짐승으로 대하는 것이 아니라 주인이신 예수의 소유로 소중히 섬길 수 있어야 하지만, '양을 치라'는 구절의 중대한 오역으로 인해 목사와 교인의 관계를 마치 목자와 양의 주종관계인 양 왜곡하는 결정적인 오류가 발생했다.

"그들이 조반을 먹은 후에 예수께서 베드로에게 이르시되 요한의 아들 시몬아 네가 나를 이 사람들보다 나를 더 사랑하느냐 하시니 이르되 주님 그러하나이다. 내가 주님을 사랑하는 줄 주님께서 아시나이다. 이르시되 내 양을 먹이라 하시고 [···] 내 양을 치라 하시고 [···] 내 양을 먹이라." 요21:15–18

'내 교회'는 모름지기 예수 그리스도의 교회다. 마찬가지로 '내 양'은 예수 그리스도의 양인 동시에 하나님의 양이다. 또한 성경의 비유에서 양은 열등한 '짐승'이 아니라 하나님의 선택받은 백성, 즉 소중한 자녀를 가리키는 '그림언어'다. 예수께서 베드로에게 '네 교회', '네 양'이라고 하시지 않고 '내 교회', '내 양'이라고 하신 것은 교회의 의미와 사역을 이해하는 데 핵심적인 내용을 담고 있다.

즉, 사제이든 목사이든 교회의 사역자는 주인이 아니라 종이라는 말이며, 양으로 상징되는 교인은 사역자의 소유가 아니라 주인이신 예수 그리스도의 소유라는 명백한 선언이기 때문이다.

종의 사명은 무엇인가? 종은 주인의 소유를 팔아 자기 배를 불리는 탐욕스러운 자가 아니라 주인의 소유를 지키기 위해서 생명을 기꺼이 바치는 겸손한 자다. 같은 문맥 안에서 '내 양을 치라'에 바로 이어지는 다음 구절을 보면 의미가 더욱 분명해진다.

"네가 젊어서는 스스로 띠 띠고 네가 원하는 곳으로 다녔거니와 늙어서는 네 팔을 벌리리니 남이 네게 띠 띠우고 원하지 아니하는 곳으로 데려가리라. 이 말씀을 하심은 베드로가 어떠한 죽음으로 하나님께 영광을 돌릴 것을 가리키심이라. 이 말씀을 하시고 베드로에게 이르시되 나를 따르라 하시니" 요21:18–19

"나를 따르라"고 말씀하시기 전에 예수께서 종인 베드로의 죽음을 시사한다. 이 구절은, 예수를 따르는 제자는 양을 지키라는 주인의 명령에 순종하기 위해서 자기 생명을 아끼지 않고 기꺼이 희생할 수 있어야 한다는 준엄한 명령을 담고 있다. 종은 자신의 부귀영화가 아니라 주인의 영광을 위해서 생명을 아끼지 않는 자다. 따라서 종은 세상의 높은 자로서 권력이나 재물을 탐하는 것이 아니라 지극히 낮은 자로서 희생과 헌신을 아끼지 않아야 한다.

그러나 가톨릭에서는 베드로를 '희생하는' 종이 아니라 예수 그리스도의 영적 권세를 위임받은 교회의 황제로서 초대 교황이라고 주장한다. 그리고 후대 교황들이 베드로의 사도권을 계승한다고 공언한다. 예수교회가 아니라 베드로의 교회를 후대 교황들이 상속하며 교회의 전권을 행사한다는 말로서, 이는 성경해석의 치명적인 오류가 아닐 수 없다.

예수는 내 양을 치라고 하시면서 교회에서 군림하는 교황이 아니라 교회를 위해 섬기는 '종이 되라'고 명령하신 것이기 때문이다. 이는 가톨릭만의 오류가 아니다. 가톨릭의 사제주의에 저항하며 새로운 종교질서를 주창한 개신교에서도 사제를 목사로 대체한 것 외에 사실상 뚜렷한 차이가 없다. 중세와 근·현대, 가톨릭과 개신교를 가릴 것 없이 교회의 사역자가 마치 양의 주인인 양 하나님의 자녀를 지배하고 통치하는 종교권력 아래서 교회는 인간의 교만과 탐욕으로 말미암아 타락하지 않을 수 없다.

'천국열쇠'는 누구에게 주었는가?

마지막으로, 베드로에게 천국열쇠를 주시면서 예수께서 "네가 매면 매이고 풀면 풀린다"고 하신 말씀을 베드로가 '죄 사함'의 신적 권세를 가졌다고 해석하는 오류다.

"내가 천국열쇠를 네게 주리니 네가 땅에서 무엇이든지 매면 하늘에서도 매일 것이요 네가 땅에서 무엇이든지 풀면 하늘에서도 풀리리라 하시고"마 16:19

본문은 분명히 예수께서 '네게', 즉 베드로에게 천국열쇠를 주신다고 기록되었기 때문에 달리 해석할 수 있는 여지가 없어 보인다. 문자의 일차적인 해석은 명시적인 근거가 있기 때문에 나름의 중요성을 지니고 있지만, 의미상 언제나 화자의 '심층적인' 메시지와 일치하는 것은 아니다.

만약에 베드로에게 죄 사함의 권세를 상징하는 '천국열쇠'를 주셨다면 그 열쇠는 응당 베드로에게만 주어져야 하며, 다른 제자들에게 동시에 주어질 수 없다. '죄 사함'은 하나님의 유일무이한 신적 권세이기 때문에 여러 사람이 동시에 가질 수 없기 때문이다. 달리 말해 두 사람이 동시에 천국열쇠를 지녔다면 두 사람의 의견차에 따라 '신성불일치'라는 치명적인 오류가 발생할 수 있다. 성경은 "두 주인을 섬길 수 없다"고 말한다. 이는 비단 하나님과 재물의 비유로 의미를 좁게 한정할 수 없다. 천국열쇠를 두 사람이 동시에 쥐고 있다면 결국 '두 주인'이라는 말과 무엇이 다른가.

예수께서 베드로에게 주겠다고 하신 '천국열쇠'는 죄 사함의 신적권세를 다만 베드로라는 특정한 '개인'에게 준 것을 의미하지 않는다. 부활하신 예수는 승천하시기 전에 갈릴리에 모인 제자들, 이를테면 무리에게 '매면 매이고 풀면 풀리는' 천국열쇠를 주셨다. 물론 여기서 말하는 무리는 예수를 믿는 거룩한 무리라는 의미에서 성도를 가리킨다.

"이 날 곧 안식 후 첫날 저녁 때에 제자들이 유대인들을 두려워하여 모인 곳의 문들을 닫았더니 예수께서 오사 가운데 서서 이르시되 너희에게 평강이 있을지어다. 이 말씀을 하시고 손과 옆구리를 보이시니 제자들이 보고 기뻐하더라. 예수께서 또 이르시되 너희에게 평강이 있을지어다. 아버지께서 나를 보내신 것같이 나도 너희를 보내노라. 이 말씀을 하시고 그들을 향하여 숨을 내쉬며 이르시되 성령을 받으라. 너희가 누구의 죄든지 사하면 사하여 질 것이요 누구의 죄든지 그대로 두면 그대로 있으리라" 요20:19–23

이처럼 베드로뿐만 아니라 다른 제자들에게도 매면 매이고 풀면 풀리는 죄 사함의 '천국열쇠'를 주셨다는 것을 어떻게 해석해야 하는가? 앞에서 말했지만, 동시에 여러 사람이 죄 사함의 신적 권세를 지닌다면 죄 사함의 권세는 더 이상 유일신을 믿는 기독교의 신적 권세일 수 없다. 그렇다면 여기서 말하는 죄 사함의 권세는 '유일신 종교'에서 말하는 신적 권세가 아니라 '주의 종'이라면 누구든지 소유할 수 있는 단순한 영적 은사인가? 그렇지 않다. 어떤 경우에도 죄 사함은 하나님의 절대주권인 신적권세이다.

중풍병자에게 죄 사함을 선포하신 예수를 유대인들이 '신성모독'이라며 죽이려 했던 마8:2–4 이유는, 죄 사함은 오직 하나님만의 유일한 권세이기 때문이다. 우리가 예수를 하나님이라고 부르는 이유도, 예수께서 하나님으로부터 '하늘과 땅의 모든 권세를' 부여받았다고 믿기 때문이 아닌가. 마28:16–20 '천국열쇠'에 관한 난제를 해결하는 실마리는 예수께서 '교회'를 언급하신 마태복음 18장에서 찾을 수 있다. 본문에 따르면 '죄 사함'의 권세는 베드로나 다른 사도들처럼 '특정한' 사람들에게 주신 것이 아니라 신약시대 새 언약의 백성인 성도, 이를테면 '교회'에 주신 것이다.

"만일 그들의 말도 듣지 않거든 교회에 말하고 교회의 말도 듣지 않거든 이방인과 세리와 같이 여기라. 진실로 너희에게 이르노니 무엇이든지 너희가 땅에서 매면 하늘에서도 매일 것이요, 무엇이든지 땅에서 풀면 하늘에서도 풀리리라." 마18:17–18

성경은 교회를 그리스도의 몸이며, 교회의 머리가 예수라고 말한다. 요컨대 천국열쇠를 교회에 주셨다는 것은 예수께서 베드로라는 개인에게 주신 것이 아니라 그리스도의 몸인 '교회'에 주셨다는 것을 의미한다. 따라서 베드로를 포함한 사도들은 죄 사함의 권세를 '자의적으로' 행사하는 것이 아니라, 교회에서 결정한 죄 사함을 공적으로 선포하는 대표자의 역할을 맡은 것이다.

사도행전 6장 1-7절을 보면 초대교회 사도의 역할에 대해서 보다 분명히 파악할 수 있다. 예루살렘 교회에서 일곱 집사를 세우는 과정을 통해 알 수 있듯이 사도는 '임의대로' 선택하고 결정하는 자가 아니다. 이를테면 초대교회의 사역자로서 교회를 대표하는 자로, 공적으로 내려진 교회의 결정을 교인들에게 선포하는 자다. 요컨대 교회의 모든 결정은 그리스도의 몸인 교회, 즉 성도에게 주신 영적 권세에서 비롯된다.

예수는 이처럼 '매면 매이고 풀면 풀리는' 죄 사함의 권세, 이를테면 구원에 이르는 천국열쇠를 특정한 인간이 아닌 '교회'에 주셨다. 다시 강조하지만 교회는 베드로의 교회나 교황의 교회, 또는 사제나 목사의 교회가 아니다. 우리가 속해야 하는 교회, 우리를 구원으로 이끄는 교회는 우리의 유일하신 구원자이신 예수 그리스도의 교회다. 그 교회는 다름 아닌 성도로서, 성도는 예수의 계명에 따라 '제자도'를 지켜 하나님과 이웃을 '섬기는 자'가 되어야 하며, 섬기는 자가 되기 위해서는 자기 의를 과시하는 자가 아니라 도리어 '자기를 부인하고 자기 십자가를 지는 자'가 되어야 한다.

예수 그리스도의 교회를 세상에 드러내는 것은 화려한 건물이나 목사의 카리스마가 아니라 서로 사랑하라는 계명을 오롯이 실천하는 것이다.

> "너희는 서로 사랑하라. 너희가 서로 사랑하면 이로써 모든 사람들이 너희가 내 제자인 줄 알리라"

오늘날 교회가 성경적인 원형 교회의 모습을 잃고 소수 성직자가 통치하는 종교집단으로 변질된 이유는 무엇인가? 사태를 바라보는 관점에 따라 다양한 이유들을 들 수 있겠지만, 그리스도인으로서 '제자도'를 망각한 오늘날 교회의 일탈된 모습에서 타락의 근본적인 원인을 찾을 수 있을 것이다.

3장·제자도와 교회

제자들의 무지

예수께서 말씀하신 '내 교회'는 어떤 교회인가? 요컨대 '예수교회'가 되기 위해서는 무엇보다 '종교주의'의 설익은 교만과 외식에서 벗어나야 한다. 예수교회는 그리스도의 몸 되신 교회이며, 예수가 머리이신 교회다. 그것은 기독교적 율법주의에 연연하는 종교집단이 아니라 성경적인 교회로서, 예수의 계명을 오롯이 지키는 교회를 말한다. 요즘 한국교회를 빗대서 '예수가 없는 교회'라는 말을 자주 듣는다. 예수의 영성, 계명, 교훈이 사라진 교회라는 말일 터다. 반면에 교회에 "예수가 있다"는 말은 예수의 계명이 살아있으며, 계명을 오롯이 지키려는 제자들이 당당히 살아있다는 말일 것이다.

예수는 "나의 계명을 지키는 자라야 나를 사랑하는 자이며, 나를 사랑하는 자는 아버지도 그를 사랑하신다"고 말씀하셨다. 이 말씀은 결국 예수의 계명을 지키는 자라야 예수를 믿는 자이며, 예수를 믿고 따르는 제자라야 하나님 나라의 구원을 얻을 수 있다는 말씀이 아닌가.

예수의 계명은 무엇인가? 그리고 예수의 계명을 지킬 때 우리가 비로소 얻을 수 있는 구원 신앙이란 무엇인가? 그것은 그리스도의 '절대계명'인 사랑을 실천하는 신앙, 그리스도인들에게 주신 계명을 지키면서 새 언약의 백성으로 구원의 은혜를 입는 신앙을 말한다.

그리스도인이라면 익히 알고 있는 그리스도의 절대계명을 말하기 전에, 계명을 바르게 지키기 위해서는 예수께서 가르치신 '제자도'에 대해서 먼저 말하는 것이 올바른 순서가 될 것이다. 그리스도의 제자가 반드시 나아가야 하는 순종의 길을 모르는 자가 그리스도의 계명을 지킬 수 없기 때문이며, 예수께서 말씀하신 사랑은 인간의 감정이나 욕망이 아니라 겸손과 섬김으로 '제자도'를 지키는 자라야 비로소 실천할 수 있는 '그리스도인의 사랑'이기 때문이다.

예수께서 "내가 사랑한 것 같이 너희도 서로 사랑하라"고 말씀하시며 사랑의 '본'을 제시하셨다. 그 사랑은 예수가 온 몸으로 실천하신 특별한 사랑으로, 인간의 감정이나 도덕에 의존하는 사랑이 아니기 때문에 인간의 의지로 간단히 지킬 수 있는 것이 아니다. 따라서 예수는 섬김과 희생을 통해 제자들에게 '본'을 보이시며 '제자도'를 친히 전해주신 것이다.

예수께서 제자들에게 전수하신 '제자도'는 무엇인가? '제자도'는 예수의 제자로서 올바른 그리스도인이 되는 길인 동시에, 영원한 생명의 구원을 얻기 위한 전제 조건으로 그리스도인들이 반드시 걸어야 하는 길을 말한다. 예수를 따르는 자가 반드시 지켜야 하는 '제자도'에 대해서 예수는 "나를 따르려는 자는 자기를 부인하고, 자기 십자가를 지고 나를 따라야 한다"고 말씀하셨다.

"자기를 부인한다"는 말씀은 세상에 속한 자가 탐닉하는 자기중심의 이기적인 신앙을 버리고 '나보다 남을 낫게 여기는' 이타적인 신앙을 실천하라는 명령이다. 그러기 위해서 그리스도인은 '세상의 법', 즉 탐심과 정욕의 법을 버려야 하며 육신적인 '자아'에 얽매이지 말아야 한다. "자기 십자가를 지라"는 말씀은 세상에 속한 자가 헛되이 추구하는 탐욕을 '십자가에 못 박고' 하나님의 법을 따라야 한다는 말이다. 그때 비로소 성령의 열매를 맺고 신앙의 결실을 얻을 수 있다.

그렇다면 예수의 제자들은 과연 '제자도'를 지켰는가? 역설적이지만 예수가 살아있는 동안에 제자들은 제자로서 마땅히 알아야 하는 '제자도'를 제대로 알지도 못했고, 지키지도 않았다. 예수가 말씀하신 계명, 이른바 사랑의 계명을 제대로 알고 실천하기 위해서는 무엇보다 먼저 예수가 누구인지, 그리고 예수가 가르치신 '제자도'의 진정한 의미가 무엇인지 알아야 했지만, 정작 제자들은 예수를 유대인들의 정치적 메시아로 오해했으며, 예수가 부활하기 전까지 '하나님 나라'의 구원자이신 '그리스도 예수'를 뚜렷이 알지 못했다.

우리는 예수의 수제자인 '베드로의 배신'을 잘 알고 있다. 그는 예수를 위해서라면 "죽을지언정 주님을 버리지 않겠습니다"라고 호언장담했지만, 예수가 체포되고 자신의 생명에 위협을 느끼는 순간 "나는 그가 누구인지 모른다"고 예수를 부인했을 뿐만 아니라 심지어 '저주'를 마다하지 않았다.

그뿐인가? 두 아들을 데리고 예수께 온 세배대의 아내는 예수께 절하며 "나의 이 두 아들을 주의 나라에서 하나는 주의 우편에, 하나는 주의 좌편에 앉게 명하소서"마20:21라고 청원한다. 이에 대해 예수는 "너희는 너희가 구하는 것을 알지 못한다"마20:22라고 질책하신다. 예수께서 진정 원하시는 것을 제자들이 도무지 깨닫지 못하기 때문이다.

"주의 나라가 임하시면 두 아들을 중용해달라"는 당연한 청원이 주께 질책 받을 이유가 무엇인가? 여기서 말하는 '주의 나라'의 의미를 깨닫지 못하기 때문에 독자들이 이 구절이 전하는 메시지를 좀처럼 파악하지 못하는 것이다. 대부분의 교인들은 '주의 날'이라고 하면 예수께서 재림하시는 날을 상상한다. 그리고 '주의 나라'라고 하면 죽은 뒤에 구원을 받아 들어가는 천국을 떠올린다. 이를테면 '최후의 심판'으로 세상이 멸망하고 '새 세상'이 열리는 날에 새로 창조되는 '천국'에서 큰 상급을 받기 원하는 것이라고 미루어 짐작하지만, 이는 여기서 세배대의 아내가 말한 '주의 나라'를 제대로 이해하지 못한 것이다.

주의 나라가 세상의 멸망 이후에 세워지는 나라를 의미한다면, 제자들의 청원은 결국 이 세상에 살면서 주의 계명에 순종하고 나중에 죽어서 천국에서 복을 받겠다는 말이다. 그렇다면 주께서 제자들을 질책하실 하등의 이유가 없다.

그들이 말한 '주의 나라'는 세상의 '마지막 날'에 다시 세워지는 천국을 말하는 것이 아니며, 오늘날 기독교인이 생각하는 것처럼 '천국'에서 특별한 상급을 받으려는 것도 아니다.

여기서 말하는 주의 나라는 전혀 다른 의미이다. 다윗의 후손인 메시아로서 예수가 정치적인 왕이 되어 이스라엘을 통치하는 세상의 '집권자'가 되는 나라를 말하며, 그 날이 되면 자신들이 가장 높은 지위에 오를 수 있게 해달라는 것이다. 이처럼 예수의 제자들은 예수께서 말씀하신 '하나님 나라의 실체'를 알지 못했으며, 다만 정치적인 메시아와 함께 세상의 부귀영화를 누리려는 세속적인 욕망에 사로잡혔었다. 예수는 유대인들이 갈망하던 '정치적인 메시아'가 아니라 하나님 나라의 영원한 생명을 전하는 '그리스도'이지만, 그들은 유대인들의 메시아 대망론에 따른 정치적인 메시아로 예수를 오해했기 때문이다.

예수께서 "내가 죽고 장사 지낸지 사흘 만에 다시 살아나리라"며 자신의 죽음과 부활을 전했지만, 예수의 부활을 상상조차 하지 못했던 베드로는 "절대로 그런 일이 일어나지 않아야 한다"고 '항변'했다. 이 말 또한 스승을 향한 제자 베드로의 숭고한 사랑 때문이 아니다. 만약에 그것이 베드로의 순전한 사랑과 존경의 표현이었다면 예수께서 "사탄아! 내게서 물러나라"고 혹독하게 꾸짖을 이유가 없지 않는가?

베드로는 예수가 이렇게 죽으면 자신이 원했던 상급, 즉 예수가 왕이 되면 자신이 세상의 권력자가 될 수 있다는 욕망이 하루아침에 물거품이 되기 때문에 거세게 '항변'했던 것이며, 그의 검은 속내를 아시는 예수께서 엄히 질타하신 것이다. 결국 예수의 제자들은 자신들의 세속적인 유익을 위해서 예수를 따랐을 뿐 진정 예수를 사랑해서도, 그의 '거룩한 신성'에 감동해서도 아니다.

제자들의 속마음을 익히 알고 있던 예수께서 제자들의 무지와 오해를 꾸짖으며 제자들이 따라야 하는 '진정한 제자도'에 대해 설명하신다. 예수께서 가르치신 '제자도'는 세상의 부귀영화를 구하는 탐심과 정욕의 길을 가는 것이 아니다. 그것은 예수께서 말씀하신 겸손과 온유의 멍에를 매며, 십자가를 지고 예수를 따라야 하는 험한 길을 거쳐, 마침내 하나님 나라에 들어가기 위해서 '좁은 문'을 통과해야 하는 고난의 길이다.

진정한 제자도 – 섬김

예수의 제자들은 3년이 넘도록 오랜 시간 예수와 함께 동고동락하면서도 정작 예수가 누구인지 깨닫지 못했다. 그들은 예수에게서 오병이어의 기적을 비롯해서 병든 자를 고치고, 바다 위를 걷는가 하면 죽은 나사로를 살리시는 초자연적인 능력을 행사하는 메시아를 보았지만, 예수가 죽고 부활하기까지 그들은 '하나님 나라'를 깨닫지 못했다.

그들은 세상의 부귀영화를 누리기 위해서 유대 정치적인 메시아를 갈망했을 뿐 영생의 구원자로서 '하나님'을 보지 못했기 때문이다. 다른 제자들보다 높은 자리에 서기 위해서 다투는 제자들은 '세상의 집권자들'처럼 막강한 지위와 권력을 쥐고 싶었다. 그러나 제자들의 기대에 아랑곳 하지 않고 예수는 제자들에게 섬김을 받기는커녕 오히려 낮은 자리에서 '종'이 되며 '섬기는 자'가 되라고 말씀하신다.

"세상의 집권자들은 권력을 가지고 사람들을 지배하지만 너희들은 그렇지 아니하나니 너희들 가운데 섬김을 받으려 하는 자는 섬기는 자가 돼야 하며, 으뜸이 되고자 하는 자는 종이 돼야 한다. 인자는 섬김을 받으러 세상에 온 것이 아니요, 섬기러 왔노라. 인자는 자기 목숨을 많은 사람의 대속제물로 주려 하노라"

'섬김', 이것이 바로 스승이신 예수를 따라야 하는 제자도의 근본이다. 예수의 제자들은 육신의 욕망에 따라 세상에서 '섬김을 받는' 자가 아니라 오히려 '섬기는' 자가 돼야 한다. 섬기는 자는 권력을 지닌 자가 아니라 자신을 희생하며 기꺼이 종의 멍에를 매는 자이다.

예수는 "수고하고 무거운 짐 진 자들아 다 내게로 오라. 내가 너희를 쉬게 하리라"고 하시며, "나는 온유하고 겸손하니 나의 멍에를 매라"고 말씀하셨다. '종'이 아니라 '자유자'를 자처하는 기독교 신앙에서 유일한 멍에가 바로 온유와 겸손의 멍에다. 예수께서 기꺼이 온유와 겸손의 멍에를 매라고 하신 것은 제자들을 속박하기 위한 것이 아니라, '탐심과 정욕'의 사슬을 끊고 진정한 자유를 얻게 하시려는 것이다.

그래서 예수는 수고하고 '무거운 짐 진 자들'에게 무거운 짐을 벗기 위해서 '내게로 오라'고 하시며 겸손의 멍에를 매라고 하신 것이 아닌가. 제자를 자처하면서도 온유와 겸손의 멍에를 매지 않으려는 자, 즉 교만하며 강팍한 자는 섬기는 자가 아니라 섬김을 받으려는 자이며, 섬김을 받으려는 자는 탐심과 정욕의 노예가 된 자로서 세상의 '공중권세'를 장악한 사탄의 종일 수밖에 없다.

교회는 모름지기 그리스도 신앙의 공동체로서, 예수의 계명을 온전히 지키며 섬김의 영성이 굳건히 살아있어야 한다. 그럼에도 '한국교회가 역사상 가장 타락했다'는 혹독한 비난을 받는 이유는 간단하다. 예수가 제자들에게 명령하신 섬김의 영성은 오간데 없이 사라지고 '성직'을 자처하는 목사들이 교회의 권력을 장악한 채 전횡을 일삼기 때문이다.

나는 이런 교회를 주저 없이 '목사교회'라고 부른다. 종교개혁 이후에 개신교 교회의 사역자인 목사가 예수의 제자나 종으로서 교회를 섬기는 사역자의 역할을 하는 것이 아니라 권력자로 교회를 통치하는 지배자로 타락했기 때문이다. 교회의 타락에 관한 모든 책임을 목사에게 돌리는 것은 물론 문제가 있다. 목사에게 맹종하는 교인들이 없다면 목사에게 권력이 있을 수 없고, 권력이 없는 목사가 지금처럼 부패하고 타락할 이유가 없기 때문에 목사와 교인 모두에게 공동책임을 묻는 것은 당연한 일이다.

한국교회가 위기에서 진정 벗어나기 위해서는 책임을 묻기 전에 타락의 원인을 먼저 밝히는 것이 중요하다. 기독교 단체와 언론 매체의 조사에 따르면 교회의 타락은 거의 대부분이 재정, 인사, 행정의 전권을 장악한 목사의 권력에서 비롯된다는 것을 알 수 있다. 다시 말해 목사에게 온갖 권력이 집중되지 않았다면 교회는 지금처럼 참담한 지경에 이르지 않았을 것이다. 요컨대, 목사에게 주어진 권력의 크기만큼 교회가 타락한다. 그리고 교회가 타락한 만큼 그리스도 신앙은 변질되고, 교회는 구원에서 멀어질 수밖에 없다.

권력에 의한 교회의 타락은 타락한 자에 의해 다시 권력욕을 부추기며 계속 악순환을 반복하기 때문이다. 일단 권력을 장악하면 세상 사람들과 마찬가지로 목사들 역시 자신들의 기득권을 지키기 위해서 '카르텔'을 형성한다. 예를 들면, 교회의 여신도들을 대상으로 상습적인 성추행을 저질렀던 전병욱 목사나, 논문표절과 허위 학력, 강도사 사칭에 편목과정, 심지어 목사 안수에 이르기까지 온갖 의혹에 휩싸인 사랑의 교회 오정현 목사의 심각한 불의에 징벌은커녕 오히려 교단에서 보란 듯이 '면죄부'를 주었던 것은 목사권력을 옹호하는 카르텔의 전형적인 경우가 될 것이다.

한국교회의 타락은 단순히 윤리적인 문제가 아니다. 교회의 타락은 신앙의 일탈에서 비롯되며, 영적, 종교적으로 치명적인 문제를 야기한다. 비단 교회의 양적 쇠퇴만이 아니라, 그리스도 신앙의 본질에서 벗어나서 교회가 세상의 거센 지탄을 받는 타락한 종교집단으로 낙인찍히기 때문이다.

교회는 그리스도의 거룩한 몸이다. 교회가 타락한다는 것은 그리스도의 거룩한 몸을 더럽히는 가증스런 배역을 저지르는 것이며, 예수를 저주의 십자가에 다시 매다는 불경을 저지르는 것이다. 또한 예수께서 생명 바쳐 세우신 교회를 더럽히는 가증스런 죄악이야말로 성령을 훼방하는 죄로 결코 용서받을 수 없는 중죄가 아닐 수 없다.

성경적인 교회와 종교적인 교회

그렇다면 예수가 '주' 되시는 성경적인 교회와 성직자가 지배하는 종교적인 교회의 차이는 무엇인가? 우리는 예수께서 말씀하신 '내 교회'의 원형을 회복하기 위해서 무엇보다 교회의 주인이신 예수가 누구인지, 그리고 그가 가르치신 제자도와 더불어 예수께서 '육신을 입고' 세상에 오신 이유와 목적을 살펴야 한다. 그것을 통해서 우리는 부활하신 그리스도의 영적인 몸을 상징하는 교회의 참된 존재 이유와 목적을 비로소 알 수 있기 때문이다.

흔히 '영적 복음서'라고 일컫는 요한복음을 보면 예수께서 "나는… 이다"의 특별한 문장형식을 통해 자신의 정체성을 7가지로 밝힌다. 예를 들면 예수는 '생명의 떡'6:35, '세상의 빛'8:12, '양의 문'10:7, '선한 목자'10:11, '부활이요 생명'11:25, '참 포도나무'15:1, '내가 길이요 진리요 생명이다'14:6라고 말하면서 자신이 누구인지 분명히 밝히고 있다.

'나는… 이다' 형식은 예수께서 자신이 하나님의 계시자라는 사실을 자신의 입을 통해 직접 밝힌 비유들로 그리스도론의 핵심이 된다.

이 책의 주제에서 벗어나기 때문에 자세한 설명은 생략하지만, "나는… 이다"의 형식은 하나의 공통점을 나타낸다. 예수는 우리에게 세상의 물질적인 복을 주기 위해서 오신 것이 아니라 하나님의 뜻에 따라 영원한 생명의 구원을 주시기 위해서 세상에 오셨다는 것이다. 더불어 예수가 세상에 오신 목적을 가장 분명하게 밝히신 구절은 마태복음 20장 20절부터 28절까지, 그리고 그것의 병행문인 마가복음 35절부터 45절의 말씀이다. 여기서 예수는 제자들의 오류를 지적하며, 그리스도 신앙이 요구하는 '제자도'를 뚜렷이 밝힌다.

> "그 때에 세베대의 아들의 어머니가 그 아들들을 데리고 예수께 와서 절하며 무엇을 구하니 예수께서 이르시되 무엇을 원하느냐 이르되 나의 두 아들을 하나는 주의 우편에 하나는 주의 좌편에 앉게 명하소서.
>
> […]
>
> 예수께서 제자들을 불러다가 이르시되 이방의 집권자들이 그들을 임의로 주관하고 그 고관들이 그들에게 권세를 부리는 줄을 너희가 알거니와 너희 중에는 그렇지 않아야 하나니 너희 중에 누구든지 크고자 하는 자는 너희를 섬기는 자가 되고 너희 중에 누구든지 으뜸이 되고자 하는 자는 너희의 종이 되어야 하리라.
>
> 인자가 온 것은 섬김을 받으려 함이 아니라 도리어 섬기려 하고 자기 목숨을 많은 사람의 대속물로 주려 함이라"마20:20-28

예수를 따르면서도 마음속으로 끊임없이 세상의 부귀영화에 탐닉하는 제자들에게 예수는 세상의 권력은 예수의 제자가 추구하는 가치가 아니라

'이방의 집권자', 다시 말해 세상에 속한 자들의 헛된 욕망이라고 말씀하신다. 그리고 예수에게서 이스라엘 왕의 세속적인 영광을 보려했던 제자들의 기대와 달리 예수께서 자신은 "섬기러 왔다"고 하신다.

이는, "너희에게 본을 보이려 한다"고 말씀하신 대로 예수께서 제자도의 본으로서 '섬김'을 일깨우신 것이다. 제자들은 예수처럼 섬김을 받으려 하는 자가 아니라 섬기는 자가 되어야 하며, 예수께서 인류를 구속하기 위한 '대속제물'로 자신의 생명을 바치신 것처럼 제자들은 '희생을 받는 자'가 아니라 '희생하는 자'가 되어야 한다. 그것이 제자도의 근본이다.

그렇다면 '주의 종'이라는 목사는 교회에서 어떤 역할을 맡아야 하는가? 개신교 목사는 '주의 종'을 자처한다. 제자와 마찬가지로 종은 섬기는 자이며, '섬기는 자'는 결코 세상의 재물과 권력, 명예에 탐닉하는 자가 아니다. 목사는 예수께서 사역자에게 명령하신 것처럼, 온유와 겸손의 멍에를 매고 낮은 자리에서 교회를 섬기는 자가 되어야 한다.

교회개혁을 말하려면 우선 목사권력을 타파해야 한다고 강력히 주장하는 이유가 있다. 권력이 지배하는 교회는 계급과 차별이 만연하며, 교만과 탐욕이 횡행할 뿐 결코 예수께서 명령하신 섬김의 영성이 살아날 수 없기 때문이다. 권력은 교만과 탐욕, 그리고 이기적인 욕망을 충족하기 위한 도구인 반면에, 섬김은 온유와 겸손으로 형제를 '나보다 낫게 여기는' 사랑을 전제한다.

물과 기름이 섞일 수 없듯이, 권력이 지배하는 종교적인 교회는 사랑으로 형제를 섬기는 성경적인 교회와 결코 하나가 될 수 없다. 이방의 집권자들이 백성을 권력으로 지배하듯이 목사가 교회에서 제반 권력을 쥐고 교인들을 종처럼 지배하는 교회는 본질상 종교적인 교회일 수는 있을망정 결코 성경적인 교회로서 예수께서 말씀하신 '내 교회'가 될 수 없기 때문이다.

교회가 바로 서려면 무엇보다 타락과 비리의 온상인 교회권력, 보다 구체적으로 말해서 목사 권력을 반드시 타파해야 한다. 물론 그것은 목사에게 국한된 문제는 아니다. 목사이든 교인이든 상관없이 교회는 '이방의 집권자들'처럼 권력으로 지배하는 '세상'과 구별되어야 한다. 권력이 지배하는 교회, 계급으로 인해 너와 나의 차별이 있는 교회는 그리스도의 계명인 사랑을 잃고 섬김의 영성을 잃은 사이비似而非교회이다. 그런 교회는 구원의 모양을 지닐 수는 있어도 성경적인 교회, 이른바 부활하신 예수 그리스도의 몸으로서 구원의 능력을 지닌 진정한 교회일 수 없다.

제3부

목사 권력을 타파하라!

목사는 교회의 주인인가?

목사 권력을 타파하라!

구약시대 제사장과 분명히 구별되는 신약시대의 진정한 성직에 대해 성경은 '성도'에게 주어진 직분이라며 다음과 같이 분명히 기록한다.

> "너희는 택하신 족속이요 왕 같은 제사장들이요 거룩한 나라요 그의 소유가 된 백성이니 이는 너희를 어두운 데서 불러내어 그의 기이한 빛에 들어가게 하신 이의 아름다운 덕을 선포하게 하려 하심이라"벧전2:9

"너희는 왕 같은 제사장들이다"라는 말과 "너는 왕 같은 제사장이다"라는 말은 의미에서 근본적인 차이가 있다. 본문을 개역한글은 단수 '왕 같은 제사장'으로 잘못 번역했고, 개역개정에서 '왕 같은 제사장들'로 바르게 개역했다. 비단 제사장들만이 아니라 족속, 나라, 백성이 모두 단수가 아니라 복수, 또는 집합명사라는 사실에 주목해야 한다. 이처럼 형태상으로는 단수와 복수의 간단한 차이이지만 심층적인 의미를 살펴보면 결코 토씨 하나의 단순한 차이에 머물지 않는다.

여기서 드러나는 단수와 복수의 차이는 '구원론'과 '교회론'의 심층적인 의미와 가치를 구별 짓기 때문이다. 결론부터 말하면, 신약시대의 성직과 구원은 특정한 개인이나 소수에게 차별적으로 주어지는 특혜가 아니라 오직 믿음으로 말미암아 성도에게 차별 없이 주어지는 보편적인 은혜이다.

기독교의 타락과 변질은 사제주의의 빌미가 된 교회론, 그리고 구원론의 왜곡과 불가분의 관계가 있다. 만약에 본문이 단수 제사장으로 특정한 사람을 성직자로 인정하는 것이라면 신약성경 역시 '성직주의'와 '개인구원'을 지지하는 것으로 해석할 수 있지만, 복수로 말할 때는 사뭇 의미가 달라진다.

종교개혁의 많은 성과들 가운데 가장 대표적인 공적은 '만인사제주의'를 공리로 내세우면서 중세 가톨릭의 '종교적인' 사제주의sacerdotalism의 치명적인 오류를 지적하고, 그리스도 신앙의 요체인 '성경'을 종교 성직자의 손에서 만민 성도의 손으로 넘겨주었다는 것은 앞에서 이미 언급한 바 있다. 개신교의 만인사제주의는 절반의 성공, 또는 미완성의 교리라는 태생적인 한계를 넘어서지 못했다. 이유는, 만인사제주의가 종교적인 이론에 머물렀을 뿐 사실상 목사 사제주의로 대체되면서 성도가 중심인 교회의 가치와 의미를 상실한 채 개인구원론에 치우쳤기 때문이다.

오늘날 만인사제주의는 "믿음으로 말미암아 개인이 구원을 얻는다"는 관점에서 볼 때 개인구원론의 명시적인 전거일 수는 있어도 결코 성도 중심의 '교회론'을 지지하지 않는다. 간단히 말해서 개신교의 개혁운동은 중세 가톨릭의 사제주의에 반기를 들었지만, 목사중심의 새로운 성직주의로 돌아갔기 때문에 사실상 무대에서 배우의 얼굴만 바꿨을 뿐 주인공과 역할은 변하지 않았다.

그러나 예수는, 그리고 신약성경은 분명히 말한다. 교회는 사제나 목사가 아니라 성도이며, "성도는 그리스도의 몸으로, 지체의 각 부분이다"라고. 무슨 뜻인가? 그리스도의 몸 되신 교회를 움직이는 주체는 모름지기 몸을 움직이는 '지체'로서 성도라는 말씀이다. "너희는 왕 같은 제사장들이다"라는 주의 말씀을 달리 표현하면, '너희'에 해당하는 교회를 떠나서 그리스도 신앙의 진정한 의미를 가질 수 없으며, 그리스도 신앙 없이 구원이 있을 수 없다는 뚜렷한 선언인 동시에 경고다. 물론 여기에서 너희는 성도이며, 성도가 교회라는 것은 이론의 여지가 없다.

교회 개혁과 갱신은 위기에 처한 이 시대 교회, 그리고 그리스도인들의 화두다. 실제로 개혁적인 의식을 지녔든 아니든 상관없이 개혁은 기독교의 현재 상황과 분리될 수 없는 절대 가치라는 말이다. 그럼에도 한국교회에 근본적인 개혁이 이루어지지 않았고, 앞으로도 좀처럼 이루어지지 않으리라는 '절망'이 좀처럼 떠나지 않는 이유가 있다. 개혁한다고 열심히 외치지만 정작 몸통은 그대로 둔 채 깃털만 만지작거리기 때문이다.

교회개혁을 위해서 "몸통을 사로잡는다"는 말은 달리 말하면 교회를 타락의 수렁으로 내몬 목사권력을 가차 없이 타파하는 것이다. 물이 고이면 썩듯이 권력이 집중되면 반드시 부패한다. 권력이 지배하는 교회는 계급과 차별이 만연하며, 계급과 차별이 횡행하는 교회는 차별 없이 사랑하라는 주의 계명을 지킬 수 없다. 오늘날 한국교회에서 흔히 보듯이 그런 교회에서 권력을 지닌 자는 힘이 없는 자, 돈이 없는 자, 능력이 없는 자, 그래서 권력이 없는 자를 은혜를 받지 못한 자라며 가차 없이 '멸시하며', 서로 사랑하라는 그리스도의 계명을 송두리째 무너뜨리고 있다.

권력의 속성상 목사가 절대 권력을 장악한 교회는 계급과 차별이 지배하며, 교인들 사이에 온유와 겸손의 영성이 소리 없이 자취를 감추기 때문이다. 흔히 목사의 권위와 권력에 대해 문제를 제기하면 대형교회에 국한된 문제라고 말하지만, 목사에게 집중된 교회권력의 폐해는 사실상 대형교회와 소형교회를 가릴 것 없다. 목사에게 교회의 전반적인 권력이 주어지는 순간 교회는 이미 그리스도 신앙의 본질에서 벗어나서 고인 물처럼 '내부에서' 썩고 있기 때문이다.

목사는 '기름부음 받은 자'가 아니다

요즘은 목사들이 자기 입으로 제사장이나 선지자, 하나님의 사자使者라고 자처하는 경우는 극히 제한적이지만, '기름부음 받은 종'이라는 말은 대부분 목사들의 공통된 주장이거나 인식이다. 그러나 입으로 그렇게 말하면서도 정작 그 말이 무슨 의미인지조차 제대로 모르는 목사들이 많다. 차라리 몰라서 그렇게 말하는 것이 낫다. 만약에 알고 그렇게 말한다면 그것은 무지를 넘어 '불경'에 가까운 심각한 교만이기 때문이다. '기름부음 받은 자'라는 말은 엄밀히 말해서 자기가 특별히 부르심을 받은 자, 나아가 '메시아'라는 주장과 같기 때문이다.

메시아라는 말을 초자연적인 능력을 지닌 신적 존재로 생각하는 교인들이 많은데, 본래 메시아라는 말은 히브리어 동사 '메사'기름 붓다에서 파생된 명사로 어원적 의미는 '기름부음 받은 자'라는 말이다. 구약시대에는 기름 붓는 '도유의식'을 통해 제사장과 선지자, 그리고 왕에게 특별한 권위를 부여했다. 따라서 구약시대는 단수의 메시아가 있었던 것이 아니라 복수의 '메시아들'이 있었다. 반면에 신약시대는 '기름부음 받은 자'를 메시아가 아니라 '그리스도'라고 부른다. 히브리어 '메시아'의 헬라어 번역이 바로 그리스도크리스투스, Christus이기 때문이다. 그렇다면 개신교 목사들이 자기 입으로 기름부음 받은 자라고 말하는 것은 자신을 일컬어 그리스도라고 주장하는 것과 어원적인 의미상 다르지 않다.

더욱이 제사장, 선지자가 없는 신약시대는 구약시대와 달리 복수의 메시아들이 있었던 것이 아니라 '유일한 그리스도'가 있을 뿐이다. 중요한 것은, 그리스도가 단순히 메시아의 헬라어 번역에 그치는 것이 아니라 신약시대에 들어와서 유일한 메시아, 이를테면 하나님의 아들이신 예수 그리스도를 일컫는 고유명사로 의미가 전이된다는 것이다.

그가 바로 우리의 구원자이신 예수 그리스도이다. 그런데 목사를 특별히 '기름부음 받은 자'라고 말하는 것은 결국 목사가 그리스도라고 주장하는 것인데, 목사를 그리스도라고 부르는 오류가 과연 있을 수 있는 일이라고 생각하는가. 예수 그리스도 외에 목사 그리스도라는 말은 성경 어디에도 존재하지 않는다.

이단의 사악한 교주들이 자신들을 일컬어 종종 '재림하신 그리스도'라고 주장하는 점을 고려한다면, 스스로 기름부음 받은 종이라고 자처하는 개신교 목사들이 과연 이만희나 안상홍, 장길자, 문선명을 이단의 괴수라고 비난할 자격이 있는지 의심스럽다. 신약시대에 예수 그리스도 외에 기름부음 받은 자가 있다면 그것은 목사가 아니라 오직 성도뿐이며, 그마저도 상징적인 의미이다.

> "너희는 거룩하신 자에게서 기름부음을 받고 모든 것을 아느니라" 요일2:20

> "너희는 주께 받은 바 기름부음이 너희 안에 거하나니 아무도 너희를 가르칠 필요가 없고 오직 그의 기름 부음이 모든 것을 너희에게 가르치며 또 참되고 거짓이 없으니 너희를 가르치신 그대로 주 안에 거하라" 요일2:27

물론 여기서 '기름부음 받았다'는 말은 종교의식으로 '도유'를 시행했다는 말이 아니라 '성령을 받았다'는 말의 상징적인 표현이다. 그리스도인을 일컬어 주의 종, 또는 주의 제자라고 할 수 있다면 목사 역시 그리스도인으로서 주의 종이라고 말할 수 있을 것이다. 그러나 어떤 경우에도 주의 종은 특별히 기름부음 받은 자라는 의미의 메시아가 아니며, 메시아가 아니라면 성도와 구별해서 자신들만을 특별히 기름부음 받은 자라고 주장할 수 없다. 만약에 성도에게 해당하는 '기름부음'을 목사에게 적용해서 그렇게 말했다면, 목사는 스스로 기름부음 받은 자라며 하나님 앞에서 감히 불경을 저지르지 말고 차라리 이렇게 말해야 한다.

> "목사는 성도다. 성도에게 성령을 주신 것을 기름부음 받았다고 상징적으로 표현했던 것처럼, 목사도 성도로서 성령을 받았기 때문에 기름부음 받았다고 말할 수 있을 것이다."

요컨대, 성경을 읽고 또 읽어도 목사는 절대로 성도를 다스리는 상전이 아니라는 것은 분명하다. 목사들이 자신들의 영적·종교적 정체성을 제대로 파악하지 못하고 그릇된 사제주의에 사로잡혀 있기 때문에 허투루 권력을 휘두르게 된다. 목사의 전횡으로 교회가 이토록 타락하고, 기독교 신앙이 탐욕과 교만에 찌든 '이단 신앙'으로 하릴없이 변질되고 있는 것이다. 무지이든 교만이든 상관없이 하나님의 뜻을 왜곡하는 것은 성경적인 관점에서 엄연히 죄다. 불경의 죄를 범하지 않도록 목사들은 종 된 자신의 신분과 '낮은 자'의 정체성을 제대로 확립해야 한다.

'제사장' 목사…?

목사 직분을 다른 관점에서 의미를 살펴보기 위해서 다시 질문을 제기한다. "목사는 제사장인가?" 가부간에 진부하기 이를 데 없는 질문이지만, 이에 대한 대답과 행동은 대부분 일치하지 않는다. 제사장은 짐승을 제물로 바치며 '제사를 드리는 자'를 말하기 때문에 예루살렘 성전의 붕괴 이후 희생제사가 없어진 신약시대에 희생 제물로 '제사를 드리는' 제사장은 더 이상 존재하지 않는다는 것이 정당한 대답이며 상식이다.

그래서 목사들이 자신들을 일컬어 주의 사자, 주의 종, 대언자라고 자처하는 경우는 종종 보지만, 때를 분별하지 못하고 여전히 사제의식에 사로잡힌 일부 목사들을 제외하고 기본적인 성경지식이 있다면 제사장이라는 말은 거의 사용하지 않는다. 그러나 그런 이름을 사용하지 않는다고 해서 실제로 그런 의식을 갖고 있지 않다고 단정지어 말할 수 없다. 입으로는 자신이 섬기는 자로서 '주의 종'이며 결코 제사장일 수 없다고 말하지만, 많은 목사들이 자신들이 하나님과 신자 사이에서 '축복의 통로'라거나 '중재자'의 역할을 자임하면서 스스로 제사장의 자리에 있는 경우가 허다하기 때문이다.

예수께서 돌아가시던 날, 여러 표적들 가운데 가장 먼저 나타난 표적이 성소의 휘장이 위에서 아래로 길게 찢어진 것이다. 저자가 텍스트에 가장 먼저 기록하는 '순서'는 문체론적 관점에서 특별한 의미를 지닌다. "다 이루었다"고 말씀하시며 예수께서 숨을 거두시는 순간, 이를테면 '완전한 제사'를 드리신 뒤에 가장 먼저 성소의 휘장이 찢어진 것은 특별한 의미를 함축한다.

그것은, 십자가에서 죽으신 예수의 대속으로 말미암아 죄를 용서받은 그리스도인들이 더 이상 대제사장의 중재 없이 지성소에 들어갈 수 있는 새로운 시대의 서막을 알린 대표적인 표적이다. 즉, 세상을 구원하시려는 하나님의 뜻에 따라 예수께서 자신의 생명을 바쳐 '완전한' 속죄제를 드렸기 때문에 예수의 희생과 더불어 유대 제사장이 '중재'하는 '불완전한 제사'는 단번에 종말을 맞은 것이다.

따라서 성전 제사가 사라진 신약시대에 들어와서 가톨릭 사제들이 새삼 성직주의를 강조하는 것이나, 개신교 목사들이 허투루 자신들의 종교적 권위를 드러내기 위해서 '제사장'인 양 짐짓 거드름을 피우는 것은 영적, 성서적 무지에 다름 아니며 요즘 말로 '제사장 코스프레'에 지나지 않는다.

그럼에도 다른 관점에서, 이를테면 신약시대의 성서적인 관점에서 목사와 제사장의 연관성을 추론할 수 있다. 예컨대 히브리서 기자는 예수를 일컬어 '멜기세덱의 반열을 좇은 대제사장'이라고 서술했는가 하면, 베드로는 "너희는 왕 같은 제사장들이다"벧전2:9라고 기록하면서 예수를 믿는 모든 그리스도인들을 일컬어 '제사장'이라고 불렀다. 심지어 '기독교의 창시자'라고까지 일컫는 바울은 신약시대 사도인 자신의 직분을 당당히 제사장으로 불렀다.

> "이 은혜는 곧 나로 이방인을 위하여 그리스도 예수의 일꾼이 되어 하나님의 복음의 제사장 직분을 하게 하사 이방인을 제물로 드리는 것이 성령 안에서 거룩하게 되어 받으실 만하게 하려 하심이라"롬15:16

이를 미뤄볼 때, 의미가 다를망정 신약성경에서도 분명히 제사장이라는 용어를 사용했기 때문에 오늘날에도 제사장이라는 호칭에 대해서 무턱대고 '없다'고 부정할 수는 없다. 정경에 "너희는 왕 같은 제사장들이다"이라고 기록했다면 목사 역시 '너희'에 속하는 성도이기 때문에 목사가 제사장이라는 주장 또한 전혀 근거가 없는 말은 아니다. 나아가 목사가 신약시대의 '사역자'라면, 대제사장 예수를 따르는 목사에 대해 우리는 대제사장의 종으로서 제사장이라고 불러도 무방하기 때문이다.물론 예수를 '대제사장'으로 인정한다는 전제 아래 가능한 주장이다

그러나 "너희들은 왕 같은 제사장들이다"라는 구절은 특정한 사역자를 일컬은 것이 아니라, 복수 인칭대명사 '너희'가 가리키듯이 모든 그리스도인으로서, 이른바 '성도'를 일컫는 말이라는 점에 주목해야 한다. 목사 역시 예수를 따르는 성도라면 응당 목사도 성경적인 근거에 따라서 '제사장'이라고 말할 수 있다. 문제는, 형태상 같은 제사장이라는 단어를 사용하지만 구약과 신약에서 두 단어가 함축하는 의미에 극단적인 차이가 있다는 것이다. 그 차이는 구약과 신약을 완벽하게 가르는 핵심적인 단서가 될 수

있을 것이다.

구약시대 레위 지파 아론 가문의 대제사장은 짐승을 제물로 바치는 희생 제사를 드렸지만, 멜기세덱의 반열에 따른 대제사장 예수는 짐승을 제물로 바친 것이 아니라, 우리의 죄를 대속하기 위해서 '어린 양'인 자신의 생명을 제물로 바치며 기꺼이 속죄 제사를 드린 것이다. 요컨대 예수는 자신을 제물로 바친 '대제사장'인 동시에 자기가 제물이 된 '어린 양'이었다.

마찬가지로, 구약 시대의 제사장들과 달리 신약시대의 성도가 제사장이라는 말은 그들이 짐승을 제물로 바쳐 제사를 드린다는 말이 아니다. 구약시대처럼 제사장의 중재 없이 하나님께 담대히 나아갈 수 있는 은혜를 입었다는 의미와 더불어, 자신을 '산 제물'로 드리는 영적 제사장을 가리킨다.

> "그러므로 형제들아 내가 하나님의 모든 자비하심으로 너희를 권하노니 너희 몸을 하나님이 기뻐하시는 거룩한 산 제물로 드리라 이는 너희가 드릴 영적 예배니라" 롬12:1

예수께서는 실제로 자신의 생명을 제물로 바쳐 우리의 죄를 대속하셨다. 그러나 우리가 자신을 '산제사'로 드린다는 말은 예수처럼 육신의 생명을 바치는 것이 아니라 예수의 계명에 따라 "자기 십자가를 지는" 영적인 순종을 의미한다.

예수께서 "나를 따르려는 자는 자기를 부인하고, 자기 십자가를 지고 나를 따라야 한다"고 말씀하셨다. "자기를 부인하고 자기 십자가를 진다"는 말은 무엇을 의미하는가? "자기를 부인한다"는 말은 세상에 속한 자로서 육적인 자아에 얽매이지 않는다는 것을 의미하며, "자기 십자가를 진다"는 말은 "탐심과 정욕을 십자가에 못 박고", 성령의 열매를 맺는 성도의 의로운 삶을 살아야 한다는 것을 말한다.

간단히 정리하면, 세상에 속한 자가 하릴없이 탐하는 욕망의 자리에서 떠나서 하나님 나라에 속한 거룩한 자로 거듭나는 '신분의 전이'를 상징한다. 그렇다면, 신약시대에 목사가 자신을 일컬어 제사장이라고 주장할 수 있는 유일한 근거는, 예수처럼 자신의 생명을 실제로 바치지는 못할망정 다른 '성도'와 마찬가지로 목사 역시 성도로서 기꺼이 "자기를 부인하고 자기 십자가를 져야 하며", 자신을 '산 제물'로 드릴 수 있어야 한다는 것을 전제한다.

만약에 당신이 목사로서 신약시대의 제사장이라면, 당신은 진정 신약시대에 걸맞은 '제사장'이 되기를 원하는가? 아니면, 구약시대에 백성들 위에 군림하는 유대 제사장을 모방해서 자신의 유익과 권위를 구하기 원하는가? 당신이 미처 깨닫지 못하는 사이에 은연중에라도 후자를 좇았다면, 구약시대 제사장이 역사의 뒤안길로 사라진 것처럼 당신도 그리스도 신앙의 여정에서 머잖아 사라지지 않을 수 없는 운명이다.

반면에 '주의 종'으로서 진정 예수의 반열을 좇는 제사장이 되기를 원한다면 응당 예수를 본받아 생명까지 바쳐 순교를 감당할 믿음과 용기, 그리고 헌신이 있어야 되며, 비록 거기까지 미치지는 못할망정 최소한 신약시대의 '왕 같은 제사장들', 즉 부름 받은 성도로서 '탐심과 정욕을 십자가에 못 박고' 기꺼이 자신을 '산 제물'로 바치며 모름지기 산제사를 드려야 한다.

요컨대 신약시대 제사장은 교회를 '지배하기 위해서' 권력을 장악하는 '이방의 집권자'가 아니라 교회를 '섬기기 위해서' 겸손의 멍에를 매야 하며, 겸손에 반하는 권력과 재물, 그리고 명예와 지위를 주저 없이 버릴 수 있어야 한다. 이도저도 아니라면 당신은 그저 제사장의 권위를 탐하는 '사이비 목사'에 지나지 않는다.

'신약시대의 제사장'이라는 영적 직분의 의미조차 제대로 깨닫지 못하면서 '제사장'이라는 말을 함부로 입에 담지 말라. 신약시대 제사장은 율법시대의 제사장처럼 특별한 성직자로서 제사장이 아니라 다만 '그림언어'로서 상징적인 표현이다. 그것은 '제사를 드리는' 직분이 아니라 예수 그리스도의 완성된 제사를 세상에 알리는 영적인 직분이며, 예수의 제자로서 성도가 반드시 지켜야 하는 준엄한 '제자도'를 전제한다.

다시 말해 신약시대 제사장은 속된 종교권력과 권위를 탐하는 빌미가 아니라 어린 양의 희생과 헌신, 겸손과 순종을 감당해야 한다. 요컨대 신약시대의 제사장은 예수를 본받아 제사장인 동시에 어린 양이 되어야 한다. 오늘날 개신교의 목사가 신약시대 예수의 가르침에 걸맞는 '진정한 제사장'이 될 수 있다면, 그리고 자기를 낮춰 희생하며 헌신할 수 있다면 한국교회는 새로운 영적 부흥의 시대를 맞을 수 있을 것이다.

기름부음 받은 자로서 '거룩한 소명' 운운하며 허튼 권위의식에 사로잡혀 신약시대 제사장의 직분을 구시대적 권위와 권력의 상징처럼 착각하는 오늘날 한국교회 목사들에게 과연 그런 순종이 있을까? 이미 타성에 물들고 교만에 사로잡혀 온통 눈이 가려지고, 귀가 들리지 않는 한국교회의 목사들, 그리고 그들을 추종하는 맹신교인들에게 그런 변화를 바라는 것은 차라리 기적을 바라는 것이 아닐 수 없다.

그리스도인에게 요구되는 사랑은 감정과 욕망이 아니라 온유와 겸손에 바탕을 둔 섬김과 결코 분리될 수 없다. 따라서 예수께서 '서로 사랑하라'며 새 계명을 주신 것은 결국 '서로 섬기라'는 순엄한 명령이다. 그리고 신약시대의 제사장이 성도라면, 신약시대 제사장은 성도로서 서로 섬기는 자가 되어야 한다. 목사 성도는 그의 사역으로, 다른 성도는 그들에게 주어진 사역으로 서로 '교회'를 섬기는 제사장이 신약시대의 진정한 제사장이다.

결론적으로 말해서, 구약과 달리 신약성경은 예수시대의 '거룩한' 성직에 대해서 분명히 기록한다. 성도와 차별된 특별한 직분이라는 의미에서 목사가 제사장이나 기름부음 받은 자가 아니며, 혈통이나 신분, 지위로 결정되는 종교적인 직분이 아니라 다만 하나님 나라에 속하고 '예수께 나아가는' 성도가 신약시대의 유일한 제사장들이다.

> "사람에게는 버린 바가 되었으나 하나님께는 택하심을 입은 보배로운 산 돌이신 예수께 나아가 너희도 산 돌 같이 신령한 집으로 세워지고 예수 그리스도로 말미암아 하나님이 기쁘시게 받으실 신령한 제사를 드릴 거룩한 제사장이 될지니라"벧전2:4-5

성도는 목사의 '양'이 아니다

'교회개혁운동가', 지나치게 과분한 이름으로 나를 수식하는 형제들이 있다. 그러나 나는 스스로 '교회개혁운동가'라고 생각한 적이 없다. 단순히 겸손 때문이 아니다. 물론 '성경적인 교회'로서 아르케처치를 세우는 것이 포괄적인 의미에서 교회개혁이 될 수 있겠지만, 내가 주창하는 아르케처치 운동의 본령은 사제나 목사교회의 개혁이 아니라 예수교회의 온전한 회복이기 때문이다.

타락의 절정에 달한 오늘날 한국의 '목사교회'를 개혁해서 다시 일으켜 세우자는 '재건운동'이 아니라 예수께서 '내 교회'라고 선언하셨던, 그리고 예수의 존귀하신 생명을 바쳐 세우신 교회를 온전히 '회복'해야 한다는 것이다. 그러기 위해서 가장 먼저 해야 할 일은 '제도적인 개혁'이 아니라 '의식과 신앙의 대전환'이다. 썩고 퇴락해서 하릴없이 무너지고 있는 '목사교회'를 부여안고 골골댈 일이 아니다. 주께서 말씀하셨듯이, "돌 위에 돌 하나도 남지 않고" 타락한 옛 성전, 이른바 가짜 교회가 무너지고 '진정한 교회'가 오롯이 세워져야 되기 때문이다.

개혁과 회복이 결국 '도긴 개긴'이 아니냐며 비판, 심지어 조롱하는 사람들이 없지 않다. 그러나 교회개혁과 교회회복은 '근본'이 다르다. 교회개혁은 타락한 기존 교회가 드러낸 '윤리적인 문제'와 '종교적인 일탈'을 개혁의 대상으로 삼아 기존 한국교회를 보다 윤리적인 교회, 좀 더 도덕적인 교회로 일으키는 것이 목적이라면, 교회회복을 위해서 아르케처치는 타락한 한국교회의 존재 이유와 목적에 본질적인 의문을 제기하며, 그 질문에 답하는 과정에서 성경적인 원형교회를 지향한다.

기성 교회를 싸잡아 부정하는 것이 아니다. 기존 교회들 가운데 '그리스도의 몸 된' 교회이며, 오직 '예수가 머리이신' 교회라면 응당 성경적인 원형교회의 본으로서 아르케처치가 주창하는 교회와 다르지 않다. 그러나 기성 교회가 과연 주께서 '내 교회'를 세우겠다!'고 선언하셨던 그 교회인가 하는, 근본적인 문제에 먼저 자신 있게 대답할 수 있어야 한다.

예수가 머리이신 교회는 기존 교회들처럼 결코 '사제교회'나 '목사교회'가 될 수 없기 때문이다. 예수가 머리이신 교회, 그리스도의 몸인 교회는 성도가 몸을 이루는 '지체'로서 교회운영의 중심이다. 당연한 말이지만, 지체는 오직 머리의 지시를 받을 뿐 어떤 경우에도 성지자연하는 목사나 기타 교회권력자의 사사로운 지시를 받는 '부속품'이 아니다.

한국교회의 권위주의적인 목사들은 분명히 알아야 한다. 목사와 교인은 맡은 역할이 분명히 다르지만, 교회의 지체로서 너나없이 동등한 지위다. 그럼에도 관계의 속성상 부득불 서열이 있다면, 하나님의 '자녀'인 교인들이 종인 목사보다 위에 있다는 사실을 명심하라. 세상에서 지극히 낮은 자로서 양들을 섬기는 자에게 주시는 보상은 부와 명예, 지위 같은 세상의 상급이 아니다.

요컨대 예수가 머리이신 교회이며 그리스도의 몸인 교회, 이른바 성경적인 원형교회로서 아르케처치의의 모든 사역자는 예수 그리스도의 종이며 지체이다. 따라서 '머리'이신 예수의 명령을 받아 '몸'인 교회를 '섬기는 자'가 되어야 한다. 예수께서 베드로에게 "내 양을 치고 먹이라"고 말씀하셨던 구절, 특히 그에 이어지는 구절을 깊이 묵상하라. 이는 '제자도', 나아가 사역자로서 반드시 걸어야 하는 종의 길을 뚜렷이 밝히신 것이다.

> "세 번째 이르시되, 요한의 아들 시몬아 네가 나를 사랑하느냐? [⋯] 베드로가 근심하여 이르되 주님, 모든 것을 아시오매 내가 주님을 사랑하는 줄 주님께서 아시나이다. 예수께서 이르시되 내 양을 먹이라. 내가 진실로 네게 이르노니 네가 젊어서는 스스로 띠 띠고 원하는 곳으로 다녔거니와 늙어서는 네 팔을 벌리리니, 남이 네게 띠 띠우고 원하지 아니하는 곳으로 데려가리라." 요21:17-18

무슨 뜻인가? 예수께서 베드로에게 양을 치고 먹이라고 하신 구절에 대해서 대부분의 독자들이 '베드로는 목자이며, 성도는 양'이라고, 나아가 목사가 양을 다스리는 목자이며 교인들은 복종하는 양에 해당한다고 간단히 얼버무린다. 따라서 양교인은 응당 목자목사를 따라야 되기 때문에 둘 사이에 상하관계가 성립된다는 것이 지금까지 한국교회의 전통적인 해석이다. 이른바 '종교계급주의'를 정당화하는 구실이 된다.

그러나 이런 해석은 성경적인 진실이 아니라 다만 한국교회를 '목사의 존신앙'으로 이끌며 타락의 깊은 수렁에 빠뜨린 치명적인 오류들 가운데 하나이다. 본문 말씀을 천천히 묵상하며 의미를 되새기기 바란다. 예수는 베드로에게 양을 '주시며', 네 양을 치고 먹이라고 하신 것이 아니라, 양을 맡기시며 '네 양'이 아닌 '내 양', 이를테면 예수의 양을 치고 먹이라고 말씀하셨다.

의도적으로 소유격을 사용해서 '내 양'이라고 말씀하신 것은 결국 베드로의 양이 아니라 '예수의 양'이라는 분명한 메시지를 전하신 것이다. 그렇다면 베드로는 양의 주인이 아니라 주인의 양을 치고 먹이는 종이라는 말이 아닌가. 다시 강조하되, 예수께서 베드로에게, "네가 양교인을 지배하고 다스리는 주인이며, 이 양들은 너의 소유이다"라고 말씀하신 것이 아니다.

예수께서 단순히 양이 아니라 '내 양'이라고 강조하신 순간, 의미상 '완전한 반전'이 있다. 주께서 말씀하신 '내 양', 이른바 하나님이 아들이신 예수께 주신 양들은 때가 되면 '목동에 의해 살이 찢기고 털이 벗겨지는' 열등한 짐승이 아니라 하나님이 소중한 자녀로 선택하신 영적 이스라엘의 상징이다.

성경적인 관점에서 양은 무엇을 의미하는가? 구약시대는 하나님과 이스라엘의 관계를 '목자'와 '양떼'로 비유하는가 하면, 하나님의 아들이신 예수는 '유월절의 어린 양'으로 자신의 생명을 '대속 제물'로 바치신 '양'이었다.

뿐만 아니다. 재림하시는 주께서 영광의 보좌에 앉으셔서 "양은 오른 편에 염소는 왼 편에 두겠다"마25:33고 말씀하신 구절에서 보듯이, 성경은 양과 염소의 비유를 통해서 양은 구원받은 자녀를, 염소는 버림받은 자를 가리키고 있다. 성경에서 말하는 양과 양떼는 이처럼 하나님의 자녀를 가리키는 대표적인 상징이며, 예수께서 '내 양'이라고 말씀하신 것은 새 언약 시대의 구원받은 백성으로, 이를테면 하나님의 자녀를 일컫는 말이다.

요한복음에서 예수는 자신을 일컬어 '양의 문'이라고 말했다. 신성을 나타내는 '나는… 이다'I… am의 독특한 형식을 통해 예수께서 "나는 양의 문이다"라고 말씀하시면서, 양의 출입을 결정짓는 자신이 하나님의 계시자로서 '구원자 그리스도'이심을 밝힌 것이다. 여기서도 양은 짐승을 말하는 것이 아니라 구원받은 자로서, 신약시대 새 언약의 백성으로 부름 받은 하나님의 자녀를 일컫는다.

이처럼 성경에서 말하는 양은 문자적인 '실제'가 아니라 의미론적 상징이며, 열등한 짐승을 일컫는 말이 아니라 하나님의 소중한 자녀를 가리키는 그림언어다. 그렇다면 베드로처럼 '목자'로 부름 받았다고 주장하는 개신교 목사의 성서적 지위와 역할은 무엇인가? 사역자는 주의 종이며 주의 종은 생명을 바쳐 주인의 명령에 따르는 자다. 그래서 베드로에게 "내 양을 치라"고 하신 예수께서 즉각 이렇게 말씀하신 것이다.

> "네가 젊어서는 스스로 띠 띠고 원하는 곳으로 다녔거니와 늙어서는 네 팔을 벌리리니 남이 네게 띠 띠우고 원하지 아니하는 곳으로 데려가리라."

본문은 "내 양을 치라"는 말씀과 분리될 수 없는 한 문맥을 이룬다. 즉 예수의 양을 돌보라는 명령과 연결된 "네 팔을 벌리고… 원하지 아니하는 곳으로 데려가리라"는 예언은 의미상 '하나의 전체'를 이룬다. 저자 요한은 이에 대해 '베드로의 죽음'이라는 구체적인 해석을 마다하지 않는다.

> "이 말씀을 하심은 베드로가 어떠한 죽음으로 하나님께 영광을 돌릴 것을 가리키심이다."

이는 달리 말해, 베드로에게 종이 되어 하나님의 자녀들을 지키고 섬기기 위해서 생명까지 아끼지 말아야 하며, 마침내 생명을 바쳐야 되리라는 말씀이 아닌가. 또한 이 구절은 예수께서 자신을 일컬어 '선한 목자'라고 말씀하신 구절과 의미가 상통하는 '병행문장'이다. "나는 선한 목자다. […] 나는 양을 위하여 목숨을 버리노라". 이처럼 예수께서 말씀하신 목자는 양을 위하여 기꺼이 생명을 바치는 역할이다. 입으로는 '주의 종'으로 섬김의 소명을 받았다고 말하는 자들이 정작 종으로 낮아져서 교회를 섬기기는커녕 마치 '제왕'처럼 교인들을 지배하며 교인들 위에 군림하는 것이 오늘날 한국교회를 처참하게 타락시킨 근본원인이다.

정리한다. 예수께서 '내 양을 치라'고 말씀하신 것은 목사를 비롯한 사역자들에게 양의 소유권을 넘긴 것이 아니다. 다만, 양이 상징하는 하나님의 자녀들을 사역자들이 생명을 다해 섬기라는 준엄한 명령이며, 모든 사역자들은 교인들을 통치하는 상전이 아니라 섬기는 종이라는 의미이다. 종은 주인의 소유를 생명을 바쳐 지키고 섬길 뿐 결코 자기가 주인인 양 감히 소유를 주장하지 못한다. 양들을 치고 먹이라고 말씀하신 것은 교인들을 위해서 목숨까지 아끼지 말라는 명령인 동시에, 종이 감히 주인의 소유인 양들의 살을 찢어 자기 배를 불리며, 양의 털을 벗겨 자신의 몸을 덥히는 패악을 저지르지 말라는 준엄한 명령이다.

하나님의 뜻을 저버리고 예수 그리스도의 명령을 거역한 채 온갖 수단과 방법을 가리지 않고 교회를 성장시켜 교인수를 한없이 늘리고, 교인들에게 십일조를 비롯한 수많은 헌금을 강요하며 '자기 배를 불리는' 바리새파적인 목사들은 반드시 명심해야 한다. '돈을 사랑하는' 비루한 바리새인들에게 예수는 가차 없이 말씀하셨다. "화있을진저, 너희 바리새인들이여!". 2000년 전에 주께서 하셨던 이 말씀이 지금 우리에게 "화있을진저, 너희 타락한 목사들이여!"라고 들리지 않는가.

물론 한국교회의 타락은 비단 목사들만의 책임이 아니다. 목사들을 비난하기에 앞서 한국교회 교인들은 하루빨리 하나님의 자녀로서 자신의 정체성과 영적 자긍심을 회복해야 한다. "소경이 소경을 따라가면 둘 다 구덩이에 빠진다"는 말씀을 기억하고, 그리스도의 몸을 이루는 '지체'로서 교회의 주체적인 역할을 당당히 감당해야 한다.

목사를 비롯한 교회의 사역자가 바랄 것은 오직 하나, 주님의 사랑과 더불어 주께서 사랑하시는 자에게 주시는 영생의 구원이다. 세상에 속한 자의 탐욕과 교만을 버리며, '목사우월주의'를 단호하게 뿌리치는 것이 한국교회가 살고, 교인이 살며, 목사가 사는 유일한 길이 될 것이다. 동등한 인간으로서 너나없이 부족할 수밖에 없는 목사에게 허투루 기대는 '목사의존신앙'은 가증스런 '우상숭배'의 일그러진 변형일 뿐 결코 구원에 이르는 온전한 그리스도 신앙이 아니기 때문이다.

목사의 교만

여러 목사들을 만나면서 느낀 공통점이 있다. 당연한 말이지만, 한국교회 목사들에게 많은 문제가 있다고 해도 사실 모두 '나쁜 목사'가 아니며 전부 '타락한 목사'도 아니다. 사실 목사들을 만나 보면 '돈'에 대해서는 유난히 깨끗한 목사들도 있고, '성'에 남달리 조심하며 권력에 연연하지 않는 목사들이 있다. 물론 사회의 부정과 불의에 치열하게 저항하는 목사들도 적지 않다. 가족들이 생활하기에 턱없이 부족해도 교회에서 사례비로 주는 '공적인 돈'이 아니면 더 이상 허튼 돈을 탐하지 않고, 심방이나 상담을 위해 부득불 여신도와 만나야 하는 일이 생기면 1:1의 개인적인 만남을 거절하는 목사도 있다. 부지불식간에 발생하는 유혹의 수렁에 빠지지 않으려는 단호한 의지의 표현이다.

돈과 성, 그리고 세속적인 권력과 분명히 거리를 두는 목사들의 경건한 모습을 보면서 때로는 '역시' 하며 조용한 감동과 동시에 머리를 숙이게 된다. 그들의 분별 있는 행동이 지극히 당연한 것 같지만 사실 당연하지 않은 것이 현실이기 때문이며, "나라면 어떨까?"라고 자문하는 순간 그런 행동이 생각처럼 쉽지 않은 일이라는 것을 잘 알고 있기 때문이다. 사실 목사들이 윤리의식을 제대로 갖춰 언행을 조금만 조심했어도 한국교회는 이처럼 타락하지 않았고, 지금처럼 혹독한 비난을 받지 않았을 것이다. 일부 목사들의 일탈일 수 있겠지만, 소수일망정 그들의 타락한 행동이 세상에 알려지면서 마침내 한국교회와 목사들을 싸잡아 욕 먹이고 있기 때문이다.

목사들을 신랄하게 비판하면서도 가만히 따져보면, 나름 열심히 그리고 정직하게 목회하는 목사들의 입장에서는 '억울하다'는 생각이 들거나, 심지어 분노가 치미는 경우도 있을 것 같다. 솔직히 내가 그 입장이라면 나도 어떻게 행동했을지 알 수 없으니까. 하지만, 나는 그런 목사들을 보면서도 못내 미덥지 못한 속내를 말하지 않을 수 없다. 윤리와 도덕은 목회자로서 물론 중요한 덕목이지만, 내가 생각하는 '바른 목사'의 기본적인 자질은 그게 전부가 아니기 때문이다.

윤리와 도덕, 그리고 열정과 헌신을 넘어서, 아니 그 이전에 목사라면 반드시 지녀야 하는 절대적인 전제가 있다고 생각한다. 목회자에게 윤리와 도덕, 열정과 헌신을 앞서는 근본적인 자질은 무엇인가? 사실은 목사에게 국한되는 것이 아니라 모든 '사역자'에게 반드시 요구되는 덕목인 동시에 의무라고 말하는 것이 옳은 것 같다.

그것은, 사역자라면 주의 제자로서 무엇보다 섬김의 '제자도'를 지녀야 한다는 것이며, 제자도의 근본은 자기를 낮추는 '겸손'이라는 것이다. '자유'를 그토록 강조하시는 예수께서 무거운 짐을 내려놓기 위해서 유일하게 "멍에를 매라"고 명령하신 것이 바로 온유와 겸손의 멍에다. 겸손과 온유의 쉽고 가벼운 멍에를 기꺼이 매는 자라야 무거운 짐을 벗고 자유와 평안을 누릴 수 있다는 말씀이다.

> "수고하고 무거운 짐 진 자들아, 다 내게로 오라. 내가 너희를 쉬게 하리라. 나는 마음이 온유하고 겸손하니 나의 멍에를 메고 나에게 배우라. 그리하면 너희 마음이 쉼을 얻으리니 이는 내 멍에는 쉽고 내 멍에는 가벼움이라 하

시니라." 마11:28-30

온유와 겸손은 형태상 분명히 다른 단어이지만 본질상 하나의 같은 의미를 지닌다. 즉, 교만과 탐욕을 버리고 낮은 자의 자리에서 섬기라는 것이다. 그래서 예수께서 "세상의 집권자들은 사람들을 다스리고 권세를 부리지만 너희는 그렇지 않다"며, "섬기는 자가 되고 낮은 자가 되며 종이 되라"고 말씀하신 것이다. 많고 많은 가치들 중에서 '겸손'을 그토록 강조하신 이유가 무엇일까? 겸손을 믿는 자의 행실에 걸맞은 도덕규범으로 겸손을 제시하신 것인가? 물론 도덕의 소중한 가치야 두 말할 필요가 없다. 믿음의 결실이며 증거인 '성화'는 도덕적인 잣대에서 벗어날 수 없기 때문이다.

그럼에도 나는 예수께서 단순히 도덕적인 관점에서 제자들에게 겸손을 강조하신 것이라고 생각하지 않는다. 만약에 도덕이 신앙의 핵심이라면, 그래서 도덕적인 행동으로 구원을 얻을 수 있는 것이라면 믿음을 제일공리로 내세우는 기독교는 선행을 강조하는 유대교나 중세가톨릭과 본질상 차이가 있을 수 없다. 예수께서 겸손을 강조하신 것은 겸손을 위한 겸손이 아니며, 인간의 도덕적인 성품에 머물지 않는다. 예수께서 제자들에게 말씀하신 겸손은 도덕을 넘어서 영적인 의미를 지닌다. 겸손하지 않은 자는 "서로 사랑하라"는 예수의 계명을 지킬 수 없기 때문이다.

예수께서 제자들에게 '절대계명'을 주시면서 "너희에게 새 계명을 주노니 너희는 서로 사랑하라. 내가 너희를 사랑한 것처럼 너희는 서로 사랑하라"고 말씀하셨다. 서로 사랑하라는 주의 계명을 모르는 그리스도인은 없다. 그러나 "사랑하라"는 계명을 받았지만 제대로 사랑을 실천하는 그리스도인은 드물다. 이유인즉, 말씀은 들었지만 "내가 너희를 사랑한 것처럼 사랑하라"는 말씀에서 정작 예수께서 말씀하신 사랑의 본질적인 의미를 미처 깨닫지 못했기 때문이다.

예수께서 계명으로 주신 사랑은 우리에게 익숙한 감정적인 사랑에 머물지 않으며, 가족처럼 사랑할 만한 사람을 사랑하는 이기적인 사랑에 머물지 않는다. 예수께서 "내가 너희를 사랑한 것처럼…"이라고 말씀하신 사랑은 자신의 생명을 바친 십자가의 희생적인 사랑이며, 사랑할 수 없는 사람까지 '차별 없이' 사랑하는 온전한 사랑이다. 그래서 예수는 '죄인을 위해서' 십자가에서 생명을 바치시지 않았는가. "내가 사랑한 것처럼" 이라고 말씀하실 때 그 사랑은 자신을 낮춰 죽기까지 복종하는 사랑이다.

> "너희 안에 이 마음을 품으라. 곧 그리스도 예수의 마음이니 그는 근본이 하나님과 본체시나 하나님과 동등됨을 취할 것으로 여기지 아니하시고 오히려 자기를 비워 종의 형체를 가지사 사람들과 같이 되셨고 사람의 모양으로 나타나사 자기를 낮추시고 죽기까지 복종하셨으니 곧 십자가에 죽으심이라" 빌2:5-8

인간의 본성을 지닌 우리는 하나님이신 예수의 십자가 사랑을 그대로 실천하지 못한다. 인간이기 때문에, 죄인이기 때문에, 태어날 때부터 이미 인간의 타락한 욕망을 지닌 존재이기 때문에 우리는 조건 없는 희생과 헌신에 기꺼이 다가서지 못한다. 그러나 인간의 엄연한 한계를 인정할망정 그리스도인이라면 반드시 지켜야 하는 기본적인 순종이 있다. 그것은 십자가의 사랑과 정신을 가슴에 새기면서 그것이 신앙의 기본이 되게 교만과 탐욕으로부터 자기를 비워야 한다는 것이다.

십자가에서 절정을 이룬 예수의 사랑은 "자신을 비워 종의 신분이 되며", 자기를 철저히 낮춘 종의 겸손이었다. 그런 겸손이 없었다면 예수는 십자가의 수욕을 견디시며 온전한 사랑을 실천할 수 없었다. 겸손이 예수께서 말씀하신 사랑의 조건이며 순종의 전제였다는 말이다. 결국 예수께서 말씀하신 사랑은 인간의 감정이나 의지가 아니라 겸손에서 비롯되는 순전한 사랑이기 때문에 예수는 우리에게 온유와 겸손의 멍에를 매라고 명령하신 것이다.

물론 그리스도인의 겸손은 인간의 의지 이전에 영적인 순종에서 비롯되기 때문에 '믿음'과 결코 분리될 수 없다. 따라서 믿음과 순종, 겸손과 사랑은 서로 분리될 수 없는 그리스도 신앙의 한 축을 이룬다. 요컨대 그리스도인의 사랑은 다름 아닌, 겸손으로 형제를 섬기는 사랑이다. 나는 의도적으로 '섬김'이라는 단어를 계속 강조하고 있다. 그리스도인의 사랑은 겸손과 불가분의 일체라고 보기 때문이다

오늘날 한국교회가 거세게 비판받는 이유는, 그리고 교회가 타락하고 교인들이 그리스도의 영성을 잃은 이유는 다른 무엇보다 한국교회의 목사와 교인들에게 진정한 사랑이 없기 때문이며 사랑이 없는 이유는 마음을 다해 상대를 '섬기는' 겸손이 없기 때문이다. 겸손하지 않은 자는 세상의 지극히 작은 자를 멸시할 뿐, 예수를 사랑하듯이 그들의 생명과 인권을 사랑하라는 예수의 계명을 온전히 지킬 수 없다.

한국교회가, 그리고 기독교인들이 그리스도의 계명을 오롯이 지키려면 무엇보다 겸손해야 하며, 교인들에게 그리스도 신앙의 본을 보이기 위해서 목회자들이 솔선해서 겸손의 본을 보여야 한다. 예수께서 '본'을 보이기 위해서 제자들의 발을 씻어주셨던 겸손을 기억하고 있지 않는가. 하지만, 사제주의에 매몰되고 목사의존신앙에 함몰된 한국교회 목사들은 예수께서 제자들에게 명령하신 기본적인 영성, 이른바 '겸손의 영성'과는 너무 거리가 멀다.

결론이다. 돈과 성에, 그리고 세속적인 지위와 명예에 나름대로 거리를 두려는 목사들이 많지만, 나는 그리스도 신앙의 관점에서 겸손한 목사는

거의 보지 못했다. 물론 겸손한 말투, 겸손을 강조하는 설교, 겸손하게 보이는 몸짓은 종종 볼 수 있지만 몸과 마음으로 진정 겸손한 목사를 보기가 힘들다. 왜 그럴까? 겸손하려면 무엇보다 목사의 허튼 우월감을 버리고 왜곡된 소명의식을 내세우지 말아야 하며, 교인들을 어리석은 양처럼 대하는 목자의 교만을 버려야 하는데, 대부분의 목사들이 다른 것들은 포기할 수 있어도 '목사 우월주의'는 결코 포기하지 않기 때문이다.

소명의식 때문이라고 생각하는지 모르지만, 사역자에게 소명은 종의 소명일 뿐 결코 권력자의 욕망이 아니다. 왜곡된 소명의식을 버리지 못한다면 주의 계명을 지키는 겸손한 사역자일 수 없다. 겸손하지 못한 목사는 그리스도의 계명을 실천할 수 없기 때문에 엄밀한 의미에서 주의 종으로 소명을 받은 자가 아니다. 이를테면, 영적으로 교만한 목사는 사역자로서 기본적인 자질을 지니지 못했다는 말이다. 지엽적인 것들을 아무리 잘한들 '본질'을 망각하면 결국 전체를 잘못하는 것과 같다. 목사가 '섬기는 종'의 직분을 감당하지 못한다면 이미 주의 거룩한 종이 아니다. 이것이 바로 목사들을 주의 종으로 신뢰하지 못하는 결정적인 이유이며, 허튼 우월감과 왜곡된 소명의식에서 비롯된 교만이 타락한 목사의 치명적인 낙인이라고 주장하는 이유다.

문제는 '목사권력'이다

한국교회의 도덕적·신앙적 일탈과 목사들의 비리에 맞서 그리스도의 영성을 오롯이 회복하려는 개혁 운동의 불길이 서서히 타오르고 있다. '철옹성' 같은 제도권 교회의 견고한 아성을 깨뜨리는 것이 결코 쉬운 일이 아니지만, 중세 가톨릭의 전적인 부패에 결연히 저항했던 역사적인 종교개혁이 소수의 깨달은 그리스도인, 이른바 '저항하는' 그리스도인protestant으로부터 시작되었다는 사실을 상기하면 오늘날 개신교, 특히 "기독교 역사 이래 가장 타락했다"는 한국교회의 불의에 맞선 개혁 진영의 소수의 저항 운동은 비록 소수일정망정 결코 가벼이 볼 일이 아니다.

그러나 개혁의 불길이 타오르고 있다는 확신의 한 편에서 개혁의 방향이 바로 설정되었는지 따져보면 어딘지 모르게 안타까운 생각이 없지 않다. 교회개혁이 본질을 벗어나서 지엽적인 '제도개선'에 치우치고 있다는 생각을 지울 수 없기 때문이다. 이른바 '부자 목사들'의 교회세습과 재정비리, 목회전횡과 외식外飾에 맞서 제도의 수정과 보완을 많은 사람들이 개혁의 대안으로 제시하고 있다. 하지만 개혁의 본질은 인위적인 '제도의 수정'이 아니라 교회를 타락시키고 목회자들을 비리의 수렁으로 내몬 개신교의 '사제주의', 이른바 '목사 성직주의'와 이에 따른 교회의 타락한 권력구조의 전면적인 타파가 선행되어야 한다.

물론 기존의 부당한 제도를 개혁하지 않고서는 교회의 부정과 불의에 맞설 수 없지만, 제도는 속성상 그 자체만으로는 절대로 불의를 해결하지 못한다. 사회 제도와 마찬가지로 교회 제도 역시 그 배경에 제도를 지배하는 '권력'이 버티고 있기 때문이다. 요컨대 제도는 권력이 좌우하는 도구에 지나지 않는다.

절정에 달했던 중세 가톨릭의 부패를 가리키는 대표적인 상징은 '면죄부'였지만, 종교사적인 관점에서 볼 때 '면죄부'는 사실 그 자체가 불의는 아니었다. 가톨릭이 말하는 '회개의 3단계'에서 마지막에 '보속'이 있으며, 면죄부는 재물의 보상을 통해서 회개의 3단계를 마무리 짓는 보속의 구체적인 방법이었다. 그렇다면 회개의 결실인 보속으로서 면죄부 자체에 잘못이 있었던 것이 아니라, 보속을 빌미로 면죄부를 판매하며 부당한 이권을 장악했던 종교권력에 근본적인 책임이 있었던 것이다. '면죄부'가 악할망정 제도인 면죄부를 없앤다고 해서 본질인 교황의 비리가 사라지지 않는다는 말이다.

마찬가지로 오늘날 한국교회 목사들의 숱한 비리들 가운데 교인들의 '공유'인 교회를 사유재산으로 전락시킨 '교회 세습'이 있지만, 엄밀히 말해서 세습은 그 자체만으로 불의라고 단언할 수 없다. 예컨대, 주민이 별로 살지 않는 외딴 시골이나 척박한 오지에서, 또는 도시의 한 구석에서 미자립 교회로 힘겹게 목회하는 목사가 자기 자녀에게 교회를 '세습'했을 때, 과연 그것을 불의라고 싸잡아 비난할 수 있는가. 교회세습을 거세게, 그리고 정당히 비난하는 이유는, 중대형교회의 '부자 목사들'이 세습을 통해서 부와 명예, 그리고 권력을 제멋대로 사유화하기 때문이 아닌가. 교회법으로 엄연히 교인들의 공유재산으로 명시된 교회의 재산에 대한 세습이 가능한 이유는, 세습을 원하는 목사들이 사실상 교회의 전권을 장악했기 때문이다.

교회가 온전히 제 자리로 돌아가기 위해서는, 교회의 종교적인 일탈과 목사들의 비리에 맞서 지엽적인 제도를 개선하기 전에, 목사의 독점적인 권력구조 자체를 전면 타파해야 한다. 다시 말해, 죽은 나무를 헛되이 가지치기 하려 들지 말고 썩은 뿌리를 송두리째 뽑아내야 한다. 뿌리가 온통 썩었는데 애써 가지치기를 한들 무슨 소용이 있는가? 이미 생명을 잃은 나무의 썩은 뿌리는 통째 뽑아내고 뿌리가 건강하게 살아있는 묘목을 새로 심어야 한다. 썩은 나무와 마찬가지로, 타락한 권력이 그대로 있는 한 부분적인 '제도 개선'으로는 결코 죽은 교회를 살릴 수 없다.

제도는 언제든지 권력의 하수인으로 전락할 수 있다. 교단에서 애써 '세습 금지법'을 만든 들 대형교회의 세습이 전혀 사라지지 않는다는 사실이 이를 밝히 증거하고 있다. 세습이 사라지기는커녕 '징검다리 세습', '교차 세습', '개척 세습' 같은 기발한 '신종 세습'이 독버섯처럼 자라고 있을 뿐이다.

목사에게 집중된 권력구조를 타파하지 않는다면 제도 개선은 줄곧 그랬듯이 형식적인 '보여주기'showing, 반복적인 '선전'에 지나지 않는다. 타락한 교회권력, 이를테면 '성직자'라는 반성경적인 허명으로 목사가 독점하는 권력을 근본적으로 철폐하지 못한다면 교회는 절대로 개혁되지 않으며, 교회가 근본적으로 개혁되지 않는 한 교회의 타락은 멈추지 않고, 비리 목사의 타성적인 불의는 결코 사라지지 않는다.

다시 강조하지만, 목사에게 집중된 권력구조를 없애려면 '제도 개선'이 아니라 '목사 성직주의' 자체를 근본적으로 타파해야 한다. '성속이원론'을 빌미 삼아 목사가 일방적으로 우월한 지위를 장악한 상태에서 목사의 독재와 전횡은 사라지지 않으며, 목사들이 제멋대로 권력을 장악하는 한 교회는 결코 바로 설 수 없다. 그것이 절대 권력이 지니는 불변의 속성이다. 중세가톨릭의 교황들이 절대 권력을 장악했고, 절대 권력은 반드시 부패하기 때문에 마침내 '보속'을 악용해서 면죄부를 팔며 가증스런 죄악을 저질렀던 것처럼 말이다.

기도나 금식, 고행 또는 물질을 통한 보상을 요구하는 '보속' 자체가 악하기 때문에 면죄부가 잘못된 것이 아니다. "네가 빚을 다 갚기 전에는 결코 그 곳에서 나오지 못하리라"는 말씀은 가톨릭과 개신교 모두가 통용하는 정경正經의 중요한 구절이다. 여기서 말하는 '빚'은 금전적인 채무가 아니라 성경적인 관점에서 죄를 상징한다. 그렇다면, '빚을 다 갚기 전에'라는 말은 '죄 값을 치르기 전에'라는 의미로 해석해야 한다. 비록 타 종교의 교리일망정 보속은 성경적인 관점에서 볼 때 나름의 당위성을 지니고 있다. 다시 말해 보속이 잘못이 아니라 보속을 악용하는 교회권력자의 탐욕과 교만이 불의의 원천이다.

목사들의 교만과 탐욕을 부추기며 한국교회를, 그리고 목사들을 치명적인 타락으로 이끄는 한국교회의 왜곡된 권력구조를 근본적으로 개혁하기 위해서는 무엇보다 먼저 목사들이 독점하고 있는 절대 권력을 가차 없이 타파해야 한다. 마치 개별교회의 교황인 양 한국교회의 권력자로 군림하고 있는 담임목사의 독재 권력을 제거하지 않는 한 교회개혁은 아무런 결실이 없으며, 끝없이 반복되는 말장난에 지나지 않는다.

목사를 위한 '안식년'은 없다!

사례비, 7년마다 안식년, 70세 정년에 원로목사 추대, 사택 제공, 목회활동비, 승용차 제공에 자녀학비지원, 비과세특혜 등, 한국교회 목사들이 전유하는 수많은 특혜가 있지만, 여기서는 요즘 들어 자주 인구에 회자되는 '안식년'에 대해서만 언급한다. 우선, 간단한 질문을 시작으로 글을 전개한다. 중대형교회 목사들의 전유물인 안식년은 성경적인 근거가 있는가? 이에 대한 대답은 분명하다. 성경 어디에도 목사를 위한 안식년은 없다!

신약성경은 말할 것도 없고, 구약성경까지 통틀어 성경을 낱낱이 살펴봐도 사람을 위한 '안식년'은 존재하지 않는다.희년과 안식년은 공통점이 있을망정 분명히 다른 개념이다 낮에 일하고 밤에 쉬면서 하루 단위로 일하는 사람의 경우에 안식휴식을 위해서 6일 일하고 하루 쉬는 '안식일'이 있을 뿐이다. 반면 1년 단위로 경작하는 토지는 사람처럼 하루 단위로 경작하지 않기 때문에 토지의 보전을 위해서 6년 경작하고 1년 휴경하는 안식년이 있는 것이다.

만약에 사람을 위한 안식년이 있다면, 목사나 교수뿐만 아니라 모든 사람들이 고루 안식년을 이용할 수 있어야 한다. 그것이 성경적인 가르침에 따른 '기본적인 공의'가 아닌가? 담임목사에게는 있고 부목사나 전도사에게는 없으며 교수에게는 있되 교사에게는 없는 안식년이 과연, 그리고 사람을 계급과 신분으로 차별하며 특혜와 특권을 소수가 독점하는 안식년이 과연 하나님의 뜻일까? 굳이 성경을 인용하지 않더라도 이에 대한 답은 자명하지 않은가. 기독교인이라면 익히 알고 있듯이 기독교 신앙의 본질은 '천하 만민'을 위해 차별 없이 주어지는 구원 신앙이며, 그리스도의 사랑의 요체는 혈통, 신분, 성별, 노소의 차별이 없는 보편적인 사랑이다.

요즘은 안식년뿐만 아니라 심지어 '안식월'까지 챙기는 목사들까지 등장했다. 경기도 광주의 P교회에서는 8월 한 달을 담임목사의 안식월로 정하고는, 그 기간 동안에 '목사님과 가족들이 넉넉히 시용하시라'고 3000만 원을 교회에서 지급했다고 한다. 그 교회뿐만 아니다. 아직까지 일부이기는 하지만 다른 교회에서도 매년 한 달 씩 '안식월'을 정해서 담임목사의 '영적 재충전'(?)을 위해서 가족들과 함께 해외여행을 즐기게 하는가 하면, 안식월 동안에도 사례비는 물론이고 항공료와 체류 비용까지 교회가 모두 부담하고 있다.

외견상 "6년 일하고 1년 쉬는 대신에 1년 일하고 한 달 쉬겠다"는 것이기 때문에 언뜻 듣기에 그럴 듯하지만, 속내를 살피면 음음한 속셈이 없지 않다. 일부 목사들이 6년이 지난 다음에 1년을 안식년으로 보내지 않고 해마다 한 달 씩 안식월로 보내겠다는 이유가 무엇일까? 해당 목사들은 '목회의 연속성을 위해서'라고 주장하지만 사실인즉 구차하기 이를 데 없는 변명이다. 말과 달리 그들은 자신이 강단을 비우는 1년의 '공백'을 두려워하기 때문이며, 그 동안에 혹시 재정에 관한 문제나 기타 숨겼던 비리가 드러날까 걱정이 되고, 자기가 없는 동안에 혹시 다른 설교자들에게 교인들이 은혜를 받을까 두렵고, 담임목사로서 자신의 기득권을 잃을까 두렵기 때문이 아닌가.

안식년은 사람을 위한 제도가 아니라 토지의 휴경을 위한 제도다. 안식년이 사람을 위한 제도가 아니라 땅을 위한 제도라는 사실에 중요한 교훈이 담겨있다. 사람이 소중한 것처럼 하나님이 지으신 천하 만물이 모두 소중하다는 것이다. 즉, 생명 존중 사상은 인간의 범주를 넘어서 자연 전체로 널리 확산돼야 한다. 물론 성경은 "한 영혼이 천하보다 귀하다"고 말한다. 하나님의 형상을 닮은 인간의 생명이 광대한 우주보다 귀하다는 말이다. 그러나 인간이 천하 만물보다 귀하다는 말은, 만물에 대한 인간의 우월성을 말하는 것일 뿐 결코 인간 사이에서 차별을 지지하지 않는다.

그리스도 신앙, 보다 구체적으로 말해서 '하나님 나라의 신학'이 제시하는 생명과 인권 존중은 특정한 부류를 위한 배타적인 제도가 아니라 보편 가치다. 요컨대 안식년을 통해서 천하 만물에 안식을 주시려는 하나님의 사랑은 어떤 경우에도 소수의 목사들이 독점하는 차별적인 특혜가 될 수 없다. 안식년이 성경적인 가치관에 부합하려면 모든 사람이 안식년을 누릴 수 있어야 하며, 또한 고루 누려야 한다. 소수 특권 계층의 안식년은 성경의 가르침에 대한 엄연한 왜곡이며, "제 배를 불리기 위한" 탐욕에 지나지 않는다. 안식년, 종교인 비과세, 목회 활동비 따위 목사들에게 주어지는 부당한 특혜가 교회와 목사를 타락시키고 있지 않는지 곰곰 생각할 일이다.

[안식년, 표준 새번역]

1. 주께서 시내 산에서 모세에게 말씀하셨다.
2. 너는 이스라엘 자손에게 말하여라. 그들에게 다음과 같이 일러라. ○내가 너희에게 주기로 한 그 땅으로 너희가 들어가면, 나 주가 쉴 때에, 땅도 쉬게 하여야 한다.
3. 여섯 해 동안은 너희가 너희 밭에 씨를 뿌려라. 여섯 해 동안은 너희가 포도원을 가꾸어 그 소출을 거두어라.
4. 그러나 일곱째 해에는 나 주가 쉬므로, 땅도 반드시 쉬게 하여야 한다. 그 해에는, 밭에 씨를 뿌려도 안 되며, 포도원을 가꾸어도 안 된다.
5. 거둘 때에, 떨어져 저절로 자란 것들은 거두지 말아야 하며, 너희가 가꾸지 않은 포도나무에서 저절로 열린 포도도 따서는 안 된다. 이것이 땅의

안식년이다.

6. 땅을 이렇게 쉬게 해야만, 땅도 너희에게 먹을거리를 내어 줄 것이다. 너뿐만 아니라, 남종과 여종과 품꾼과 너와 함께 사는 나그네에게도, 먹을거리를 줄 것이다.

7. 또한 너의 가축도, 너의 땅에서 사는 짐승까지도, 땅에서 나는 모든 것을 먹이로 얻게 될 것이다.

목사는 '7관왕'인가?

심각한 질병에 걸려서 고열로 고생하는 사람에게 서둘러 해열제를 복용시킨다고 병이 낫는 것이 아니다. 대증요법으로는 병을 제대로 고치지 못하며, 순간적인 효과에 매달리다가 치료의 골든타임을 놓치면 오히려 소중한 생명을 잃을 수 있다. 병리적인 측면에서 본다면 한국교회를 부패의 수렁에 빠뜨린 목사들의 타락에 대한 대처도 마찬가지다. 전병*의 상습적인 성추행에 대해서 추하다고 비난하고, 오정*의 거듭되는 거짓말과 박사학위 논문표절을 비롯해서 목사 안수에 이르기까지 숱한 의혹들을 거세게 비판하며 타락한 목사들에게 호되게 욕설을 퍼붓는 것은 나름대로 부정과 불의를 고발한다는 정당성이 있지만, 그것은 한국교회의 타성적인 불의에 대처하는 근본적인 대책이 아니다.

언론에 보도되고 세상의 비난이 빗발친들 얼마쯤 시간이 지나면 보란 듯이 제2, 제3의 전병*과 오정*이 버젓이 활개치고 있기 때문이다. 비리 목사들을 척결하기 위해서 법적 대응이 나름대로 유용한 방법이 될 수 있겠지만, 한국 교회에 만연한 목사들의 비리를 생각하면 사실상 그런 피상적인 대응은 시쳇말로 '언 땅에 오줌 누기'에 지나지 않는다.

샘물의 근원이 심각하게 오염됐는데 보기에 그럭저럭 괜찮다고 더러운 세균이 득실대는 물을 마실 수 있는가? 썩은 오염수를 애써 정수한들 이미 썩을 대로 썩은 물이 깨끗해진다는 보장도 없거니와 막대한 비용을 들여서 정수하는 것은 그야말로 쓸 데 없는 낭비일 뿐이다. 차라리 더러운 샘을 완전히 봉쇄하고 맑은 샘을 찾는 것이 현명한 방법일 것이다. 이와 마찬가지로 한국교회를 타락시킨 비리 목사를 척결하는 유일한 방법은 비리의 근원을 제거하는 것이다. 다시 말해 교회를 장악하고 있는 목사의 절대 권력을 차단하는 것 외에 달리 비리와 전횡을 막을 방법이 없다.

몇몇 교회의 정관들을 자세히 읽어보았다. 개별교회의 회의체가 당회, 제직회, 공동의회, 운영위원회, 선교위원회, 재정위원회, 인사위원회를 비롯해서 어림잡아 예닐곱 되는데, 모든 회의의 의장이 예외 없이 담임목사다. 해도 해도 너무 하다는 생각이 들면서 마음이 헛헛했다. 입법·사법·행정의 3권을 전횡했던 독재정치를 넘어서 한국교회 당회장의 권력은 차라리 절대군주의 왕정 통치에 준한다는 탄식이 절로 터져 나왔기 때문이다.

지금이 도대체 어떤 시대인데 절대왕정 시대의 구습을 교회에서 그대로 답습하는지 어이가 없었다. 이러면서 어떻게 교회개혁을 입에 담고 갱신과 회복을 주장하는가? 비리의 근원을 그대로 내버려둔 채 어떻게 비리를 척결하겠다는 것이며, 언감생심 '주의 교회'를 세우겠다고 감히 입에 담을 수 있는가? 어설픈 말장난이나 화려한 언어유희로 골수까지 타락한 한국교회가 개혁될 것 같았으면 이미 수백, 수천 번 개혁됐을 테고, 실제로 교회가 개혁되었다면 한국교회가 지금처럼 참담한 지경까지 이르지 않았을 것이다.

단언컨대 담임목사에게 집중된 일방적인 권력구조를 배격하지 않는다면 한국교회가 성도 중심의 그리스도의 교회로 회복하는 것은 불가능하다. 초대교회의 사도들이 오직 말씀과 기도에 전념하고 재정영접에 손을 떼겠다고 선언했던 분명한 이유가 있다. 사도들이 말씀과 기도라는 본연의 사역을 뒤로 한 채 교회의 재정, 인사, 행정의 모든 사역을 주도하는 한 교회는 소수에게 집중된 권력으로 말미암아 '본질'에서 벗어나 타락할 수밖에 없으며 예수께서 말씀하신 교회, 이를테면 성도의 교회로 바로 세워질 수 없다고 판단했기 때문이다.

> "열두 사도가 모든 제자를 불러 이르되 우리가 하나님의 말씀을 제쳐 놓고 접대재정를 일삼는 것이 마땅하지 아니하니 형제들아, 너희 가운데서 성령과 지혜가 충만하여 칭찬받는 사람 일곱을 택하라. 우리가 이 일을 그들에게 맡기고 우리는 오로지 기도하는 일과 말씀 사역에 힘 쓰리라 하니" 행6:2-4

초대교회의 사도들이 오늘날 한국교회의 목사들만큼 자질이 없고 권세가 없어서 재정에서 손을 떼었다고 생각하는가? 예수와 동고동락하며 온몸으로 예수의 가르침을 배웠던 사도들은 자기 생명을 바쳐서 교회를 세우신 예수 그리스도의 계명을 누구보다 잘 알고 있었기 때문에 그들은 교회를 바로 세우기 위해서 '본질'에 전념하며 주저 없이 재정을 비롯한 부수적인 권력을 '배설물'처럼 여겼던 것이다.

이런 말을 할 때마다 영세 교회의 경우를 예로 들면서 "그럴 만한 형편이 되지 않는 교회가 대부분인데, 특별한 경우를 일반화해서 목사들을 싸잡아 비난하는 것은 옳지 않다"며 많은 사람들이 반론을 펼친다. 물론 한국교회의 현실적인 면면을 보면 영세교회가 대부분이기는 하지만, 그것은 목사 권력에 대한 논지를 제대로 파악하지 못한 우문이 아닐 수 없다. 전혀 그럴 만한 규모가 되지 않는 영세 교회에 무슨 권력이 있어서 분산이나 포기를 주문하겠는가. 가난한 교회에서 목사가 온 힘을 다해 사역하는 것은 권력을 독점하는 것이 아니라 순전한 희생이며 헌신이다. 온갖 궂은일을 마다하지 않으며 목회에 매달리는 순수한 열정을 비난하는 것이 아니라 오히려 격려하고 힘을 북돋는 것이 마땅하다.

다만, 지금의 대형교회들이 처음부터 대형교회가 아니었으며, 대형교회 목사들도 목회 초창기에는 개척교회의 가난한 목사로 재물과 권력에 눈길을 돌릴 최소한의 여력조차 없었다. 그러나 교회가 성장하면서 대부분의 목사들은 '섬기는 종'의 초심을 잃고 서서히 '부자 목사'의 타락한 전철을 밟기 시작했다. 다시 말해 상황이 여의치 않아서 가난한 목사의 자리에 있을 뿐, 기꺼이 가난한 목사의 길을 걷는 것이 아닌 경우가 대부분이다. 이런 문제는 목사가 교회를 마치 자신의 분신처럼, 자신의 소유처럼 착각하는 '인식의 오류'에서 비롯되는 것이다.

목사와 교회를 일치시키는 치명적인 잘못을 저지르지 않기 위해서는 목사가 '개인적으로' 교회를 개척하는 것이 결코 바람직하지 않다는 것을 분명히 밝히고 싶다. 교회를 개척한다며 여기저기서 빚을 내서 교회를 설립하는 1인 목회가 자칫 '돈 내고 돈 먹기'가 될 수 있기 때문이다. 요즘은 가능성이 1% 미만이라지만 어쨌든 교회가 양적으로 성장하면 마치 로또에 당첨 되듯이 대박이 나고, 반면에 수년이 지나도 교인이 없어 목회에 실패하면 빚에 몰려 '쪽박' 차는 지금의 1인 교회개척 시스템은 처음의 순수했던 의도와 달리 '목사교회'로 변질될 가능성이 크기 때문이다.

많든 적든 전 재산을 쏟아 붓고 '투기'한 만큼, 목회가 성공해서 그에 상응하는 대가를 챙긴다는데 개척과 무관한 교인들 입장에서 무슨 명분으로 그런 요구를 거절할 수 있겠는가. 목사가 교회개척에 관한 모든 책임과 부담을 떠안는 방식에서 하릴없이 '목사교회'가 태동하며, 일단 목사교회가 세워지면 교인들은 '목사 의존 신앙'에서 좀처럼 벗어날 수 없다.

따라서 교회 설립의 패러다임이 근본부터 달라져야 한다. 목사가 교회를 사기업처럼, 가족기업처럼 설립·운영하고 세습하는 것이 아니라 성도가 함께 힘을 합쳐서 교회를 세우는 것이 '목사 성직주의'에서, 그리고 '목사 의존 신앙'에서 벗어나서 예수 그리스도의 진정한 교회를 세우는 구체적인 대안들 가운데 하나가 될 것이다.

교회개혁의 진정한 출발은 성경적인 가르침에 따라 목사의 역할을 목사가 서야 할 위치에 분명히 자리매김하는 것부터 시작해야 한다. 목사는 말씀을 가르치고 전하는 '말씀 사역자'이며, 성도를 다스리는 교회의 지배자가 아니다. 교회는 성도의 은사에 따라서 역할이 고루 분담되어야 하며, 성도가 교회를 다스리는섬기는 주체가 되어야 한다. 개혁을 외치는 목사들이 적지 않지만, 소위 개혁 진영의 목사들조차 다른 것들은 쉽게 양보해도 그릇된 소명의식에서 비롯되는 '목사 우월주의'만큼은 쉽게 떨쳐 버리지 못한다.

목사 우월주의라는 것이 결국 목사의 배타적인 성직주의이며, 목사 성직주의는 사제 성직주의와 마찬가지로 특정한 개인에게 교회의 제반 권력을 부여하며, 결국 권력으로 말미암아 교회를 타락시키는 치명적인 오류일 뿐이다. 말씀 사역자로서 목사의 소중한 역할을 당연히 부정할 수 없지만, 목사는 다른 성도와 마찬가지로 교회의 지체이며 동등한 형제이다. 목사와 평신도의 계급적인 차별 없이 '거룩한 성도'로 하나 되어 교회를 운영하는 것이 타락한 한국교회를 살리는 유효한 처방이 될 것이다. 더 이상 목사에게, 신학자에게, 종교권력자에게 개혁의 주도적인 역할을 맡길 것이 아니라 이제 예수 그리스도의 거룩한 성도가 힘차게 일어나서 한국 교회를 올곧게 일으켜야 한다.

"부자 목사와 하나님 나라"

문장을 맛깔스럽게 만들기 위해서 다양한 표현법이 있다더니, 요즘 종종 회자되는 '부자 목사'라는 말이 암만 생각해도 내게는 수사법rhetoric에서 말하는 모순어법처럼 들린다. '예쁜 추녀醜女'가 없고 '키 큰 난쟁이'가 있을 수 없다. 반어법이 아니라면 그런 언어 조합은 처음부터 모순이기 때문이다. 그러나 모순은 세상에만 있는 것이 아니라 교회 안에 버젓이 존재하고 있다.

'천민자본주의'에 물든 한국의 왜곡된 자본주의 경제 구조와 더불어, 부의 지나친 편중현상에 따른 빈익빈 부익부의 참담한 폐해에 대해서 '한국 사회의 구조적인 문제점'이라고 말하지만, 세상의 부정과 불의를 고발하고 사회의 부조리에 결연히 맞서 '빛과 소금'의 역할을 해야 하는 교회조차 결코 예외가 아니다. 천민자본주의와 부의 편중이라는 구조적인 문제로 몸살을 앓고 있는 한국 사회와 마찬가지로 계급적인 차별과 온갖 불평등이 만연한 곳이 바로 한국교회의 실상이 아닌가.

교회의 부정과 불의는 결코 어제 오늘의 일이 아니다. 초대교회 이래로, 교회의 양적인 성장과 더불어 권력을 장악한 가톨릭 교황과 사제, 그리고 개신교 목사들의 비리와 탐욕은 한국교회의 타락과 줄곧 불가분의 관계를 맺고 있다.

한국교회에는 10만에 이르는 개신교 목사들이 있고, 그들 가운데 80%가 넘는 절대 다수가 최저생계비에도 미치지 못하는 사례비를 받으며 매우 열악한 조건에서 생활하고 있다. '목구멍이 포도청'이라는데, 결혼하지 않는 사제나 승려와 달리 가정이 있는 목사들의 입장에서 지나친 궁핍은 단지 일상적인 어려움에 그치지 않고, '주의 종'으로서 맡은 바 사역에 이르기까지 지대한 영향을 끼친다.

그럼에도 한국교회 목사들이 전반적으로 겸손하고 청빈하게 생활한다고 믿는 사람은 거의 없다. 사치와 방탕으로 연일 언론매체를 달구는 주류 목사들의 일탈이 도를 넘었기 때문이다. 대다수가 영세 교회인 한국교회에 가난한 목사들이 수없이 많은 반면, 중대형 교회에는 이른바 '부자 목사'가

차고 넘친다.

담임목사를 비롯한 소수의 장로가 수백, 수 천 억의 재정을 비밀리에 운용하는 교회들이 버젓이 존재하는가 하면, 담임목사와 가족들이 교회의 공유 재산을 마치 사유 재산인양 뒤로 빼돌려 기업체, 학교, 선교원, 대형 병원 등에 투자하고는 해당 기관의 대표를 맡아 소유와 경영을 독점하는 '변칙 상속'도 좀처럼 끊이지 않는다.

비록 사적인 축재가 아니더라도, 대부분의 대형교회들은 교회 곳간에 켜켜이 쌓인 돈을 주체하지 못하다가 때가 무르익으면 기다렸다는 듯이 호화 예배당이나 대형 기도원, 또는 대규모 수양원의 건축에 재정을 퍼붓는 경우도 비일비재하다. 반면, 그리스도의 계명에 따라 가난한 이웃을 돕기 위해 대형교회가 순수하게 구제에 사용하는 재정 분담률은 평균 1%를 넘기지 않는다고 한다. 그래도 대형교회들은 "아직도 배가 고프다"며 교인들의 목줄을 죄기에 여념이 없다.

대부분의 영세 교회와 달리 교인수가 수천 명이 넘는 대형교회 목사들은 '사례비'라는 명목으로 대개 수억의 연봉을 받는가 하면, 용도가 불분명한 '목회활동비'나 '심방비', '선교비', '사택 관리비' 등의 잡다한 명목으로 만만치 않은 돈을 정작 목회와 상관없이 개인적으로 사용하고 있다. 그뿐인가? '해외선교'라는 허울 좋은 구실을 내세워 매년 해외여행을 다니면서 교인들의 소중한 헌금을 제멋대로 탕진하기도 한다. 덧붙여, 담임목사의 자녀들은 대부분 '장학금'의 명분으로 '해외유학비'를 '보너스'로 지급받는다.

그저 우스갯소리인지, 아니면 사실인지 정확히 알 수 없지만 중대형교회에서 파트타임 사역자의 보수를 기준할 때 전임사역자는 어림잡아 두 배를 받고, 담임목사는 제곱에서 0을 하나 뺀 금액을 사례비로 받는다는 소리가 들린다. 예를 들면, 파트타임 사역자가 한 달에 100만원을 받으면, 전임교역자는 200만원이고, 담임목사는 1000만원이다. 실제로 담임목사가 임의대로 사용하는 금액이 그보다 훨씬 많다는 것은 이미 공공연한 비밀이다.

대형교회의 담임목사가 늘그막이, 이를테면 나이 70까지 목회하다가 정년이 되면 교회 규모에 비례해서 어김없이 수 억, 수십 억의 퇴직금을 수령하고, 담임목사에서 사퇴한 뒤에도 '원로목사'의 자리에서 상왕처럼 옥상옥의 권력을 행사한다. 담임이 아니라서 교회에서 맡는 사역은 현저히 줄 망정, 원로목사의 보수는 담임목사로 시무할 때와 엇비슷한 금액을 받는다. 결국 교회가 양적으로 성장해서 곳간에 재물이 넉넉히 쌓이면 목사는 담임목사로 70살까지 보장된 임기는 물론 정년이 지나면 그때부터 '죽을 때까지' 원로목사로 지내면서 가족과 더불어 노후 걱정 없이 평생을 '부자 목사'로 떵떵거리며 살 수 있다.

이쯤 되면 세상에서 남 부러울 게 없는 소위 '1%'의 최고상위계층이 아닌가. 중대형교회 목사는 살아서 귀족처럼 부귀영화를 누리고, 죽으면 주의 종으로 하나님 나라에 들어가니 도랑 치고 가재 잡는 복된 인생이 아닐 수 없다. "나를 믿는 자는 죽어도 살겠고 무릇 살아서 나를 믿는 자는 영원히 죽지 않으리라"요11:25고 말씀하신 예수는 믿는 자에게 영원한 생명을 약속하셨지만, 부자 목사들의 탐욕은 여기에 덧붙여 차고 넘치는 재물까지 보장받고자 한다.

문제는, 세상에서 부귀영화를 맘껏 누린 '부자' 치고 죽어서 하나님 나라에 들어가는 것이 기대하는 것처럼 결코 쉬운 일이 아니라는 것이다. 예수께서 제자들에게 말씀하신 아래 구절은 오늘날 그리스도인에게, 특히 주의 종을 자처하는 목사들이 귀 기울여 들어야 하는 실로 두려운 경고다.

"예수께서 제자들에게 이르시되 내가 진실로 너희에게 이르노니 부자는 천국에 들어가기가 어려우니라. 다시 너희에게 이르노니 낙타가 바늘귀로 들어가는 것이 부자가 하나님의 나라에 들어가는 것보다 쉬우니라 하시니 제자들이 듣고 몹시 놀라 이르되 그렇다면 누가 구원을 얻을 수 있으리이까"

마19:23-25

흔히들 "하나님이 축복하시면 크신 은혜로 말미암아 부자가 될 수 있다"라고 자신 있게 말한다. 신약시대 예수의 계명을 따라야 하는 그리스도인으로서 이런 가당찮은 주장을 신앙의 양심상 도저히 받아들일 수 없지만, 어쨌든 남달리 축복받아서 부자가 될 수 있다는 말을 무턱대고 부정할 수도 없다. 실제로 하나님은 물질의 축복을 통해서 바른 사역에 사용하라고 주문하시기도 하니까.

하지만 하나님께 축복받으면 받을수록, 은혜를 입으면 입을수록 절대로 '부자'가 될 수 없는 사람이 있다. 그는 다름 아닌, '주의 종'이라는 목사다. 주께서는 '가난한 자'로 세상에 오셨고, 가난한 자를 구원하시기 위해서 생명을 바치셨으며, 가진 자는 반드시 가난한 자에게 가진 것을 나눠 주며 그들을 도우라고 명령하셨다. "세상에서 굶주리고 헐벗은 자를 섬기는 것이 곧 나를 섬기는 것이다"라고 말씀하시지 않았던가.

목사가 정녕 '주의 종'이라면 당연히, 그리고 기꺼이 가난한 자가 되어야 한다. 교인들이 애써 일해 헌금한 돈을 '사례비'로 받아서 생활하는 목사가 정작 교인들은 가난의 고통에 허우적거리는데 자신은 상위 1%의 'VVIP' 신분을 누리며 부자로 산다는 것은 말 그대로 '모순'이며, 주의 종으로서 엄연한 '배역'이다.

부자 동네에 있는 교회, 더욱이 교인까지 많아서 재정이 차고 넘치는 대형교회일지라도 막상 교회 안에는 가난의 고통에 신음하는 교인들이 허다하다. 그럼에도 교인들의 피땀 어린 헌금을 사례비로 받아 생활하는 목사가 남달리 부유하게 살고 있다면, 그는 이미 종교를 빙자한 장사치일 뿐 결코 거룩한 주의 종이 될 수 없다. 신성을 가리키는 '거룩'의 의미가 종에게 적용되는 순간, '거룩한 종'은 가난과 겸손, 그리고 청빈한 삶에서 한 치도 벗어날 수 없기 때문이다. '

'거룩'은 신성神性일 뿐, 사람이 결코 따를 수 없는 불가근의 속성이라고 변론하려는가? "내가 거룩하니 너희도 거룩하라"고 하신 하나님의 말씀, 다시 말해 "너희도 거룩하라"는 말씀은 '신의 농담'이었던가? 그리스도인에게 거룩은 세상과 '구별'되는 삶을 말하며, 그리스도인의 거룩한 삶은 주의 계명에 순종하는 삶에서 비롯된다. 그렇다면 주의 계명은 무엇인가?

주변을 잠깐만 둘러보면, 가난해서 끼니를 거르는 사람들과 몸이 아픈데도 돈이 없어 제때 병원에 가지 못해 병을 잔뜩 키웠다가 끝내 죽음을 맞는 사람들, 좁디좁은 쪽방에 갇혀 살면서 여름에는 찌는 더위에, 겨울에는 살을 에는 추위에 벌벌 떨며 밤잠을 이루지 못하는 사람들, 학비가 없어서 하고 싶은 공부를 제대로 할 수 없는 사람들, 심지어 돈 때문에 가정이 무너지고 자살하는 사람들이 너무 많다.

그들이 바로 세상의 '지극히 작은 자'이며, 그들은 내가 많이 가졌기 때문에 적게, 또는 아무 것도 가질 수 없는 피해자들이다. 주께서 그들을 정성껏 돌보라고 말씀하셨고, 그들을 섬기는 것이 곧 나를 섬기는 것이라고 말씀하셨으며, 그런 자들이 염소와 구별되는 양으로서 구원을 받는 자라고 선언하셨다.

> "그들도 대답하여 이르되, 주여 우리가 어느 때에 주께서 주리신 것이나 목마르신 것이나 나그네 되신 것이나 헐벗으신 것이나 병드신 것이나 옥에 갇히신 것을 보고 공양하지 아니하더이까? 이에 임금이 대답하여 이르시되, 내가 진실로 너희에게 이르노니 이 지극히 작은 자 하나에게 하지 아니한

것이 곧 내게 하지 아니한 것이니라 하시니라" 마25:44-45

이처럼 예수께서 "세상의 '작은 자'를 사랑하는 것이 나를 사랑하는 것이다"라고 말씀하셨다면 주의 종들은 무조건 따라야 한다. 목사가 정녕 '주의 종'이라면 더 이상 변명의 여지가 없다. 종은 자신의 안락을 돌볼 틈이 없이 주인의 명령에 즉각 따르는 자가 아니던가? 종이면서 주인 행세를 한다면, 종이면서 주인의 뜻을 거역한다면 그는 이미 주의 종이 아니라 종을 가장한 가짜 주인으로 이른바 '외식하는 자'다.

"현실적으로 목사도 기본적인 욕망이 있는 인간이고, 가정이 있고 자녀들이 있으니까…", "목사도 노후를 생각하지 않을 수 없으니까…"라고 생각하는 사람들은 차라리 목사가 되지 말아야 한다. 인간의 욕망은 아무리 채워도 물리지 않는다. 일용할 양식에 만족하지 않는 목사는 세상이 주는 어떤 부요에도 만족하지 못한다. 그런 목사들이 교회의 성장과 더불어 '배부른 목사'가 되는 순간, 예수의 계명은 세상의 조롱이 되고 그리스도의 사랑은 실체가 없는 허구로 매도당한다. 도대체 신약성경 어디에서 부에 탐닉하는 타락한 제자의 모습을 본 적이 있는가.

물론 목사도 성도의 일원이지만, 목사가 성도로부터 사례비라는 명목으로 일정한 보수를 받고 그리스도의 일을 하는 사역자라면 마땅히 그에게 주어지는 엄중한 의무와 사명이 있다. 편의상 목사와 구별해서 일반 성도라고 표현한다면, 일반 성도와 달리 사례비를 받는 목사는 응당 일반 성도를 섬기는 종의 '본'을 보여야 하며, '제자도'를 솔선수범해야 한다. 그것이 성도로부터 '보수'를 받는 목사로서 반드시 지켜야 하는 기본적인 의무가 아닐까.

나를 따르라!

> "예수께서 이르시되 네가 온전하고자 할진대 가서 네 소유를 팔아 가난한 자들에게 주라 그리하면 하늘에서 보화가 있으리라 그리고 와서 나를 따르라 하시니 그 청년이 재물이 많으므로 이 말씀을 듣고 근심하며 가니라" 마 19:21-22

네게 있는 모든 것을 팔아 가난한 자들에게 나눠주고 나를 따르라!"

한국의 대형교회 목사들은 극소수의 경우를 제외하면 거의 대부분 수십에서 수 백 억, 심지어 수 천 억의 재정을 마음대로 주무르며 지나치게 호사를 누린다. 그리고 그것이 마치 '축복받은 종'의 증거이며 당연한 권리인 양 맘껏 으스댄다. 그러나 주의 종이라는 자가 세상의 부요를 한껏 누리려는 순간, 그는 이미 그리스도의 영성을 잃은 '거짓 종'이다.

물론 예수께서는 모든 사람에게 "네게 있는 모든 것을 팔아 가난한 자들에게 주라"고 동일하게 명령하지 않았다. 예를 들면 유대 세리장으로 큰 부자였던 삭개오는 예수를 만나는 자리에서 소유의 '일부'를 가난한 사람들에게 나눠주겠다고 말했고, 삭개오의 말을 들은 예수는 주저 없이 "오늘 구원이 이 집에 임했다"고 응답하셨다.

> "삭개오가 서서 주께 여짜오되, 주여 보시옵소서. 내 소유의 절반을 가난한 자들에게 주겠사오며 만일 누구의 것을 빼앗은 일이 있으면 네 갑절이나 갚겠나이다. 예수께서 이르시되, 오늘 구원이 이 집에 이르렀으니 이 사람도 아브라함의 자손이로다" 눅 19:9

반면, 어릴 때부터 율법의 계명들을 철저히 준수했던 부자 청년이 영생의 길을 묻자 예수는 재산의 일부가 아니라 '모든 소유를 팔아' 가난한 자에게 나눠주라고 말씀하셨다.

> "그가 여짜오되, 선생님이여 이것은 내가 어려서부터 다 지켰나이다. 예수께서 그를 보시고 사랑하사 이르시되 네게 아직도 한 가지 부족한 것이 있으니, 가서 네게 있는 것을 모두 팔아 가난한 자들에게 주라. 그리하면 하늘에서 보화가 네게 있으리라. 그리고 와서 나를 따르라"막10:21

도대체 세리장 삭개오와 부자 청년 사이에 무슨 차이가 있는가? 둘 다 영생의 구원을 원하는데 예수께서는 분명히 달리 요구하신다. "가난한 자에게 재산의 절반을 나눠주겠다"는 삭개오와 달리, "모든 재산을 팔아 가난한 자들에게 나눠주고 너는 나를 따르라"고 명령하신 부자 청년 사이에 중대한 차이가 있다. 부자 청년에게는 "나를 따르라"는, 이를테면 예수를 따르는 제자에게 제시하는 특별한 부름이 있다.

무슨 뜻인가? 예수를 따르는 자, 이를테면 주께 온전히 충성하며 헌신하는 제자에게는 "하나님과 재물을 동시에 섬길 수 없다"라는 준엄한 계명이 뒤따른다. 그렇다면 '주의 종'이라는 목사는 삭개오와 부자 청년 둘 사이에서 어떤 위치에 있는가? 성경에서 말하는 종은 주께 충성하는 자로서, 현대적인 의미에서 말하면 소명을 받은 사역자를 의미한다. 따라서 다른 사람들에 비해 많은 역할을 맡은 자로서 응당 많은 책임이 뒤따르는 자다. 성경은 "많이 맡긴 자에게 많이 청구한다"고 기록하지 않았던가?

물론, 가정이 있는 오늘날 목사들에게 "모든 것을 버리고 주를 따랐던" 당시의 제자들과 무턱대고 동일한 잣대를 제시할 수는 없을 것이다. 그러나 주의 종은 주께 헌신을 맹세한 자로서, '평신도'라는 이름의 일반 성도보다 엄한 기준을 제시하는 것은 지극히 당연하다. 그러나 오늘날 목사들의 삶이 교인들에 비해서 과연 청빈하며 겸손하다고 말할 수 있는가. 한국 교회가 세상의 혹독한 비난을 받는 이유는 다른 무엇보다 재물에 탐닉하는 목사들의 부패와 타락에 기인한다.

청빈과 겸손은커녕 대형교회 목사들은 마치 중세 가톨릭의 타락한 사제들이 누렸던 것처럼 특별한 지위와 부요를 누리고 있는 것이 엄연한 현실이다. 요컨대 목사는 자기 배를 채우기 위해서 부자가 돼서는 안 된다. 목사는 주의 명령에 따라 '나눠주는 자'가 돼야 되기 때문이다. 주께서 말씀하셨듯이, 주의 종은 처음부터 '돈주머니'를 차지 말아야 한다. 아니, 목사가 진정 주의 종이라면 돈주머니를 차지 말아야 하는 것이 아니라 설령 차고 싶어도 찰 틈이 없어야 한다.

수많은 형제들이 곳곳에서 가난의 고통으로 신음하고 있다. 상황이 이럴진대 '돈을 사랑하는' 바리새인처럼 자신의 안락을 위해서 '과부의 가산을 빼앗는' 부자 목사는 주를 섬기는 종이 아니라 종교를 개인적인 축재 수단으로 이용하는 악덕 장사치에 지나지 않는다. 목사가 주의 종이라면, 다시 말해 주의 계명을 지키는 제자라면 다음 구절을 다시 한 번 마음에 깊이 새기라.

> "예수께서 이르시되 네가 온전하고자 할진대 가서 네 소유를 팔아 가난한 자들에게 주라. 그리하면 하늘에서 보화가 있으리라. 그리고 와서 나를 따르라" 마19:21

목사라는 자가 정작 자신은 주의 계명을 지키지 않으면서 어떻게 교인들에게 계명을 지켜 가난한 자를 도우라고 말할 수 있는가? 그런 자가 어떻게 강단에서 생명의 복음을 떳떳이 전할 수 있단 말인가? 주께서 그들에게 일갈하신다.

> "화있을진저, 너희 외식하는 자들이여! 너희는 입으로는 하나님을 공경하지만 마음으로는 하나님에게서 멀도다"

목사의 망언 "나는 영적 아버지다!"

한국교회의 왜곡된 '사제주의'로서 이른바 목사 성직주의와 더불어 목사들의 치명적인 교만을 가리키는 대표적인 망언이 아마 '영적 아버지'라는 이름일 것이다. 이미 오래 된 일이지만, 제법 이름이 널리 알려진 어떤 중형교회에서 새로이 장로들을 선출했었다. 다섯 명의 신임 장로들을 임직한 직후에 담임목사는 의례히 그랬던 것처럼 즉각 당회를 열고 장로들의 군기를 잡았다.

> "교회에서 당회장은 영적 아버지다. 교양 있는 가정에서 자란 자녀들이 아버지에게 복종하듯이, 아니 그 이상으로 신임 장로들은 담임목사인 나를 영적 아버지로 섬겨야 한다. 하나님의 은혜 안에서 교회가 성장하고 부흥하기 위해서는 무엇보다 영적인 위계질서가 있어야 하며, 질서가 있는 교회라야 하나님의 정의가 넘치며 성령의 역사가 충만하다. 영적 아버지인 담임목사를 높이 섬기는 것이 장로의 책임이며 의무다."

감히 반론을 제기하지는 않았지만 다섯 명의 신임 장로들 가운데 한 장로가 미덥지 않다는 표정을 숨기지 않았다. 그는 담임목사가 신임 장로들과 상견례를 겸한 첫 당회라서 유난히 위계 질서를 강조했다고 나름대로 이해하려 노력하면서 불편한 마음을 애써 억눌렀다.

그런데, 지금까지 장로들이 그랬듯이 그저 '똘마니'처럼 졸졸 따를 줄 알았던 신임장로의 태도에서 어딘지 모르게 뻑뻑한 분위기를 감지한 담임목사는 마음을 다잡고는 연거푸 '군기 당회'를 열었다. 계속해서 당회장인 자신이 교인들의 영적 아버지라고 강조하며 가부장적 권위를 과시했다.

세 번째 당회가 열리는 날, 마침내 그 장로가 성경 구절을 인용하며 목사의 주장에 반기를 들었다.

> "너희는 땅에 있는 자를 아버지라 하지 말라. 너희의 아버지는 한 분이시니 곧 하늘에 계신 이시니라" 마23:9

장로는 이 구절이 "설령 담임목사라 해도 '땅에 있는 자'에게 영적 아버지라고 부르지 말라"라는 뜻이 아니냐고 목사에게 되물었다. 하지만 목사는 그런 질문이 나오리라는 것을 일찌감치 알고 있었던 것처럼 전혀 당황하는 기색 없이 장로를 엄히 꾸짖었다. "어떻게 장로쯤 돼서 '영적 아버지'라는 중요한 주제에 대해서 성경의 한 구절만 알고, 더욱 중요한 다른 구절들은 모르고 있습니까? 사도 바울이 디모데에게 뭐라고 했습니까?"

자신이 마치 사도 바울인 양, 목사는 장로들 앞에서 의기양양하게 성경을 펼쳐들고 고린도전서와 디모데전서를 거침없이 읽는다.

> "내가 주 안에서 내 사랑하고 신실한 아들 디모데를 너희에게 보내었으니…" 고전4:17

> "믿음 안에서 참 아들 된 디모데에게 편지하노니…" 딤전1:2

> "사랑하는 아들 디모데에게 편지하노니…" 딤후1:2

한국교회에서 목사와 논쟁해서 이길 수 있는 장로가 과연 몇이나 있을까? 여전히 미덥지 않았음에도 성경에 대한 지식이 빈약한 장로로서는 성경구절을 조목조목 들이대며 나름 '성경적인' 주장을 펼치는 목사와 더 이상 맞설 수가 없었다. 담임목사는 성경에 기록된 바울과 디모데의 특별한 관계에 대해서 '영적인 부자관계'라고 자신만만하게 설명했지만, 주께서 말씀하신 "너희는 땅에 있는 자를 아버지라 하지 말라"는 구절에 대해서는 끝내 아무 말도 하지 않았다.

그렇다면, 성경의 분명한 가르침은 바울과 디모데의 경우에서 보는 것처럼 하나님 외에도 실제로 영적인 아버지가 존재한다고 말하려는 것인가, 아니면 주께서 말씀하신 대로 땅에 있는 어떤 자에게도 영적인 아버지라고 부르지 말라는 것인가? 성경의 메시지를 제대로 파악하기 위해서 독자는 언뜻 모순처럼 보이는 두 구절에 대해서 깊이 숙고해야 한다. 재차 강조하지만, 성경을 읽는 자의 자의적인 해석에 오류가 있을 뿐 '말씀'에 결코 모순이나 오류가 있을 수 없다.

예수께서 제자들에게 '아버지라고 하지 말라'라고 말씀하신 것은, 하나님 앞에서 동등한 형제들 사이에서 어떤 자라도 감히 영적인 권위를 과시하면서 스스로 '높은 자'가 되려 하지 말라는 준엄한 명령이다. 예수는 제자들에게 "땅에 있는 자를 영적 아버지라고 하지 말라"고 하면서 "너희는 다 같은 형제이다"라고 분명히 말씀하셨다.

요컨대 이 말씀은 "교회의 머리는 오직 예수뿐이다. 너희는 다 같은 영적인 형제이기 때문에 그리스도인들 사이에 특별히 우월한 존재로서 영적인 아버지가 있을 수 없다"라는 명백한 가르침이다. 반면에 노년의 바울이 젊은 디모데를 '참 아들'이라고 부른 것은 전혀 다른 관점에서 비롯되었다. 바울은 사도로서 자신의 특별한 영적 권위를 드러내기 위해서 믿음이 부족한 '어떤' 불특정한 신자에게 영적 아버지의 우월한 지위를 강요한 것이 아니다. 성경을 바르게 이해하기 위해서는 특별한 상황에서 발화된 내용을 무턱대고 일반화시키는 자의적인 해석의 오류에서 벗어나야 한다.

바울은 디모데에게 특별한 애정과 관심을 보였다. 비록 나이가 어렸지만 이미 '루스드라'와 '이고니온'에서 지도자로 존경받는 디모데에게 바울은 나이어린 디모데에게 아버지 같은 특별한 애정을 보인 것이다. "디모데는 루스드라와 이고니온에 있는 형제들에게 칭찬받는 자니…. "행16:2

그러나 바울은 다만 디모데에게 특별한 애정을 가졌기 때문에 아들이라고 부른 것이 아니다. 바울이 '아들 디모데야'딤전1:18라며 다정하게 부른 이유를 정확히 알기 위해서는 바울과 디모데의 어머니, 그리고 외조모와의 개인적인 친분관계까지 고려해야 한다. "이 믿음은 네 외조모 로니스와 네 어머니 유니게 속에 있더니 네 속에도 있는 줄을 확신하노라."딤후1:5

바울이 디모데를 아들이라고 불렀다는 구절을 논거로 내세우면서 '영적 아버지'라는 특별한 지위를 목사에게까지 일반적으로 적용시키려면, 바울이 디모데뿐만 아니라 바울이 전도한 초대교회의 모든 교인들에게 '아버지'라는 호칭으로 불렸다는 최소한의 근거가 있어야 한다. 그러나 바울은 디모데나 디도같이 아들처럼 '나이 어린' 제자 외에 어떤 교인에게도 '영적 아버지'를 자처하지 않았다. 요컨대 바울은 영적인 주종, 또는 상하관계에서 디모데를 아들이라고 부른 것이 아니라 나이 어린 디모데에게, 그리고 가족까지 포함해서 특별한 관계였던 디모데에게 친밀한 이름으로 '참 아들'이라고 부른 것이다.

> "이제부터는 물만 쓰지 말고, 위장과 삿은 병을 생각해서 포도주를 조금씩 마셔라"딤전5:23

바울이 디모데에게 느낀 '아버지'의 친밀한 감정은, 지병이 있는 디모데를 걱정하는 아버지의 마음에서 여실히 드러난다. 바울과 디모데의 관계는 주께서 엄히 금하셨던, '높아지려는 자', '섬김을 받으려는 자', '으뜸이 되려는 자'의 계급적인 의미가 아니다. 또한, 목사들이 교회의 위계질서를 세운다는 명분으로 종종 내세우는 '영적 아버지와 아들의 상하관계'도 아니다.

초대교회의 사도들은 예수께서 부활하신 뒤에 '주의 교회'를 세우기 위해서 주께로부터 특별한 영적권위를 부여받았다. 오직 하나님만이 지니신 '죄 사함'의 권세를 부여받았고, 병을 고치고 귀신을 내쫓으며 심지어 죽은 자를 살리는 특별한 신적 권위를 부여받았지만, 사도들은 한 순간도 신자들 앞에서 아버지의 가부장적 권위를 내세우지 않았다. 자신에게 무릎 꿇었던 로마 군대의 백부장 고넬료에게 베드로 사도가 했던 말을 기억하는가?

> "이튿날 베드로가 가이사랴에 들어가니, 고넬료가 그의 친척과 가까운 친구들을 모아 기다리다가 마침 베드로가 들어올 때에 고넬료가 그를 맞이하며 발 앞에 엎드려 절하니 베드로가 일으켜 세우며 이르되, '나도 너희와 똑같은 사람이다'라고 말하며…" 행10:24-26

바울의 경우에서 벗어나 요한의 예를 들며 초대교회 사도가 교인들에게 영적 아버지로 자처했다고 주장하는 사람들이 있다. 실제로 요한일서 2장을 보면, 요한이 교인들을 향해서 "나의 자녀들아"라고 부르는 구절이 있다. 따라서 영적 아버지라는 말에 문제가 없다는 주장이지만, 사도와 초대교회 교인들 사이를 현대교회의 목사와 교인들 사이와 동일시하는 '일반화의 치명적인 오류'를 경계해야 한다.

초대교회의 교인들은 사도로 말미암아 처음으로 그리스도 신앙을 전수받은 새로운 신자들이다. 따라서 사도가 그들을 자녀라고 부르는 것은 자신들로부터 신앙을 물려받은 '태신자'를 일컫는 말에 다름 아니다. 더욱이 초대교회의 사도는 이 땅에 그리스도의 몸인 교회를 세우고 그리스도의 온전한 계시인 성경을 기록하기 위해서, 그리고 '복음을 땅 끝까지' 전파하기 위해서 예수로부터 특별히 영적 권세를 부여받은 '예수의 동역자'이다.

오늘날 목사는 말씀을 가르치는 사역자로서 그에 걸맞은 '교사'의 역할이 있다. 한국교회에 무려 10만이 넘는 목사가 있다. 그들을 단지 목사라는 이유로 '영적 아버지'라고 부르며 섣불리 사도에 견주는 것은 오히려 사도의 영적 권위에 대한 부정일뿐이다.

현대교회의 목사가 교인들 앞에서 '영적 아버지'라고 자처하는 의도, 이른바 목사 성직주의의 권위주의적인 태도는 사도의 영적 권위와 전혀 다르다. 아버지 운운하며 교인들과의 친밀한 관계를 도모하려는 것이 아니라 우월한 '목사 성직자'와 열등한 '평신도'를 제멋대로 차별하며 교인들 위에 절대적으로 우월한 지위를 차지하려는 것이 아닌가.

목사라는 거창한(?) 직함에 스스로 현혹되어 정신을 차리지 못하는 목사들이 한국교회에 널려있다. 때와 장소에 상관없이 유교적 가부장의식에 사로잡힌 한국교회 목사들의 교만과 외식이 곳곳에서 추태를 보이는 것이나. 심지어 젊디젊은 목사가 어른들을 모신 자리에서 감히 "목사인 나는 영적인 아버지이다. 아버지를 따르듯이 모든 성도는 나를 따르고, 내 말에 복종하라"라고 한다면, 그런 자는 이미 '온유와 겸손'의 섬김으로 주의 사역을 감당할 만한 인물이 아니다.

목사들은 '아버지'라는 소중한 이름을 함부로 들먹이지 말라. 세상의 아버지는 자신의 몸을 돌보지 못한 채 자식들을 위해서 기꺼이 희생하는 아름다운 이름이며, 하늘 아버지는 죄인을 살리시기 위해서 독생자를 제물로 바치신 거룩한 이름이다. '영적 아버지'를 자처하는 목사들에게서 언제인들 '아버지'의 아름다운 희생을 본 적이 있었던가? 목사는 감히 바울에 빗댈 수 있는 사도도 아니거니와, 어떤 논리를 내세운들 목사는 교인들의 '영적 아버지'가 아니다. 땅에 있는 자를 아버지라고 하지 말라는 말씀은 땅에 있는 자와 하늘에 계신 분을 어설피 혼동하지 말하는 것이며, 누구인들 '땅에 있는 자'를 감히 하늘에 계신 아버지인 양 '영적 아버지'라고 하지 말라는 말씀이다.

그래서 성경은 육신의 아버지를 공경하되 "영적 아버지는 오직 한 분이다"라고 구별해서 말씀하신 것이다. 그렇다면, 목사가 영적 아버지라고 자처하는 것은 성경적 관점에서 볼 때 '신성모독'이다. 예수 그리스도를 믿는 목사는 교인들과 같은 성도로서 주 안에서 동등한 영적 형제이며, 오히려 다른 형제들을 섬겨야 하는 '종 된 형제'가 목사의 정확한 자리다. 목사는 영적 아버지가 아니다. 교회의 유급 사역자인 목사를 형제로 사랑하며 형제로 존중하라. '여기서 벗어나는 것은' 그리스도 신앙을 배역하는 것이다.

회개는 말장난이 아니다

돈과 성性, 그리고 거짓과 탐욕에 얽힌 목사들의 추악한 비리가 끊이지 않지만, 숱한 비리 가운데 언론을 통해서 근래 세상과 교회에 가장 널리 알려지고, 그만큼 한국교회에 치명적인 상처를 입힌 사건이 있다. 수년에 걸쳐 다수의 여신도들에게 반복된 전병*의 성추행과 오정*의 논문표절과 학사에 관해 끊임없이 반복되는 거짓말들이다. 전병*은 삼일교회에 담임목사로 재직하는 동안 십 수 명의 여신도들을 성추행한 엄연한 '성범죄자'임에도 불구하고 사회법이나 교회법으로 특별한 제재를 받지 않는 채 버젓이 '홍대새교회'를 개척해서 보란 듯이 목회를 계속하고 있다.

언론과 인터넷 매체를 통해서 널리 알려진 전병*의 상습적인 성추문과 오정*의 표절부터 허위학력, 심지어 목사 안수에 이르기까지 숱한 의혹들에 대한 교계의 일관된 침묵과 방임으로 한국교회는 세인들로부터 거센 비난을 받았다. 이런 척박한 토양에서 한국교회가 언감생심 '새로운 부흥'을 외치고 있다는 게 차라리 놀라울 지경이다. 목사들의 타락과 비리에 실망한 교인들이 교회를 떠나는가 하면, 세상은 교회를 타락한 위선자의 집단을 대하듯이 차갑게 외면하고 있다.

목사를 보면서 영적 성숙과 더불어 도덕적 정결이 느껴질 때 비로소 그가 전하는 '말씀'도 거룩하게 느껴지는 게 인지상정이다. 그래서 우리는 사역자들에게 신앙의 영성 못지않게 인간적인 도덕성과 올곧은 윤리의식을 강조하는 것이다. 간음, 표절, 횡령, 망언, 거짓말, 사기, 폭력을 일삼는 목사들이 강단에서 뻔뻔스레 설교할 때 과연 누군들 그들의 타락한 입을 통해서 '주의 거룩한 음성'을 들을 수 있겠는가?

타락한 목사들이 강단에서 쏟아내는 화려한 수사들이 전혀 '말씀'으로 들리지 않는다. 이스라엘의 율법이 그토록 '정결'을 강조하는 이유를 아는가? 성별聖別된 민족으로서 이스라엘의 종교적인 '구별'을 넘어서 '선민'으로서 몸과 마음이 정결해야 하는 당위성이 있기 때문이다. 본래 인간은 하나님이 만물 가운데 특별히 지으신 '영적인 존재'이기 때문에 몸과 마음이 더러워지면 하나님의 거룩한 영적 음성이 들리지 않는다.

하나님의 말씀은 '마음이 깨끗하고 영이 정결할' 때 비로소 순전하게 들린다. 따라서 죄의 더러운 수렁에 빠진 채 부정한 몸과 마음으로 허우적거리는 그들의 설교는 하나님의 말씀을 '있는 그대로' 전하는 올곧은 대언이 아니라 자기네 사사로운 생각들을 마치 말씀처럼 둔갑시켜서 교인들을 현혹시키는 사설邪說에 지나지 않는다.

만약에 진실한 마음으로, 그리고 진실한 행동으로 전병*과 오정*이 회개했다면 어땠을까? 섣불리 단언할 수는 없지만, 아마 대부분의 사람들이 그들을 용서했을 뿐만 아니라 어쩌면 함께 마음 아파했을 것 같다. 주의 일을 하는 사역자로서 그토록 부끄러운 죄를 짓고 나서 얼마나 고통스러울까 생각하면, 너나없이 죄의 본성을 지닌 인간으로서 그들을 동정하지 않을 수 없기 때문이다.

그런데, 죄를 범한 목사들의 공통된 특징은 절대로 회개하지 않는다는 것이다. 공적인 회개를 요구하자 전병*은 고작 한다는 소리가, "털어서 먼지 안 나는 사람이 어디 있습니까? 회개는 하나님 앞에서 하는 것이지, 사람들 앞에서 드러내고 한답니까?" 이처럼 회개의 기본적인 의미조차 깨닫지 못하는 전병*은 교단으로부터 어떤 징계도 받지 않은 채 오히려 13억이 넘는 거액의 전별금을 받아 당당히 '홍대새교회'를 개척했다.

서로 호형호제하는 사이라는데, 어쨌든 죄를 인정하고 삼일교회를 떠난 전병*에 비해서 사실 자체를 인정하지 않고 꿋꿋이 버티고 있는 오정*이 차라리 한 수 위다. 거의 복사에 가까운 수준의 논문표절로 물의를 빚고도, 이는 자신에 대한 모함일 뿐 자신은 논문을 표절한 적이 없다면서 줄곧 거짓말로 맞섰다. 심지어 표절이 사실로 밝혀지면 즉각 교회를 떠나겠다고 호언장담했다. 마침내 '논문 표절 조사위원회'의 면밀한 조사를 거쳐서 논문 표절에 관한 모든 의혹이 사실로 드러나자 이번에는 강단에서 교인들 앞에서 짐짓 '눈물 쇼'를 공연하고는, 6개월간 자숙하겠다면서 잠깐 자리를 비웠다.

얼마 지나지 않아 오정*은 깊이 참회한 죄인인양, 수염을 덥수룩하게 기르고는 옥한흠 목사를 추모하는 '운보 상 시상식'에 모습을 나타났다. 연단에 올라가서 수많은 하객들 앞에서 옥한흠 목사의 사모를 불러서 뜨겁게 포옹을 하더니, 보란 듯이 상을 수여한다. 자숙하겠다는 자가 수많은 하객들 앞에서 시상하는 모습에 사람들은 고개를 저었다.

이처럼 전병*은 하나님과 단둘이 만나서 이미 회개하고 용서를 받았다고 주장한 반면, 오정*은 '눈물'과 '수염'으로 만인 앞에서 자신의 회개를

'증명'했다. 수많은 사람들이 '밀양'을 보면서 "하나님의 용서를 받았다"는 살인자의 당당한 고백을 들으며 분노와 더불어 허탄한 감정을 느꼈지만, 회개는 하나님과 자신 사이에서 남몰래 일어나는 어두운 밀약이 아니다. 성경은, 죄인이 하나님 앞에서 용서를 구하기 전에 상대방에게 먼저 용서를 구하라고 명령한다.

> "[…] 예물을 드리려다가 거기서 네 형제에게 원망들을 만한 일이 있는 것이 생각나거든 예물을 제단 앞에 두고 먼저 형제에게 달려가서 형제와 화목하고 그 후에 예물을 드리라"

"형제와 화목하고 하나님께 예물을 드리라"는 말씀의 의미는 간단하다. 죄를 범했다면 피해를 입은 형제에게 먼저 용서를 구하고, 용서를 받은 다음에 하나님께 나아가 속죄하고 '죄 사함'을 받으라는 준엄한 명령이다. 하나님은 제사보다 자비를 원하시고, 사랑을 원하시며, 화목을 원하시는 이유를 모르겠는가? 자신으로 인해 상처를 입은 피해자의 쓰라린 아픔을 외면한 채 하나님에게 나아가 감히 용서를 구하는 것은 사실인즉 종교의식을 빙자한 의도적인 책임회피일 뿐 진정한 회개가 아니다.

세례 요한의 무서운 일갈을 기억하는가? 요한이 '독사의 새끼들아!'라고 욕설을 퍼부었던 대상은 회개를 거부한 자들이 아니라, 자신들이 회개했다면서 요한의 세례를 받기 위해서 요단강을 찾은 자들이다. 그러나 요한은 짐짓 회개했다고 주장하는 자들에게 무턱대고 세례를 주기 전에 회개의 뚜렷한 증거를 먼저 보이라며 그들을 엄히 질책했다. 진정한 회개에는 반드시 변화의 열매가 나타난다. 전병*과 오정*, 그들의 겉치레 행동에는 회개의 진정한 증거가 아니라 면책을 위한 음음한 외식이 있을 뿐이다.

회개는 말장난이 아니며 사람들의 시선을 교묘히 가리려는 어설픈 술수도 아니다. 그저 머리 숙여 기도하면서 '회개합니다'라고 주절대면 바로 회개가 이루어지는 것도 아니다. 진정한 회개는 가슴 깊이 통회하며, 죄를 숨김없이 고백하고, 용서를 받고 마침내 진정한 변화에 이르는 단호한 결단을 요구한다.

물론 전병*의 주장처럼 털어서 먼지 안 나는 사람이 없듯이 죄와 허물이 없는 사람은 존재하지 않는다. 그러나 죄를 엄히 다스려야 하는 주의 종이라면 자신의 죄에 대해서 구차한 변명일랑 거두고, 자신이 저지른 죄에 대해서 숨김없이 인정하고 즉각 죄에서 돌이켜야 하지 않는가. 자기가 회개하지 않으면서 어떻게 교인들에게 회개하라고 천연덕스럽게 말할 수 있으며, 회개하지 않는 죄는 절대로 용서받지 못한다고 감히 말할 수 있는가.

이들이 회개하지 않는 이유는 도대체 무엇일까? 하나님을 무서워하지 않는 그들이 굳이 머리 숙이고 참회하면서 '초라하게' 회개할 필요를 느끼지 못하기 때문이다. 그들에게는 '교인'이라는 이름의 수많은 추종자들이 있다. 목사가 잘못을 저지르면, "더욱 크게 쓰시려고 하나님이 시험하시는 것이다"라고 둘러대며 오히려 마음을 다해 목사를 섬기고, 어쩌다 목사가 눈물이라도 흘리면 북받치는 감동에 겨워 함께 눈물 짓는 '목사교인들'이 온 힘을 다해서 목사를 추종하고 있는데 구차하게 회개할 필요를 느끼지 않는다.

목사를 '주'로 모시는 '개교회주의'에서 벗어나지 않는 한 한국교회에서 그리스도의 올곧은 영성을 기대하는 것은 말 그대로 연목구어에 지나지 않는다. 영적인 관점에서 바라보면, 죄를 지은 목사가 문제가 아니라 죄를 짓고 끝내 회개하지 않는 채 영적 무감각에 빠진 목사가 심각한 문제인 것이다. 의인을 달리 표현하면 '회개한 죄인'이라고 말하지 않는가? 회개하지 않는 타락한 영혼으로 감히 '말씀'을 입에 담는 자는 주의 이름을 망령되이 일컫는 가중한 죄인이다.

목사는 성골聖骨인가?

목사라는 직분에 논란이 끊이지 않지만, 에베소서에서 목사는 분명히 교회의 5중직 가운데 하나의 직분으로 당당히 이름을 올린다. 따라서 성경을 읽는 교인들로서는 마치 목사가 성경의 원형적인 직분으로, 처음부터 주께로부터 특별한 사명을 부여받은 존재로 생각할 수밖에 없다.

> "그가 어떤 사람은 사도로, 어떤 사람은 선지자로, 어떤 사람은 복음 전하는 자로, 어떤 사람은 목사와 교사로 세우셨으니 이는 성도를 온전하게 하여 봉사의 일을 하게 하며 그리스도의 몸을 세우려 하심이라" 엡4:11

목사와 교사를 구별해서 서로 다른 두 직분으로 해석하는 경우도 있고, 두 단어를 잇는 접속사가 'or'가 아니라 'and'라는 점에 주목해서 동일한 직분의 두 기능으로 보고 4중직으로 설명하는 사람이 있지만, 어떤 경우이든 목사는 성경의 기록에 근거해서 엄연히 교회의 '중직'으로 인정받고 있다. 그러나 목사는 본래 성경적인 직분이 아니다. 성경적인 직분이 아님에도 성경에 기록됐다는 것은 성경의 의도적 변개나 종교적 의도에 지나지 않는 나는 밀이다.

요컨대 목사는 사람이 세운 종교적인 직분일 뿐 '본래' 하나님이 세우신 성직자가 아니며, 흔히 말하는 것처럼 특별히 예정된 자로서 '기름부음 받은 종'이 아니라는 사실을 인정해야 한다. 아는 사람들은 이미 알고 있는 공공연한 비밀이지만, 목사라는 직분은 처음부터 성경에 이름을 올린 원형적인 직분이 아니다. 가톨릭의 사제와 견주는 개신교의 강력한 교회 지도자를 세우기 위해서 역본마다 줄곧 '목자'sheperd로 번역했던 헬라어 '포이멘'poimen을 종교혁명 이후에 개신교에서 목사pastor로 변개해서 새로 만들어진 종교 직분이다.

물론 목자이든 목동이든 상관없이 예수께서 양을 치고 먹이라고 말씀하신 지위라면 목사는 결국 목자로서 중요한 역할을 담당한다고 생각할 수 있다. 그러나 예수께서 말씀하셨던 목자의 의미를 좀 더 깊이 따져보면, 목자는 지금처럼 '권위적인 목사'와는 전혀 다른 신분이며 지위라는 사실을 알 수 있다. 목자 또는 목동은 이른바 '종교귀족'의 호화스러운 자리가 아니며, 결코 교회의 '권력자'로 행세할 수 없는 신분이 아니다. 형제들 가운데 천대받던 막내 다윗이 전사로 전쟁터에 나가지 못하고 집에 남아서 양을 쳤던 목자였던 것처럼, 목자는 이스라엘에서도 가장 비천한 직업들 가운데 하나에 속한다.

그럼에도 목사들이 스스로 '목자'라고 자처하며 나름대로 자긍하는 이유는 그들이 겸손해서가 아니다. 겸손을 가장한 채 속내는 양을 소유한 주인으로서 특별한 지위라고 생각하기 때문이 아닐까? 착각하지 말아야 한다. 주께서 베드로에게 "네베드로의 양을 치고 먹이라"라고 말씀하신 것이 아니라, "내그리스도의 양을 치고 먹이라"라고 명령하신 것이다.

> "[…]예수께서 시몬 베드로에게 이르시되 '요한의 아들 시몬아! 네가 이 사람들보다 나를 더 사랑하느냐?' 하시니 이르되 '주님, 그러하나이다. 내가 주님을 사랑하는 줄 주님께서 아시나이다.' 이르시되 '내 어린 양을 먹이라' 하시고 또 두 번째 이르시되 […] '내 양을 치라' 하시고, 세 번째 이르시되 […] '내 양을 먹이라' […]" 요21:15–17

목자는 주인이 아니라 주인의 양을 보살피는 종이다. 다치지 않게, 굶지 않게, 병들지 않게 주인의 소유를 돌보는 종일 뿐 결코 양의 주인이 아니다. 양으로 상징되는 신자는 목자의 소유가 아니라 주인의 소중한 소유로서, 종으로부터 마땅히 보호받을 권리가 있다. 그러나 한국교회의 전형적인 모습을 살펴보면 목사는 종이 아니라 마치 주인인양 당당하게 '상전' 행세를 한다. 그들은 주인 몰래 양의 털을 벗기고 고기를 팔아 자기 뱃속을 채우는 악한 목동이나 삯꾼 목자처럼, 자신의 탐욕을 채우기 위해서 주인의 양들을 죽이고 짓밟는 악행을 서슴지 않는다.

주께서 "선한 목자는 자기 양을 지키기 위해서 생명을 바친다"라고 말씀하셨지만, 과연 한국교회의 목사들 가운데 몇 명이나 교인을 위해서 생명을 바치며 기꺼이 희생하고 헌신하는가? 성경에서 말하는 목자는 세상에서 허튼 영광을 누리려는 자가 감당할 만한 탐욕스러운 자리가 아니다. 예수께서 세우신 최초의 '목자' 베드로의 고난을 기억하는가?

> "내가 진실로 진실로 네게 이르노니 네가 젊어서는 스스로 띠 띠고 원하는 곳으로 다녔거니와 늙어서는 네 팔을 벌리리니 남이 네게 띠 띠우고 원하지 아니하는 곳으로 데려가리라"요21:18

목사들이 최초의 목자인 동시에 교권의 수임자라고 내세우는 베드로는 세상에서 부귀와 영광을 누리기는커녕, 십자가에 거꾸로 매달린 채 처참하게 죽기까지 순교를 마다하지 않았다. 목사가 정녕 성경의 목자라면 응당 '선한 목자'의 본을 보이신 예수 그리스도와, 그에게 목양을 위임받은 제자 베드로의 삶을 본받아야 한다.

현실은 어떤가? 대형교회의 목사가 되면 응당 수억의 연봉에 별도의 활동비를 지급받고, 고급 승용차를 타고 호화 아파트에 살면서 자식들은 해외에 유학 보내야 격에 맞는 처우로 생각하는가 하면, 한참 후의 은퇴에 대비해서 노후자금으로 수억, 수십 억을 일찌감치 챙기며 이른바 '폼 나는 인생'을 향유하고 있지 않은가.

성경에 '목사'는 없다. 목자, 목동이 있을 뿐이며 예수께서 말씀하신 것처럼 그 자리는 지극히 낮은 신분으로 주인의 소중한 재산을 지키는 종이다. 성경적인 직분으로서 진정한 '종'이 되려는 자는 역설적으로 종을 교회의 권력자로 부추기고 지배자로 타락시키는 담임제도, 당회장제도의 철폐를 주장해야 한다.

비록 낮은 자이며 비천한 종이지만 행복한 사역자로 주께서 부여하신 사명을 오롯이 감당하는 것이 목자의 유일한 바람이어야 한다. 돈에, 세상의 지위와 명예에, 자기 의와 교만에 눈먼 자들은 결코 '주의 종'이 될 수 없다. 예수의 계명을 따르는 자, 이른바 주의 진정한 종이 되려면 목사는 즉각 탐욕과 교만을 버려라. 그것이 한국교회를 살리고, 교인을 살리고, 목사의 영혼이 사는 길이다.

신천지를 이용하는 한국교회!

신천지를 경계하는 목소리가 거세다. 요즘은 웬만한 교회 현관에는 '신천지 출입금지!'라는 경고문이 버젓이 붙어 있다. 이만희를 '이긴 자', '보혜사'로 부르며 '재림 예수'로 정중히 모시는 신천지는 엄연한 이단이기 때문에 교회에서 이단 신천지를 경계하자는 당연한 목소리를 내는 것을 탓할 하등의 이유가 없다. 그런데, 그런 경고문을 볼 때마다 뒷맛이 개운치 않다. 굳이 신천지 따위 허접한 이단을 교회에 들어오지 못하게 해야 할 만큼 교회의 기본이 허약한가 하는 의구심이 들기 때문이다.

신천지가 교회 안에 들어오지 못하게 막는 것보다 교회 안에 들어온 이단 신천지에 교인들이 휘둘리지 않게 건강한 교회, 반석 위에 '기초'를 세우듯이 성경적인 교회를 만드는 것이 중요하다. '출입금지' 팻말을 교회에 매달면서 볼썽사나운 모습을 보이는 것보다, 제 발로 걸어온 신천지가 회개하고 돌이키게 만드는 것이 오히려 교회의 바른 자세이며 의무가 아닐까?

교회는 하나님의 성령이 임재하는 거룩하고 능력 있는 성전이라면서 그따위 허접한 이단이 두려워서 정문에 큼지막이 팻말을 내걸고 제 발로 교회에 걸어 들어오는 자들을 애써 막아야 하는가.

물론 신천지의 참담한 폐해를 모르는 것이 아니다. 교회에 심각한 분열을 일으키고, 이단의 가증한 사교邪教를 전파하는 신천지로 인해서 교회를 송두리째 빼앗기는 경우가 적지 않다는 것도 잘 알고 있다. 그러나 신천지 이단에게 교회를 빼앗겼다고 땅을 치며 탄식하고 있을 게 아니라 허망하게 교회를 빼앗긴 이유와 원인에 대해서 먼저 생각해 보아야 한다.

오해가 없기 바란다! 미리 밝혀두지만, 나는 이만희의 신천지를 더럽고 사악한 이단이라고 단정하며, 주의 이름으로 이만희를 단호하게 저주하는 정상적인 그리스도인이다. 다만, 신천지가 장악한 교회마다 공통된 문제점을 안고 있다는 사실만큼은 분명히 인정해야 한다는, 지극히 당연한 주장을 하고 있을 뿐이다. 그런 교회들은 이미 교회 안에 더 이상 방치할 수 없는 심각한 문제가 있었기 때문에 그런 약점을 이용하는 신천지에게 공격의 빌미를 제공하는 것이다.

예컨대, 목사의 비리 때문에 교회가 위기에 처했다면 그것은 분명히 말해서 신천지 때문에 교회가 분열의 위기에 처한 것이 아니다. 목사의 부정과 불의로 발생한 문제를 가벼이 방치한 교인들 때문에 일어난, 지극히 당연한 결과다. 교만과 탐욕에 찌들어 심각한 비리를 저지르고, 불신앙과 불순종으로 말미암아 하나님의 뜻을 배역한 목사를 끝까지 '하나님의 종님'으로 맹종하면서 교회의 심각한 문제를 방치하는 무책임한 교인들이 있기 때문에 갈등과 분열이 일어나는 것이며, 가증스런 신천지는 그런 분위기를 재빨리 이용하는 것이다.

솔직히 말하건대, 비리 목사에 의해서 교회가 처참하게 무너지는 것과 신천지에 송두리째 넘어가는 것 사이에 도대체 무슨 차이가 있는가. 교인들이 앞장서서 비리 목사를 사퇴시키거나 죄에 상응하는 적절한 조처를 취하면서 자발적으로 문제를 해결했다면 신천지가 아니라 별천지가 들어온들 교회가 분열될 이유가 없다.

달리 말해서 신천지가 들어오지 않더라도 그런 교회는 붕괴되거나 차라리 붕괴돼야 마땅한 치명적인 문제를 이미 지니고 있는 것이다. 신천지가 들어오지 못하게 문을 틀어막는 것보다, 교회 안에 버젓이 존재하는 심각한 문제들을 숨김없이 인정하고 진실한 자세로 원인을 파악해서 문제를 해결하는 것이 우선이라는 말이다.

다른 관점에서 말하면, 요즘 적지 않은 교회에서 신천지의 위험성을 의도적으로 강조하며 속내는 비판적인 교인들의 입과 귀를 틀어막는 수단으로 악용하는 경우가 적지 않다. 이를테면, "교회에서 공공연히 담임목사를 비판하는 사람은 신천지 추수꾼들이다"라거나, "평신도가 돈을 받지 않고 성경을 가르친다면, 그는 영락없이 신천지다. 성경은 반드시 목사에게 배워야 한다"라는 식으로 신천지를 빌미 삼아 교인들의 비판을 사전에 차단시키거나 은연중에 목사 우월성을 주입시키는 도구로 악용하는 경우가 허다하다.

요즘 '100만 가나안 성도 시대'에 접어들면서 더 이상 방치할 수 없는 위기에 처하자 한국교회에서는 가나안 성도에 대해서 이런저런 말들이 많다. 내 주변에도 가나안 성도들이 적지 않은데, 그들 가운데 대부분은 나름대로 분명한 의식이 있고 한국교회의 비루한 현실에 대해서 올곧게 비판하는 신자들이다. 그리고 그들 가운데 대부분은 비리를 저지른 담임목사를 비판했다는 이유로 느닷없이 신천지로 매도당했다는 공통적인 경험이 있다.

이것이 과연 우연일까? 아니다. 신천지가 횡행하는 만큼 역으로 신천지를 이용해서 정당한 교인들을 신천지로 매도하는 교회가 많다는 사실을 결코 간과하지 말아야 한다. 교인들을 비판하지 못하게 만들기 위해서 신천지를 이용하는 따위 유치한 술책을 쓰려들지 말고 비판받지 않을 수 있도록, 또는 당당히 비판을 수용할 수 있도록 교회를 바르게 운영하는 것이 중요하다.

단지 성경에 없을 뿐만 아니라 성경의 가르침에 정면으로 배치되는 반성경적 '목사 성직주의'를 교인들에게 허투루 강요하려 들지 말고, 교인들의 입에서 자연스럽게 "역시 신학을 공부한 목사들이 낫다"라는 말이 나오도록 목사들이 깊이 있게 성경을 연구하고 진실하게 가르치는 것이 옳지 않은가.

'남 탓'이나 하면서 어쭙잖은 행동을 하지 말고 한국교회는 자신의 모습부터 제대로 점검하라는 말이다. 교회가 영적으로 건강하고 목사들이 사역자로서 영성과 실력을 제대로 갖춘다면 신천지가 교회 안에 들어온들 전혀 두려울 일이 아니며, 목사 아닌 평신도가 외부에서 가르치는 성경공부에 교인들이 굳이 관심을 가질 이유도 없다. 한국교회가 진정한 교회가 되려면 좀 더 정직하고 좀 더 당당해져야 한다.

뻔한 설교!

어떤 교회이든 목사는 주일에 교인들 앞에서 설교하기 위해서 성경을 인용한다. 경우에 따라서 한두 구절을 인용하기도 하고 때로는 여러 문단에서 두루 인용하기도 한다. 재미있는 것은, 눈치 빠른 교인들은 주일예배의 설교 제목과 인용 구절을 보는 순간 설교를 듣기도 전에 어떤 내용인지 대부분 감을 잡는다. 이미 목사들의 진부한 설교에 익숙할 대로 익숙해졌기 때문이다.

예를 들어 '마리아의 향유 옥합'을 인용하는 설교는 교인들에게 "자기가 가진 것 가운데 가장 값진 것을 교회에 바치라"는 내용이다. 그리고 '과부의 두 렙돈'을 인용하는 설교는 "자기가 가진 것을 남김없이 교회에 바치라"는 주제로 둔갑한다. 결국 부자는 마리아의 향유 옥합처럼 가장 소중한 것을 바치고, 가난한 자는 가진 게 없다고 뒤로 빼지 말고 가난한 과부가 두 렙돈의 생활비 전부를 바쳤던 것처럼 있는 대로 모두 바치라는 말이다.

해서, 어떤 교인은 자기가 가지고 있는 소유 가운데 가장 값진 것을 바치는 것이 '진정한 충성이며 순종'이라며 '재산목록 1호'를 주저 없이 '쾌척'한다. 그래도 전혀 아깝지 않은 것은, 세상에 사는 동안 삼십, 육십, 백배의 보상이 있고 죽어서는 영생의 축복이 있다고 믿어 의심치 않기 때문이다.

더욱 심각한 문제는 가난한 교인들의 경우이다. 하루 끼니를 걱정해야 하는 궁핍한 처지일망정 '신실한' 교인이라면, 그리고 하나님의 축복을 받으려면 자기와 가족이 굶는 일이 있어도 반드시 헌금만큼은 '분에 넘치도록' 해야 한다고 생각한다. 지금 겪고 있는 가난의 고통도 견디기 힘든데, 헌금을 바치지 않아서 하나님의 무서운 심판이 있다면 도저히 견딜 수 없을 것 같은 두려움이 영혼을 엄습하기 때문이다.

그런 설교를 듣고 나면 가난한 교인들은 이리저리 주머니를 뒤지기 바쁘다. 그나마 얼마라도 있으면 다행이지만 가진 게 없으면 낭패가 아닐 수 없다. 그렇다고 "없어서 바치지 못한다는 것은 거짓된 변명이며 믿음이 부족하기 때문이다"라는 준엄한 설교를 듣는 순간, 어디서 빌려서라도 헌금을 내기 위해 머리를 싸맨다. 어떤 교인은 집을 저당 잡혀 대출하기도 하고, 심지어 어떤 교인은 '카드깡'도 마다하지 않는다. 그마저도 할 수 없는 교인은 홀로 탄식하며 깊은 죄책감에 시달린다. 설마라고 생각하는가? 맹신에 사로잡힌 교인들에게서 이런 모습을 보는 것이 그리 드물지 않다.

하나님이 과연 그런 헌금을 요구하실까? 신구약을 통틀어 하나님의 '절대 계명'은 오직 하나, '사랑'이다. 그렇다면, '사랑하라'는 하나님이 고작 "자기 배를 채우시기 위해서" 돈을 요구하신다고 말하거나 그렇게 믿는 것은 하나님의 거룩한 이름을 망령되이 일컫는 불신앙이며 참담한 배역이다.

예수는 '고르반'을 빌미로 부모를 물질로 공경하지 않는 유대인들에게 "화있을진저, 너희 외식하는 자들이여!"라며 무섭게 질타하셨다. 부모를 공경하는 것보다 하나님께 바치는 고르반이 우선이라는 유대 장로들의 '전통'을 예수께서 '외식'이라며 저주를 마다하지 않으셨던 이유가 무엇인가?

인간의 '중심'을 너무 잘 아시는 하나님이 "너희들이 입으로는 나를 공경하는 척 하지만, 마음은 내게서 멀다"라고 말씀하신 것은, 유대 종교지도자들의 마음에 있는 거짓과 탐욕을 속속들이 아시기 때문이다. 하나님께 바치는 예물이라면서 사실은 자신들의 배를 채우려는 유대 종교지도자들에게 예수는 "돈을 사랑하는 너희 바리새인들이여, 돈을 사랑하는 것이 일만 악의 뿌리이다"라고 말씀하셨다.

말이 나온 김에 덧붙이면, 십일조를 말씀하시면서 "하나님의 것을 도둑질하지 말라"고 하신 구절에서도 심각한 해석의 오류가 있다. 흔히들 "하나님의 백성은 너나없이 십일조를 바치라"는 뜻으로 해석하지만, 성경의 본래 의미는 '바치라'가 아니라 '나눠주라'이다. 문맥적인 해석에 따르면 본문은, 십일조로 거둬들인 재물을 나눠주지 않고 몰래 착복한 부자 제사장들에게, "내 것을 도둑질하지 말고 가난한 레위 지파에게 공정하게 나눠주라"고 엄히 명령하신 것이다.

분깃이 없는 가난한 레위 지파, 재산이 없는 과부, 부모가 없는 고아와 집이 없는 나그네에게 나눠주는 것, 그것이 바로 십일조를 말씀하신 하나님의 진정한 뜻이며 준엄한 명령이었다. 요즘 목사들이 십일조를 비롯해서 온갖 헌금을 거둬들이면서 정작 헌금의 목적인 구제에는 거의 사용하지 않고 가족들과 해외여행이나 다니고, 고급 차와 고급 주택에 살면서 희희낙락하며 '자기 배를 불리기에' 급급한 모습을 보면, 외식하는 바리새인과 유대 종교지도자들의 탐욕스러운 얼굴이 한 치의 오차 없이 판박이라는 생각을 지울 수가 없다.

'뻔한 설교'는 비단 헌금에 관한 내용만이 아니다. 교회에 이런저런 문제가 있을 때마다 '비판하지 말라'는 성경구절을 들이대는 목사의 속셈은, 교인들에게 감히 교회나 목사를 비판하지 말고 "가만히 있으라!"고 명령하는 것이다. "모이기에 힘쓰라"는 구절을 주제로 선택한 목사는 세상만사 제쳐두고 교회의 제반 행사에 빠짐없이 참석하라고 선동하는 것이다. 설교시간에 느닷없이 솔로몬의 성전을 언급하는 목사는 "내가 솔로몬처럼 교회당을 멋지게 건축할 테니 교인들이 앞장서서 헌금을 많이 내라"고 요구하는 것이 아니던가?

어리석은 교인들은 강단에서, 심지어 사석에서조차 목사가 무슨 말을 하면 마치 하나님의 거룩한 말씀인 양 목청 높여 '아멘'으로 화답한다. 하나님의 말씀에 순종해야 복 받는다는데, 순진한 교인들은 달리 생각할 겨를이 없다. 그러나 성경 말씀이 과연 목사가 의도하는 속셈과 같은지 한 번쯤은 깊이 생각할 일이다. 사실이라면 무조건 따라야 하고 사실이 아니라면 당연히 거부해야 되기 때문이다.

목사가 하나님의 말씀을 왜곡해서 자신의 유익을 구하는 것이라면, 목사의 말을 따르는 것은 하나님께 순종하는 것이 아니라 하나님을 속이는 것이다. 하나님의 말씀을 인용했다고 하나님의 뜻이 '있는 그대로' 전해지는 것이 아니다. '광야의 시험'에서 보았듯이 사탄도 예수를 유혹하기 위해서 하나님의 말씀을 인용하지만, 예수는 사탄의 말이 거짓임을 즉각 깨닫고 사탄의 유혹을 뿌리친다. 이것이 바로 영적 분별력이다.

설교의 오류를 바로 잡는다. 우선, '과부의 두 렙돈'을 통해 성경이 전하는 메시지는 가난한 교인들이 자신과 가족은 굶고 헐벗을망정 가진 모든 것을 헌금으로 바치라는 말씀이 아니다. 성경 전체를 통틀어 하나님은 가난한 과부에게 돈을 요구하시기는커녕 오히려 "돈을 주라"고 말씀하셨다. 나눔, 그것이 바로 절대 계명인 하나님의 사랑이며 십일조의 기본정신이다.

가난한 과부의 두 렙돈에 대해서 "자기가 가지고 있는 모든 것을 바치라"는 의미로 잘못 해석하는 이유는, 문맥을 고려하지 않은 채 성경을 부분적으로 발췌해서 해석하기 때문이다. "이 과부는 그 가난한 중에 자기의 모든 소유 곧 생활비 전부를 넣었느니라"는 구절에 천착하면 자신도 모르는 사이에 "전부를 넣었느니라"는 부분에 초점을 맞추게 된다.

그러나 이 구절은 예수께서 헌금을 독려하기 위해서 말씀하신 것이 아니라, '과부의 가산을 삼키' 막12:39는 서기관들의 외식을 비판하신 내용과 한 문맥을 형성하는 구절이다. 즉, 과부에게 생활비 전부를 바치라는 것이 아니라 과부의 가산을 삼키는 서기관들의 헌금보다 오히려 가난한 과부의 두 렙돈이 소중하다고 진실을 일깨우신 것으로, 헌금을 강조한 메시지가 아니라 유대인들의 외식에 대한 비판에 방점을 둔 것이다.

마리아의 향유 옥합이 과연 자신의 소유 가운데 가장 소중한 것을 교회에 바치라는 의미로 해석할 수 있는가? 예수께서 분명히 말씀하셨듯이, 마리아의 향유는 예수의 장례를 위해서 하나님이 '특별히 준비하신' 것이다. 다시 말해, 마리아의 향유는 예수의 장례를 위한 하나님의 예정이었고, 예수를 지극히 사랑한 마리아가 아름다운 향유를 예수의 머리와 발에 부으며 사랑을 고백한 감동적인 사건이다.

마리아가 예수의 발에 향유를 부은 것은 예수의 장례를 위한 것이며 예수의 장례는 십자가의 대속을 준비하는 절차로, 그리스도 복음을 이루는 중요한 요소이다. 교회당을 지으라고 바친 예물이 아니며, 목사의 음흉한 탐욕을 충족시켜 주면서 속내는 자신의 복을 구하는 기복 신앙의 '미끼'가 아니다.

'특별한' 상황에서 예외적으로 일어난 일들을 섣불리 일반화시키면서

'말씀'을 제멋대로 왜곡하지 말라는 말이다. 자신이 소유한 가장 비싼 것을 교회에 바치는 것이 진정한 순종이라는 말에 하릴없이 속는 어리석은 교인들 덕분에 '빤쓰 목사'로 명성이 자자한 전광*이 강단에서 거리낌 없이, "남자 교인이라면 자기 집문서를 들고 목사에게 주저 없이 건네주고, 여자 교인이라면 목사가 요구할 때 스스럼없이 빤쓰를 벗어야 진정한 교인이다"라는 망발을 늘어놓는 것이 아닌가.

"믿음은 들음에서 나며 들음은 그리스도의 말씀에서 비롯된다". 말씀에 근거하는 '이신칭의'의 교리, 이것이 기독교의 제일 공리이다. 이처럼 그리스도의 말씀이 기독교 신앙의 근원이라면 말씀을 전하는 자, 그리고 듣는 자는 그리스도의 말씀 앞에서 무거운 책임감을 느껴야 한다. 자기가 하고 싶고 듣고 싶은 말, 이른바 '탐욕의 언어'를 하나님의 말씀으로 감히 둔갑시키지 말라.

'바른 설교'를 위해서 개인적인 의견을 제시한다. 목사가 혼자 생각하고 임의대로 결정하는 설교, 이를테면 일방적인 '주제설교'에서 속히 벗어나야 한다. 설교에 전권을 쥐고 있는 목사는 '자기 말'을 전하고 싶은 욕망을 쉽게 떨치지 못한다. 더욱이 교회에 특별한 일이 있거나 문제가 발생하면 목사는 발등의 불을 먼저 꺼야 되기 때문에 당장 눈앞에 닥친 일에 신경이 곤두서기 마련이다.

그 순간, 목사의 머릿속에는 주일에 강단에서, 그리고 전체 교인들 앞에서 주입시킬 설교주제가 이미 정해진다. 남은 것은 다만, 외형상 설교의 틀을 갖추기 위해서 성경에서 그럴듯한 구절을 인용하는 것뿐이다. 결국 하나님 말씀이 우선순위가 아니라 목사의 생각과 말이 먼저가 되고 만다.

반면에 목사가 임의대로 주제를 정하지 않고 교인들과 함께 '사전에 정해진 순서대로' 강해 설교를 하면, 목사는 자기가 처한 '상황에 따라' 제멋대로 오가는 설교를 하지 않고 기록된 '성경 말씀에 따라' 설교하지 않을 수 없다. 목사가 말씀을 주도하는 것이 아니라 말씀이 목사를 주도해야 한다는 말이다.

덧붙여, 대형교회에서는 구체적인 실행에 문제가 없지 않겠지만 설교시간에, 또는 설교를 마치고 교인들의 질문에 응답하는 Q&A 방식으로 진행하면서 서로 소통하는 자리가 주어진다면, 목사들이 지금처럼 설교를 빌미 삼아 자기 생각을 임의대로 전하는 사사로운 '연설'이 아니라 성경에 기록된 하나님의 말씀으로 교인들과 함께 소통하는 진정한 나눔의 시간이 될 수 있을 것이다.

목사는 말씀에 목숨을 걸어라

인간은 언어를 사용하는 유일한 동물이다. 그러나 언어는 분명히 소통의 도구이지만 화자와 청자 사이에 엄연한 간격이 있으며, 언어를 사용하는 사람의 주관과 경험에 따라 같은 언어일망정 전하는 의미에 차이가 있을 수 있다. 마찬가지로 성경에 기록된 '말씀'이라고 모두가 '하나님이 전하는 거룩하신 말씀'이 아니다.

물론 하나님의 말씀은 그 자체로 거룩하지만, 인간의 입을 통해서 언어로 전해지는 순간부터 '말씀'은 왜곡되고, 축소되고, 변질될 소지가 다분하다. 그럼에도 하나님이 본래 '절대자'이신 것처럼 하나님의 말씀도 그 자체만으로 '절대선'이라고 생각하는 교인들이 부지기수다. 그런 바탕 위에서 수많은 사람들이 말씀을 전하는 목사나 설교자의 영적 권위를 절대시한다.

하지만 '말씀'의 진정한 의미가 무엇인가를 깊이 생각하면서 이런 태도에 조심스럽게 의문을 던지지 않을 수 없다. 물론 우리는 말씀이 영의 양식인 동시에 '승리의 검'이라는 사실을 부정하지 않지만, 우리에게 전해지는 말씀이 언제나 진리이며 말씀을 전하는 사람은 언제나 하나님의 대언자라는 착각에 빠지지 않도록 주의해야 한다. 종교적인 습관에 따라 섣불리 판단하기 전에 '말씀'의 의미가 무엇인지 깊이 생각해야 한다.

말씀이 인간의 공적인 언어, 즉 세상의 말이나 글로 표현되는 때부터 말씀은 하나님의 전유물이 아니다. 사탄이 광야에서 예수를 시험하면서 주저 없이 '하나님의 말씀'을 인용했던 사실을 기억하는가?

> "이에 마귀가 예수를 거룩한 성으로 데려다가 성전 꼭대기에 세우고 이르되, '네가 만일 하나님의 아들이거든 뛰어내리라' 기록되었으되 '그가 너를 위하여 그의 사자들을 명하시리니 그들이 손으로 너를 받들어 발이 돌에 부딪치지 않게 하리로다' 하였느니라" 마4:5–6

사탄은 신명기 6장 16절에 기록된 '하나님의 말씀'을 인용해서 예수의 거룩한 공생애를 훼방한다. 그렇다면 본문은 하나님의 거룩한 말씀인가, 아니면 사탄의 유혹인가? 사탄이 했던 말은 하나님의 말씀을 의도적으로 도용했을 뿐이며, '말씀'이 사탄의 입에서 자의적으로 이용되는 순간부터 그것은 더 이상 하나님의 말씀이 아니라 예수를 쓰러뜨리기 위한 사탄의 간교한 무기에 지나지 않는다.

본문은 비유를 통해서 하나님의 보호를 강조한 문장이지만, 사탄은 본래의 의미를 뒤틀어 예수의 능력을 시험하고, 나아가 예수를 유혹하며 그리스도의 거룩한 사역을 방해하는 사악한 도구로 이용한다. 이를테면, 하나님의 뜻이 사탄에 의해서 변질되고, 화자의 본래 의도가 사탄의 간교한 계략으로 송두리째 변질된 것이다.

비단 사탄뿐이 아니다. 흔히 우리가 이단이라고 비난하는 대부분의 사이비 종교들도 하나님의 말씀인 성경을 그들의 경전으로 사용한다. 과거의 역사적인 이단들뿐만 아니라 오늘날 우리 주변에 횡행하는 숱한 이단들, 예컨대 신천지나 하나님의 교회, 통일교나 여호와의 증인도 성경을 변역할망정 그리스도인들과 같은 성경을 사용한다는 점을 간과하지 말아야 한다.

그뿐인가? 하나님을 믿는 독실한 유대교 신자들, 예컨대 바리새인들이나 율법사들, 심지어 주의 율법에 따라서 욥의 고난을 심판하던 고매한 친구들과 하물며 선지자들이 거침없이 '말씀'을 인용하지만 주께서는 그들을 '외식하는 자', '타락한 자'로 단호히 정죄하셨다. 성경에 기록된 '거룩한 말씀'이 그 자체로 하나님의 말씀이 아니라, 사사로운 의도와 목적으로 말씀을 이용하는 다양한 해석자에 따라 달리 해석되거나, 이단의 경전이나 사악한 교리로 왜곡될 소지가 있다는 사실에 주의해야 한다.

예컨대, 그리스도의 복음이 때로는 소망의 메시지로 바르게 전해지는가 하면 때로는 종말론의 사교邪敎나 '탐욕의 복음'으로 쉬이 변질되는 경우를 종종 보게 된다. 왜 그럴까? 거룩한 주의 말씀이 어떻게 악한 도구로 변질될 수 있는가? 숱한 이유가 있겠지만, 가장 근본적인 원인을 제시한다면 성서의 말씀을 화자의 의도, 즉 하나님의 뜻에 따라서 '순전하게' 해석하지 않고 청지나 독자의 주관이나 의도에 따라서, 다시 말해 종교인이나 신학자의 개인적, 혹은 교파적 이론이나 신념에 따라서 달리 해석되기 때문이다.

실제로 말씀에 대해서 많은 사람들이 은연중에 저지르는 타성적인 오류가 있다. 즉, 말씀의 온전한 의미와 가치를 존중하면서도 정직 '말씀하시는 하나님'의 뜻에 따라서 성서를 이해하는 것이 아니라 성경을 듣고 읽는 사람이 자신의 처지와 상황에 맞춰서 의미를 재단하는, 이를테면 자의적인 해석과 적용의 오류다.

하나님은 사람에게 말씀을 전하시기 위해서 인간의 언어를 소통의 도구로 사용하셨지만, 하나님의 영적인 말씀은 처음부터 사람의 육적인 말과 '의미의 구조'가 다르다. 심층의 영적 언어가 표층의 세상 언어로 온전히 전해질 수 없기 때문이다. 하나님의 말씀은 사람의 지성이나 이성으로 간단히 깨우칠 수 있는 세상의 언어가 아니라는 말이다. 요컨대 하나님은 인간의 '불완전한 언어'를 사용하셔서 '완전하신 말씀'을 전하시기 때문에 인간의 '제한적인 언어'에 매달리면 하나님의 영원하신 메시지는 시공時空에 따라 변하는 개별적인 '상황의 언어'로 바뀌고 만다.

성경을 바르게 이해하기 위해서는 해석자의 개인적인 지식이나 권위에 의존하지 않도록 주의해야 한다. 성경의 객관적인 배경 안에서 화자의 의도를 파악하는 심층적인 해석과 더불어, 자신의 주관과 생각대로 성경을 해석하던 타성과 교만을 떨치고 화자의 메시지를 말씀하신 그대로 받아들이는 영적 깨우침이 중요하다.

설교가 예배의 전부인양, 그릇된 예배의식에 의존해서 목사의 말이 그 자체로 지존의 영적 권위를 지니는 오늘날 한국교회의 강단에서 매주, 혹은 매일 수많은 설교가 행해진다. 목사의 설교를 들으면서 연신 아멘을 외치는 신자들의 마음 한 구석에는 하나님의 말씀을 경외하는 순수한 열정과 더불어, 하나님의 말씀대로 살겠다는 믿음의 결단이 오롯이 담겨있다. 바람직해 보이지만 매우 위험한 '종교적 열정'이다.

설교는 자신의 주관적·개인적인 생각과 의도를 주장하는 '연설'이 아니라, 하나님이 '말씀하신 대로' 메시지를 전달하는 '대언적 기능'을 지녀야 한다. 오늘날 목사들의 설교가 과연 그럴까? '말씀의 대언자'라는 종교적인 지위는 목사에게 '처음부터' 주어지는 태생적인 권위가 아니다. 목사는 교회의 말씀사역자로서 사명을 오롯이 감당하기 위해서 하나님의 말씀을 '말씀하신 대로' 전해야 하는 엄중한 의무를 지닌다.

성서에서 같은 본문을 인용하면서도 목사마다 서로 다른 의미로 설교하는 이유는 무엇인가? '말씀하시는 하나님', 다시 말해 화자의 의도에서 벗어나서 목사가 자신의 개인적인 필요에 따라 달리 해석하고, 다른 해석에 근거해서 자신의 말로 메시지를 전하기 때문이 아닐까? 하나님의 말씀이 있는 그대로 전해질 때 우리는 목사에게 대언자의 역할과 사명이 주어졌다고 말할 수 있겠지만, 의도적인 왜곡이든, 무지에 따른 오해이든 어떤 이유이든 말씀이 변개되는 순간, 목사는 대언자의 역할은 고사하고 단순한 설교자의 자격과 권위조차 인정할 수 없다.

목사는 모름지기 말씀에 목숨을 걸어라. 열심히 공부하고 성경을 연구해서 말씀의 진리를 깨달아야 하며, 사사로운 욕망의 언어로 성경을 이용하지 말라. 생명의 말씀이 바르게 전달되는 순간 교인들의 영혼이 살고, 개인의 속된 욕망에 따라 말씀이 변질되고 부패하는 순간 교인들의 영혼이 죽는다는 절박한 사명감을 가슴에 새겨라.

교회의 양적인 성장에 매달리고, 성장에 따른 사적인 명예와 탐욕에 사로잡혀 타락하는 순간 목사는 비루한 종교장사치일 뿐이며 주께 버림받는 '성전의 상인'으로 전락할 뿐이다. 한국교회 목사들이 세상의 타락한 욕망을 버리고, 오직 예수를 바라보며 영적 자긍심을 가슴 가득 품고 사역에 임하기 바란다.

"후임을 믿지 말게나…"

"순진한 목사님들! 후임을 너무 믿지 마십시오. '영적 아들'이라고 생각하며 후임을 너무 믿다가는 크게 상처 받습니다. 섣불리 기대하지 말고 차라리 일찌감치 마음을 비우십시오. 애써 마음을 비워도, 후임이 담임목사로 전권을 가지고 시무하는 순간부터 분명히 실망스러운 상황들이 벌어지겠지만,

예상하지 못했던 뜻밖의 상황들을 보면서 너무 당황하지 말고, 그게 이기적인 본성을 지닌 인간들의 당연한 모습이려니 생각하고 기꺼이 체념하십시오. 주께서 교회를 맡기신 동안에 온전히 순종하시고, 때가 되면 아무 미련도 남기지 말고 조용히 떠나십시오. 그러지 않고는 후임이 주는 모욕감을 절대로 견디지 못합니다…"

후임목사들의 연이은 배신을 지켜보면서 안타까운 마음에, 나이 지긋한 목사님들에게 편지 아닌 편지를 써본다. 교인들로부터 인정받는 이른바 '영성이 깊은' 목사들에게서 보는 안타까운 공통점이 있다. 영성이 차고 넘쳐서 상대적으로 육체가 약하고 시력이 떨어지는 건지 도대체 사람을 볼 줄 모른다. 아니, 사람을 볼 줄 모른다기보다는 자신의 영향력을 지나치게 과신한 나머지 인간의 탐욕스러운 본성을 미처 깨닫지 못한다.

아들에게 세습하는 경우가 아니라면 정년을 앞둔 목사가 후임을 결정하는 기준들 가운데 가장 우선적인 항목은 대부분의 경우 사전에 결정된다. 자신이 미처 지니지 못했던 부분을 채울 수 있고 자신의 약점을 보완할 수 있는 스펙이 무엇보다 우선이다. 한국교회의 이름 있는 목사들이라면 하나 이상 소유한, 그야말로 흔해빠진 박사 학위가 없어서 남들보다 모양새가 떨어진다고 생각하는 목사들은 후임을 선택할 때 일단 외국의 신학대학 박사학위소지자가 가장 먼저 눈에 들어온다.

그리고 신유나 예언, 환상이나 방언 등의 특별한 은사나 체험이 자신에게 부족하다고 느끼는 목사들은 소위 '은사자'에게 눈길을 돌린다. 물론, 이 같은 외적인 기준들에 앞서 절대적인 기준은 무엇보다 자신에 대한 한결같은 충성심이다. 선임을 향한 충성은 후임을 결정짓는 기본이며 전제로서, 후임이 목회하는 내내 자신에게 복종하면서 '내 교회'를 보다 멋지게 이끌기 기대한다.

대형교회의 목회 이양 때마다 거의 예외 없이 드러나는 공통된 현상인데, 도대체 왜 그럴까? 결국 목사들의 내면에 가려진 열등감과 교회의 양적 부흥을 위한 끝없는 욕망, 그리고 '내 교회'에 대한 끈질긴 집착 때문이다. 자신의 생명처럼, 어쩌면 그 이상으로 소중히 여기던 교회를 능력이 있고 충성스러운 후임에게 넘기면서 자신이 목회하는 동안에 느꼈던 약점을 보완하면, 분신과도 같은 '내 교회'가 자신의 이름으로 영원히 지속되리라고 생각한다. 어찌 보면 인지상정이라는 생각이 든다. 기왕이면 자신의 영적인 상속자가 목회를 후계하면 금상첨화일 수 있으니까.

이처럼 종교적인 상속이 이루어지면서 전임과 후임 사이에 암묵적인 '부자 관계'가 형성된다. 이른바 교회 상속이며 목회 세습이다. 그런데 대부분의 경우 어느 정도 시간이 지나면 선임은 여지없이 후임에게 배신당한다. 후임의 위장된 영성에 속고 거짓된 인간성에 속은 것이다. 후임이 담임으로 자리를 잡으면, 아니 자리를 잡기 위해서 담임으로 시무하는 순간 가장 먼저 손대는 일이 전임의 흔적을 차근차근 지우는 일이다. 예를 들면 전임과 가까운 교역자들을 사퇴시키거나, 교회 이름을 새로 바꾸거나, 새로운 건물을 지어서 자신이 '새 성전'의 진정한 주인임을 은연중에 과시한다. 굳이 예를 들지 않아도 이런 모습들을 주변에서 숱하게 보지 않았는가?

한국교회의 '전설적인' 목사들이 후임들에게 여지없이 배신당하는 모습을 지켜보면서 한 마디 하고픈 말이 있다. 목사가 나이가 들어서 은퇴하든 아니면 질병이나 그밖에 다른 이유로 교회를 떠나든, 이유와 상관없이 교인들은 머잖아 '전임 목사'를 잊고 슬그머니 새 목사에게 눈실을 돌린다는 사실이다. 후임을 원망할 것도 없이, 목사가 피붙이처럼 생각했던 교인들도 사실은 '남'이라는 사실을 담임목사에서 떠나는 순간 금방 깨닫게 된다. 충고하건대, 교회는 주께 맡기고 편한 마음으로 여생을 보내는 게 영적인 건강뿐 아니라 육체적인 건강을 위해서도 한결 낫다.

자신에게 부족했던 부분을 후임이 채우리라는 기대는 섣부른 욕망이며 어설픈 교만에 지나지 않는다. 물론 새로운 후임을 통해서 어느 정도 채울 수 있는 부분이 있다. 외국의 유수한 대학교의 박사학위 소지자를 후임으로 선택하면 어딘지 모르게 교회의 품격이 올라가는 느낌이 들기도 하고, 자신이 미처 교인들에게 보여주지 못했던 은사를 지닌 후임자를 선정하면 교인들에게 빚진 마음이 조금이나마 갚는 느낌이 들기도 한다.

그러나 후임이 그런 장점을 가지고 있는 반면에, 겉모습에 가려져 미처 드러나지 않았던 치명적인 약점을 간파하지 못하는 경우가 허다하다. 화려한 스펙을 지니고 신학적인 지식이 풍부한 목사를 후임으로 세웠더니 그때부터 설교는 살아있는 하나님의 말씀이 아니라 틀에 박힌 '신학 강의'로 치닫는 경우가 있는가 하면, 기껏 은사가 남다른 자를 선택했더니 강단의 말씀은 사라지고 하구한날 무대에서 '은사 쇼'나 펼치는 경우가 비일비재하다. 결국 외형을 바라보다가 본질을 훼손하는, 소탐대실의 전형적인 모습이 아닐 수 없다.

완전한 인간이 없듯이 완전한 목사가 있을 수 없다. 더욱 중요한 것은, 하나님은 완전한 자를 쓰시는 것이 아니라 부족해서 하나님께 온전히 의지하는 자를 쓰신다는 사실이다. 바울이 누구인가? 기독교의 실제적인 창시자이며, 기독교 신학의 거두에, 죽은 사람도 살리는 불세출의 은사자가 아니던가? 그런 바울도 일생동안 자기 힘으로 제거하지 못한 육체의 가시가 있었으며, 말이 어눌하고 외모가 초라해서 초대교회의 교인들에게 가차 없이 무시당했다. 그러나 바울은 "내가 약할 때에 강함 되시는 주"를 소리 높여 찬양하지 않았던가.

자기가 중심이 되는 '완전한 목회'를 기대하지 말고, 하나님께 '순종하는 목회'를 갈망하라. 동산에서 자라는 나무의 모든 실과를 먹을 수 있었음에도 아담은 하나님이 유일하게 금지하신 과실, 즉 '선악을 알게 하는 나무'

의 과실을 탐내다가 결국 인류 최초의 '원죄'를 저지르고 마침내 사망의 죄삯을 치르고 만다. 뭔가 부족하기 때문에 오히려 자신의 나약함을 오롯이 인정하는 겸손이 그리스도인의 진정한 미덕으로, 은혜와 순종의 조건이다.

목사들은 후임을 선택할 때 전면에 나서지 말아야 한다. 사사로운 욕망으로 후임을 선정하는 순간부터 교회는 불화의 사나운 불길에 휩싸인다. '내 교회'라는 그릇된 의식을 떨치고 후임 선택은 교인들에게 전적으로 맡겨야 한다. 자기 입맛에 맞는 후임을 결정한다는 사사로운 욕망 자체가 이미 자신의 내면에 새겨진 그릇된 영성과 교만을 여지없이 드러내는 것이다. 은연중에 '내 교회'라는 인식과 더불어 완전한 교회의 설부른 욕망이 서려있기 때문에 사퇴하는 순간에도 내 교회의 영원한 소유권을 주장하며 자신의 영적 아들에게 상속하려는 것이 아닌가.

결국 목회를 이양하고 어느 정도 시간이 지나면서 전임과 후임 사이에 가당찮은 주인 의식이 상충한다. 전임은 개척자로서 교회의 영원한 주인이라는 의식을 숨기지 않고, 후임은 새 주인으로서 법적인 당연한 권리를 주장한다. 주인의식이 서로 상충하는 한, 전임과 후임 사이는 결코 좁힐 수 없는 괴리가 있다.

교회의 주인은 오직 교회의 머리이시며 생명을 바쳐서 '교회'를 세우신 예수 그리스도뿐이다. 전임은 그동안 목회할 수 있는 은혜를 주신 주께 감사하며 조용히 자리를 떠나야 하고, 후임은 새로 맡은 목회의 무거운 책임을 통감하면서 겸손한 자세로 목사의 직분에 충실해야 한다. 덧붙여 후임은 주께 감사하는 마음과 더불어, 그동안 교회를 개척하고 힘겹게 목회를 하면서 수고했던 전임에게 기본적인 예의를 갖춰야 한다.

내가 목사들에게서 마음이 돌아선 이유들 가운데 하나는, 그들의 영적인 문제 이전에 인간적인 모습에 대한 결정적인 실망 때문이다. 기본적인 의리도, 인품도, 윤리도 없는 인간들이 강단에서 도덕과 계명, 심지어 그리스도의 영성을 주절대는 모습을 보면 서 인간의 가증한 외식, 그 민낯을 보는 고통을 느꼈다. 목사가 교인들에게 존경을 받기 위해서는 깊은 영성 이전에 인간으로서 기본적인 도리를 먼저 지녀야 하는 것이 아닐까.

좋은 교회는?

걷잡을 수 없는 타락으로 말미암아 절체절명의 위기에 처한 한국교회와 문제 목사들에 대한 맹렬한 비난에 어떤 사람들은 "한국교회 안에는 '좋은 교회'도 있고 '좋은 목사'도 있는데 너무 일반화하지 말라"고 항변한다. 좋은 교회와 좋은 목사를 가뭄에 콩 나듯 거의 볼 수 없는 것이 문제이지만 어쨌든 틀린 말은 아니다. 기적이 일어나면 가뭄에도 넉넉히 콩을 볼 수 있을 테니 말이다. 설령 좋은 교회와 목사가 있다 한들, 어떤 교회가 좋은 교회이며 어떤 목사가 좋은 목사인지 간단히 분별할 수 있는 방법이 있다면 더 없이 좋겠지만 사람마다 판단기준이 다르기 때문에 좋은 교회와 목사의 가름에 대해서도 쉽게 일반화할 수 없을 것 같다.

그럼에도 비록 충분하지는 않을망정 아주 간단한 기준을 두 가지 제시한다. 예를 들어, 어떤 목사가 설교시간에 축복의 조건으로 '가난한 과부의 두 렙돈'을 들먹이며 "비록 가난한 사람이라도 돈이 없다고 핑계대지 말고 남김없이 헌금하라"고 선동한다거나, '마리아의 향유 옥합'이라는 제목으로 설교하면서 가장 소중한 보물, 예를 들면 집문서나 예금통장을 아낌없이 바치라고 사주하는 경우가 있다면, 그런 교회와 그런 목사는 더 이상 볼 것도 없이 즉각 떠나라.

이유는, 그런 자들은 '성경도 모르고 하나님의 뜻도 모르는' 무지한 자인 동시에 그들의 영혼은 예수가 아니라 맘몬이 온통 지배하고 있기 때문이다. 교인들에게 무리하게 헌금을 강요하는 목사치고 헌금을 바르게 사용하는 목사는 지극히 드물다. 맘몬의 영으로 이미 영혼과 골수까지 타락해서 그런 자들의 영혼에는 그리스도의 거룩한 성령이 도저히 있을 수가 없다. 예수께서 하나님과 재물을 동시에 섬길 수 없다고 하신 말씀을 결코 가벼이 여기지 말아야 한다. 재물을 섬기는 자는 하나님을 섬길 수 없다는 말씀이 아닌가.

문체론적인 관점에서 '가난한 과부의 두 렙돈'을 해석하면, 달리 말해 전후문맥과 저자의 의도를 살펴 메시지를 파악하면, 그 구절은 헌금을 독려하는 것과 상관없이 예수께서 '과부의 가산을 탐하는' 유대 종교지도자들의 더러운 외식을 질타하신 것이다.

"한국교회는 죽었다", 또는 "한국교회에 구원이 없다"는 말은 예수가 없이 맘몬이 교회를 지배하고 있다는 말과 동의어이다. 알고 따르든 모르고 따르든 상관없이 맘몬의 구원을 갈망하는 자는 영원한 저주가 보장된 사탄교Satanism의 100% 순골 교인들이다.

세상의 물질적인 축복에 연연하는 맘몬주의에 못지않게 그리스도인의 영성을 훼파하는 악한 신앙이 바로 외식하는 신앙이다. 예수께서 무서운 심판에 이르는 7화禍를 말씀하시면서 예외 없이 외식을 비판하셨다는 사실에 주목해야 한다. 외식은 단순히 사실이 아니라는 좁은 의미에서의 '거짓'을 말하지 않는다. 성경적인 관점에서 외식의 치명적인 문제는 자기를 높이기 위해서 다른 사람을 '멸시'하는 불순종이며, 자기 의를 과시하기 위해 다른 사람을 부정한 눈으로 바라보는 불의이다.

외식하는 신앙의 전형적인 모습은 계급과 차별이다. 시위와 신분, 소유와 혈통에 따라 차별적인 계급이 지배하는 교회는 결코 예수께서 말씀하신 교회로서 성경적인 교회일 수 없다. 예수는 일관되게 세상의 지극히 작은 자를 섬기라고 하셨다. 작은 자를 섬기라는 말씀은 결국 자기를 낮추며 작은 자를 오히려 높이 여기라는 말씀이 아닌가. 따라서 어떤 목사가 자신을 일컬어 영적 아버지라고 주장하거나 목사를 잘 섬기는 자라야 복을 받는다며 스스로를 '상전'으로 높이려 한다면 그는 결코 좋은 목사일 수 없으며, 그런 목사가 왕처럼 군림하는 교회는 결코 좋은 교회일 수 없다.

목사가 진정 '주의 종'이라면 목사는 응당 하나님의 자녀인 성도를 온 힘을 다해 섬기는 종이어야 한다. 목사가 외람되게 영적 아버지의 자리에서 교인들을 지배하는 교회는 섬김의 영성이 아니라 '권력'이 통치하는, 반성경적인 교회이기 때문이다. 예수의 자리에서 교회를 지배하는 권력자가 마치 왕처럼 군림하는 교회는 결코 좋은 교회일 수 없다. 입으로는 주의 종이라고 외치면서 몸과 마음은 주인으로 행세하며 교회를 사유화하는 교회, 그것은 이름만 교회일 뿐 결코 진정한 교회가 아니다.

반면에 좋은 교회는 사람이 지배하는 교회, 제도가 통치하는 교회가 아니라 예수 그리스도의 계명을 지키며 섬김이 강물처럼 흐르는 교회, 이른바 성경적인 교회다. 좋은 교회는 다름 아닌 성경적인 교회이다. 예수의 계명과 '구원의 비밀'이 오롯이 살아있는 교회가 바로 성경적인 교회이기 때문이다. 66권의 성경이 제시하는 바람직한 교회는 모름지기 사랑이 있는 교회이다.

물론 엄밀한 의미에서 교회는 신약시대에 예수 그리스도와 함께 시작되지만, 성경에 기록된 예수의 계명은 구약과 신약을 구별하지 않는다. 예수께서 구약시대 율법의 최대강령이 하나님 사랑과 이웃 사랑이라고 말씀하셨던 것처럼, 신약시대 예수는 제자들에게 새 계명을 주시면서 "서로 사랑하라"고 하셨다. 사랑은 신구약 시대를 가릴 것 없이 영원불변한 하나님의 본성이기 때문이며, 하나님이 지으신 천하 만물 가운데 유일하게 하나님의 형상대로 창조된 인간에게 계시하신 절대계명이기 때문이다.

사랑이 있는 교회, 성경적인 교회는 오늘날 우리가 흔히 보는 종교적인 교회, 종교권력이 지배하는 교회와 분명히 다르다. 사랑의 영성이 오롯이 살아있는 교회는 예수가 '머리'이신 교회로서 예수 그리스도의 법, 이른바 사랑의 계명이 통치하는 교회인 반면에 종교적인 교회는 힘과 권력으로 인간이 지배하는 교회이다. 인간이 지배하는 교회의 공통된 특징은 계급과 차별이며, 서로가 서로를 섬기려 하지 않고 다만 섬김을 받으려 하는 교회이다.

> "예수께서 제자들을 불러다가 이르시되 이방인의 집권자들이 그들을 임으로 주관하고 그 고관들이 그들에게 권세를 부리는 줄을 너희가 알거니와 너희 중에는 그렇지 않아야 하나니 너희 중에 누구든지 크고자 하는 자는 너희를 섬기는 자가 되고 너희 중에 누구든지 으뜸이 되고자 하는 자는 너희의 종이 되어야 하리라 인자가 온 것은 섬김을 받으려 함이 아니라 도리어 섬기려 하고 자기 목숨을 많은 사람의 대속물로 주려함이니라" 마20:25-28

좋은 교회를 간단히 말하면 예수가 머리이신 교회로서, 예수의 가르침에 따라 '섬김'이 있는 교회다. 나를 드러내려 하지 않고 너를 먼저 일으켜 세우는 교회, 내가 높은 자가 되어 다른 사람을 지배하려 하지 않고 기꺼이 낮은 자가 되어 다른 사람을 높이는 교회, 이를테면 제자도가 오롯이 실현되는 교회가 좋은 교회다.

그리스도인에게 섬김은 단지 겸손에 머물지 않는다. 행함이 없는 믿음이 죽은 믿음인 것처럼, 그리스도인의 섬김은 결코 행함과 분리되지 않는다. 즉, 그리스도인에게 섬김은 '행함'과 동의이이다. 결국 좋은 교회로서 성경적인 교회는 모름지기 성경적인 교회로 예수가 주인이시며, 그의 계명이 '생명의 법'으로 교회를 올곧게 통치할 수 있어야 한다.

좋은 교회의 또 다른 특징은 성도가 그리스도의 몸인 교회를 이루는 지체로서, 교회를 섬기는 운영주체다. 요컨대, 성도가 마치 관객처럼 객석의 구경꾼에 머무는 교회는 박제된 짐승처럼 '죽은 교회'이다. 좋은 교회는 그리스도 신앙이 살아있으며 영원한 생명의 구원이 있는 교회이다.

에필로그
아르케처치란 무엇인가

아르케Arche & 교회Church

아르케arche는 신약성서 원어인 고대 그리스어로 '시작, 처음'을 의미한다. 따라서 '아르케'와 '처치'가 결합된 '아르케처치'는 성경에 처음 기록되고, 예수께서 최초로 말씀하신 〈내 교회〉에 기반을 둔 〈성경적인 원형 교회〉를 의미한다.

예수께서 말씀하신 내 교회는 응당 〈예수교회〉일 뿐 결코 사제교회나 목사교회일 수 없다. 따라서 아르케처치에는 '성직자'라는 이름으로 교회를 지배하는 특정한 계급이 존재하지 않으며, 머리이신 예수와 더불어 성도가 지체가 되어 한 몸을 이루는 '유기적인' 교회이다.

'원형교회'라고 쉬운 한글을 사용하지 않고 '아르케Arche'라는 고대 그리스어를 사용하는 이유는, 주께서 말씀하신 교회는 그리스도의 몸으로서 하나의 교회이며, 지역이나 인종, 언어의 '국경'이 없기 때문이다.

아르케처치는 한국 교회나 미주, 유럽 교회, 로마 교회를 개별적으로 일컫는 '개별 교회'의 이름이 아니라 예수 그리스도의 교회로서 〈하나의 교회〉를 가리키는 고유명사다. 따라서 교회를 수식하기 위해서 한글이나 영어, 기타 지역 언어를 사용하지 않고 성경원어를 그대로 사용하는 것이다.

예수께서 '내가 세우리라'I will build…고 선언하신 교회가 되기 위해서는 예수와 성경이 중심이 되는 교회로서, 그리스도의 계명에 따라 무엇보다 '서로 사랑하며' '서로 섬기는' 교회가 돼야 한다. 요컨대 '그리스도의 제자도'를 준행하는 교회인 동시에, 성도가 그리스도의 제자로서 교회의 지체가 되는 교회를 말한다.

섬김의 영성이 교회의 근본이 되기 위해서는 성직자, 또는 소수의 교회 지도자들이 장악한 교회권력을 반드시 타파해야 한다. 권력의 속성상 사제나 목사를 비롯한 소수 성직자에게 집중된 권력은 반드시 부패하며, 부패한 권력이 교회를 타락시킨다는 것이 역사의 분명한 증언이다.

권력으로 말미암아 타락한 교회는 단지 세상의 숱한 종교집단들 가운데 하나에 지나지 않으며, 예수 그리스도께서 선언하신 〈내 교회〉가 될 수 없다. 세상의 빛과 소금이 되지 못하면서 그리스도의 복음을 전한다는 것은 세상의 조롱과 비난을 받을 뿐, 결코 선한 영향력을 끼칠 수 없다.

〈너희의 착한 행실을 보고 하나님께 영광을 돌리게 하라〉는 말씀은 겸손한 자리에서 세상을 섬기는 종의 역할을 기꺼이 감당하라는 말씀이다. 그것은 〈이방의 집권자〉처럼, 부와 권력으로 지배하는 자의 교만한 자리에 서지 말고, 섬김의 영성으로 모름지기 '의의 열매'를 맺으라는 말씀이다. 요컨대 목사에게 집중된 교회 권력을 타파하는 것이 성경적인 원형교회로서 아르케처치가 출범하는 첫걸음이다.

아르케처치에서 목사는 '말씀사역자'로서 전문지식을 갖춘 한 명의 성도이며, 재정과 인사, 행정을 주도하지 않을 뿐만 아니라 교회운영을 위한 회의를 주관하지 않는다. 아르케처치는 기존교회처럼 '목사 일인 체제'가 아니라, 모든 성도가 합심하여 〈한 형제자매로서〉 교회를 섬겨야 되기 때문이다.

다시 강조하지만, 사제나 목사에게 주어졌던 성직자의 독재 권력을 없애지 않는다면 교회는 절대로 그리스도의 영성을 지니지 못하기 때문에 〈권력타파〉는 아르케처치에서 선택이 아니라 필수이다. 그러나 그것은 어디까지나 타락한 권력에 의해서 교회가 부패하는 것을 막기 위한 수단이며, 섬김의 영성이 오롯이 자리 잡기 위한 조건이로되 교회의 목적은 결코 '권력타파'가 아니다.

아르케처치는 빛과 소금이 되라는 그리스도의 계명에 따라 세상의 지극히 작은 자를 '예수처럼' 섬기는 교회가 돼야 한다. 예수는 양과 염소의 비유마25: 31-46를 통해 '심판의 기준'을 제시하신다. 주린 자, 목마른 자, 나그네, 헐벗은 자, 병든 자, 옥에 갇힌 자를 섬기는 것이 예수를 섬기는 것이라고 말씀하셨다.

예수를 사랑하듯이 세상의 작은 자를 섬기는 것이 양으로 선택받아 구원에 이르는 길이며, 그들을 멸시하는 자들은 버림받아 영벌에 들어간다고 선언하셨다. 양과 염소의 비유는 단순한 도덕적 선행을 가리키는 것이 아니라 구원에 이르는 믿음의 순종을 말하는 것이다.

'구제'는 그리스도 신앙에서 핵심적인 계명이기 때문에 그 의미와 가치를 아무리 강조해도 지나치지 않다. 아르케처치는 구제가 재정 사용의 최우선이 돼야 한다. 그러나 반드시 명심할 것은, 구제가 중요해도 구제만이 그리스도 신앙의 전부가 아니라는 사실이다.

교회는 세상의 '자선단체'가 아니라 영적인 신앙공동체다. 따라서 교회로서 반드시 지켜야 하는 교회의 본질적인 계명들이 있다. "땅 끝까지 이르러 나의 증언이 되라"고 명령하신 것처럼, 교회는 말씀을 전하고 가르치는 일을 결코 소홀히 할 수 없다. 그런즉 아르케처치의 말씀사역자는 강해와 교육에 전념하며, 세상과 교회에 그리스도의 말씀을' 있는 그대로' 전하는 본연의 사역에 집중해야 한다.

또한 아르케처치는 〈나를 기념하라〉고 말씀하신 예수 그리스도의 명령을 준행해야 한다. 섬기기 위해서 세상에 오신 예수께서 헛되이 〈나를 숭배하라〉는 의미에서 이 말씀을 하신 것이 아니다. 예수는 종교적인 외식을 비판하셨으며 외형적인 성전 신앙의 붕괴를 선언하셨다. 본질을 망각하고 형식적인 꾸밈에 몰두하는 거짓 신앙을 무섭게 질타하신 것이다.

그러나 '나를 기념하라'는 주의 말씀은 예배의식을 통해서 주의 계명들을 마음에 새기라는 중요한 의미가 있다. 요컨대 아르케처치는 본질을 중시한다는 명분에 사로잡혀 기본적인 종교의식까지 무시하는 맹목적 자유주의 집단이 아니라, 형식과 본질을 존중하며 예배를 소중히 여기는 〈순종하는 교회〉가 돼야 한다.

마지막으로, 그리고 근본적으로 아르케처치는 〈서로 사랑하라〉는 예수의 절대계명을 모름지기 교회의 절대가치로 준수해야 한다. 〈서로 사랑하라〉는 주의 말씀은 우선적으로 성도의 사랑을 일컫는 말이다. 물론 주의 계명에 따라 사랑을 제일계명으로 강조하는 교회는 세상에 대해서 배타적인 태도를 지닐 수 없다. 그러나 성도가 형제로서 "서로 사랑하라"는 계명을 지키지 않는 교회는 그리스도의 사랑을 알지 못하는 교회이며, 사랑을 모르는 교회는 세상을 사랑하지 못한다.

그것이 바로 초대교회부터 '코이노니아'를 중시했던 이유다. 코이노니아는 단순한 교제나 사귐을 말하는 것이 아니다. 진정한 친교는 형제의 고통에 함께 아파하고, 형제의 슬픔에 함께 눈물 흘리는 것이며, 형제의 기쁨에 함께 기뻐하면서 주 안에서 성도가 하나 되는 것을 말한다.

> 내가 아버지의 계명을 지켜 그의 사랑 안에 거하는 것 같이 너희도 내 계명을 지키면 내 사랑 안에 거하리라요15:10

〈내 사랑 안에 거하라〉는 주의 말씀은 포도나무와 가지처럼 성도가 예수와 연합해서 영원한 생명력을 공급받으라는 것이다. 성도가 서로 하나 되어 하나님의 사랑 안에 거하는 것, 이것이 아르케처치가 추구하는 본질적인 신앙이며, 아르케처치는 성도의 사랑을 바탕으로 세상에 그리스도의 사랑을 전하는 교회가 돼야 한다.